Preis 3.50 RM.

Das Publikum im Verkehr mit dem Amtsgericht

in Familienangelegenheiten, Erb-, Nachlaß- und Testamentsangelegenheiten, Zivilprozessen, Aufgebotssachen, Arresten und einstweiligen Verfügungen, Zwangsvollstreckungssachen

Dargestellt in etwa 180 erläuterten Musteranträgen

von

Oskar Scheiblich
Justizinspektor

5. Auflage

1937
München, Berlin und Leipzig
J. Schweitzer Verlag (Arthur Sellier)

Das Publikum im Verkehr mit dem Amtsgericht

in Familienangelegenheiten, Erb-, Nachlaß- und Testamentsangelegenheiten, Zivilprozessen, Aufgebotssachen, Arresten und einstweiligen Verfügungen, Zwangsvollstreckungssachen

Dargestellt in etwa 180 erläuterten Musteranträgen

von

Oskar Scheiblich

Justizinspektor

5. Auflage

1937

München, Berlin und Leipzig

J. Schweitzer Verlag (Arthur Sellier)

Druck von Dr. F. P. Datterer & Cie., Freising-München.

Vorwort.

Der Verfasser hat durch seine amtliche Tätigkeit die Wahrnehmung gemacht, daß Angehörige aller Bevölkerungsschichten den Fragen des täglichen Lebens, die sie mit den Gerichten in Berührung bringen, hilflos gegenüberstehen. Viele unnötige Wege und Kosten können vermieden werden, weil häufig ein einfaches Schreiben — an die richtige Stelle gerichtet — genügt, um den gewünschten Erfolg herbeizuführen.

Das vorliegende kleine Werk soll diesem Übelstande abhelfen. Es bringt über 180 Musteranträge und Beispiele aus dem Gebiete des Familienrechts, des Erbrechts, des Prozeßrechts, des Mietrechts und der Zwangsvollstreckung. An Hand der Beispiele, die aus der Praxis entnommen wurden, sind die Anträge unter Beachtung der einschlägigen gesetzlichen Vorschriften allgemeinverständlich erläutert, so daß jedermann bei einfach liegenden Vorkommnissen mit Erfolg von ihnen Gebrauch machen kann. Es sind nur solche Musteranträge aufgenommen, die vom Publikum selbst angefertigt werden dürfen. Muster zu solchen Anträgen, die durch Rechtsanwälte gestellt werden müssen, sowie Muster für Angelegenheiten, die durch einen Notar beurkundet werden müssen, sind fortgelassen worden.

Die in den Mustern und Beispielen vorkommenden Personennamen und Anschriften sind nur angenommen.

Der Verfasser.

Die vorliegende Auflage ist auf den Stand der jetzigen Gesetzgebung gebracht worden. Mehr als bisher sind die einschlägigen gesetzlichen Bestimmungen angegeben worden, weil das Werk immer mehr zu Unterrichtszwecken Verwendung findet.

Möge das Buch im neuen Gewande dieselbe Aufnahme finden wie bisher.

Berlin, im April 1937.

Oskar Scheiblich.

Inhaltsverzeichnis.

Familienangelegenheiten.

Erb-, Nachlaß- und Testamentsangelegenheiten.

Seite

Klagen und Anträge.

Arreste und einstweilige Verfügungen.

Aufgebotsverfahren.

Zwangsvollstreckung.

Seite

Abkürzungen.

Allg.Verf.	=	Allgemeine Verfügung.
Allg.Verf.d.JM.	=	Allgemeine Verfügung des Justizministers.
AusfG.z.BGB.	=	Ausführungsgesetz zum Bürgerlichen Gesetzbuch.
BGB.	=	Bürgerliches Gesetzbuch.
DGKG.	=	Deutsches Gerichtskostengesetz.
FGG.	=	Reichsgesetz über die Angelegenheiten der freiwilligen Gerichtsbarkeit.
EHRV.	=	Erbhofrechtsverordnung.
EHVO.	=	Erbhofverfahrensordnung.
GBO.	=	Grundbuchordnung.
GVG.	=	Gerichtsverfassungsgesetz.
HGB.	=	Handelsgesetzbuch.
KO.	=	Konkursordnung.
MSchG.	=	Mieterschutzgesetz.
Pr.AG.z.BGB.	=	Preußisches Ausführungsgesetz z. Bürgerlichen Gesetzbuch.
REG.	=	Reichserbhofgesetz.
RJWG.	=	Reichsjugendwohlfahrtsgesetz.
RKO.	=	Reichskostenordnung.
RGBl. I	=	Reichsgesetzblatt Teil I.
UStG.	=	Urkundensteuergesetz
Vdg.	=	Verordnung.
ZPO.	=	Zivilprozeßordnung.
ZVG.	=	Zwangsversteigerungsgesetz.
ZwVV.	=	Zwangsvollstreckungsschutz-Verordnung.

Familienangelegenheiten.

Eingehung der Ehe.

Ein Mann darf **nicht** vor dem Eintritte der **Volljährigkeit**, eine Frau darf nicht vor Vollendung des 16. Lebensjahres eine Ehe eingehen. Einer Frau kann Befreiung von dieser Vorschrift bewilligt werden.

Der Antrag auf Befreiung von dem Ehehindernisse der mangelnden Ehemündigkeit ist von der Frau an das für die Frau zuständige Vormundschaftsgericht zu richten. Das ist das Amtsgericht, bei welchem die Vormundschaft über die Frau geführt wird. Steht die Frau nicht unter Vormundschaft, so ist das Amtsgericht das Vormundschaftsgericht, in dessen Bezirk die Frau ihren Wohnsitz hat.

§ 1303 BGB., § 1 der Verordnung z. Vereinh. der Zuständigkeit in Familien- und Nachlaßsachen vom 31. 5. 1934, RGBl. I 1934 S. 472 ff. und Ziff. 1 der Durchführungsbestimmungen vom 27. 7. 1934, RGBl. 1934 S. 738 ff.

Muster 1.

Brandenburg a. H., den ....

Antrag
der minderjährigen Anna Schmidt,
Brandenburg a. H., Berlinerstr. 10,
auf Befreiung von dem Ehehindernisse der Ehemündigkeit.

Nach der hiermit überreichten Geburtsurkunde bin ich am 15. April 1908 hier geboren, also 15 Jahre 7½ Monate alt. Ich besitze die preußische Staatsangehörigkeit. Seit einem Monat bin ich mit dem jetzt 24 Jahre alten Landwirt Ernst Schulz aus Pritzerbe verlobt. Am 15. November ist der Onkel meines Verlobten, der Landwirt Max Schulz, verstorben. Er hat in seinem, am 26. November beim hiesigen Amtsgericht eröffneten Testamente, meinen Verlobten mit der Maßgabe zum Erben eingesetzt, daß er sich spätestens drei Monate nach dem Tode des Onkels mit mir verheiratet. Geschieht dies nicht, so erbt sein Bruder die Landwirtschaft. Mein Bräutigam beabsichtigt, alsbald die Ehe mit mir zu schließen. Meine Eltern sind einverstanden.

Zur Glaubhaftmachung meiner Angaben beziehe ich mich auf die Testamentsakten und überreiche eine schriftliche Erklärung meines Bräutigams und meiner Eltern sowie ein ärztliches Zeugnis darüber, daß gesundheitliche Rücksichten meiner Verheiratung nicht entgegenstehen.

An das Amtsgericht Brandenburg a. H.

mit der Bitte:
mir von dem Ehehindernisse der mangelnden Ehemündigkeit Befreiung zu erteilen.

Anna Schmidt.

Kosten: 5—25 RM.

Ziff. 9[1] der Durchführungsbestimmungen vom 27. 7. 1934, RGBl. I 1934 S. 738 ff. zur obigen Verordnung vom 31. 5. 1934.

Ein Mann muß, wenn er vor Vollendung seines 21. Lebensjahres heiraten will, sich zunächst für volljährig erklären lassen. — Näheres siehe unter Volljährigkeitserklärung". —

§§ 106, 114, 1304 BGB. Wer in der Geschäftsfähigkeit beschränkt ist — dies sind Minderjährige im Alter von 7—21 Jahren, und solche Personen, die wegen Geistesschwäche, Verschwendung oder Trunksucht entmündigt sind — oder wer unter vorläufige Vormundschaft gestellt ist, bedarf zur Eingehung der Ehe der Einwilligung seines gesetzlichen Vertreters. Ist dies ein Vormund oder Pfleger, so kann die Einwilligung, wenn sie von ihm verweigert wird, auf Antrag des Mündels vom Vormundschaftsgericht ersetzt werden (siehe Muster 2).

Für die Eingehung der Ehe gilt folgendes:

A. Für den Mann:

a) nur der 21 Jahre alte oder der für volljährig erklärte Mann darf heiraten,

b) der für volljährig erklärte, aber noch nicht 21 Jahre alte Mann bedarf zur Eheschließung der Einwilligung seines Vaters, oder, falls dieser verstorben ist, der Einwilligung der Mutter. Die Einwilligung kann bei Verweigerung durch das Vormundschaftsgericht ersetzt werden,

c) der über 21 Jahre alte Mann bedarf der Einwilligung seines gesetzlichen Vertreters nur, wenn er in der Geschäftsfähigkeit beschränkt ist. Sie kann bei Verweigerung durch das Vormundschaftsgericht ersetzt werden,

d) Geschäftsunfähige können keine gültige Ehe schließen.

B. Für die Frau:

a) die 16 Jahre alte Frau oder nach Befreiung von dem Ehehindernis der mangelnden Ehemündigkeit auch die jüngere Frau darf heiraten,

b) für die 21 Jahre alte Frau gilt das unter A c für den Mann Gesagte,

c) ist die Frau für volljährig erklärt, so gilt das unter A b für den Mann Gesagte,

d) die noch nicht 21 Jahre alte Frau bedarf zur Eheschließung der Einwilligung des gesetzlichen Vertreters, die, wenn der gesetzliche Vertreter ein Vormund oder Pfleger ist, durch das Vormundschaftsgericht ersetzt werden kann. Ist der Vater oder die Mutter der gesetzliche Vertreter, so kann, falls sie die Einwilligung zur Eheschließung verweigern, diese **nicht** durch das Vormundschaftsgericht ersetzt werden. Die Frau muß dann warten, bis sie 21 Jahre alt ist. Auch wenn der Vater oder die Mutter die elterliche Gewalt nicht ausüben, ist ihre Einwilligung erforderlich und kann **nicht** ersetzt werden. Zum Beispiel: bedarf ein uneheliches Kind der Einwilligung seines Vormundes, die ersetzt werden kann, und der Einwilligung seiner Mutter, die nicht ersetzt werden kann.

Muster 2.

§ 1304 Abs. 2 BGB., §§ 35, 36 FGG.

Charlottenburg, den ....

Antrag
der Kontoristin Anna Schwarz, hier,
Leibnizstraße 10,
auf Ersetzung der Einwilligung des
Vormundes zur Eheschließung.

Wie die über mich beim Amtsgericht Charlottenburg geführten Vormundschaftsakten ergeben, ist mir der Schlosser Richard Kunze in Berlin, Dresdener Straße 5 wohnhaft, zum Vormund bestellt worden.

Ich will mich mit dem jetzt 26 Jahre alten Bankbeamten Kurt Müller, hier, Wilmersdorfer Straße 5, bei Schulz wohnhaft, verheiraten. Mein Vormund weigert sich, seine Einwilligung zur Eheschließung zu geben mit der Begründung, mein Bräutigam sei leichtsinnig. Dies trifft nicht zu. Ich kenne meinen Bräutigam seit zwei Jahren. Wir sind seit sechs Monaten verlobt. Mein Bräutigam hat in dem Bankgeschäft von Richard Wentz in Berlin das Bankfach erlernt und ist noch heute dort beschäftigt. Er hat ein monatliches Einkommen von 300 RM., und ist damit in der Lage, einen Hausstand zu gründen. Er hat von seinem Gehalt 2000 RM. im Laufe der Zeit gespart, was gerade nicht dafür spricht, daß er leichtsinnig ist. Ich überreiche ein Zeugnis der Bank über meinen Bräutigam, das sich nur lobend über ihn ausspricht. Ferner überreiche ich die Einwilligung meiner Mutter zu meiner Eheschließung und bitte, die vom Vormunde verweigerte Einwilligung zur Eheschließung mit dem Bankbeamten Kurt Müller zu ersetzen. Anna Schmidt.

An
das Amtsgericht
Charlottenburg.

Keine besonderen Kosten. § 85 RKO.

Muster 3.

§ 1308 BGB., §§ 35, 36 FGG.

Antrag Erfurt, den ....

des Kaufmanns Otto Schwarz,
Erfurt, Blumenstraße 10,
auf Ersetzung der elterlichen Einwilligung zur Eingehung der Ehe.

Durch Beschluß des hiesigen Amtsgerichts vom 1. Oktober 1930 — 6. X. 120. 30 — bin ich für volljährig erklärt worden. Ich bin seit etwa sechs Monaten mit der Tochter Lucie meines Chefs, des Fabrikanten Franz Müller, hier, Magdeburger Straße 15, verlobt. Mein Vater, der Kaufmann Georg Schwarz, hier, Blumenstraße 10, verweigert mir die Einwilligung zur Eheschließung, weil ich noch zu jung wäre.

Ich kenne meine Braut seit zwei Jahren und habe mich im Einverständnis meines Vaters verlobt. Mein Schwiegervater will mir ein Geschäft einrichten, wünscht aber, daß ich mich zuvor mit seiner Tochter verheirate. Dies war auch der Grund, weshalb ich für volljährig erklärt wurde. Er war meinem Vater bekannt.

Zur Glaubhaftmachung meiner Angaben beziehe ich mich auf die vorbezeichneten Akten, welche ergeben, daß mein Vater aus den vorstehend von mir angeführten Gründen meine Volljährigkeitserklärung befürwortet hat. Sein jetziger Einwand, ich wäre zu jung, ist daher nicht stichhaltig.

Ich bitte daher

die von meinem Vater ohne wichtigen Grund verweigerte Einwilligung zur Eheschließung mit Fräulein Lucie Müller zu ersetzen.

Otto Schwarz.

An
das Amtsgericht
in Erfurt.

Kosten: In der Regel 16 RM., mindestens aber 4 RM.
§§ 87⁵, 24² RKO.

Wiederverheiratung.

Zwischen einem wegen Ehebruchs geschiedenen Ehegatten und demjenigen, mit welchem der geschiedene Ehegatte den Ehebruch begangen hat, darf eine neue Ehe nicht geschlossen werden, wenn dieser Ehebruch in dem Scheidungsurteil als Grund der Scheidung festgestellt ist.

Von dieser Vorschrift kann Befreiung bewilligt werden.

Der Antrag, Muster 4, ist an das Landgericht zu richten, vor welchem der Ehescheidungsstreit im ersten Rechtszuge verhandelt worden ist.

§ 1312 BGB., § 2 der Verordnung vom 31. 5. 1934, RGBl. I S. 472 ff. und Ziff. 2 der Durchführungsbestimmungen vom 27. 7. 1934, RGBl. I S. 738.

Muster 4.

Essen, den ....

Antrag
des Kaufmanns Otto Schwartz, Essen, Kruppstraße 1,
um Befreiung von dem Ehehindernis des Ehebruchs.

Meine Ehe mit Anna, geborenen Müller, ist durch Urteil des Landgerichts in Essen vom 10. Dezember 1921 geschieden. Ich überreiche eine mit dem Zeugnis der Rechtskraft versehene Ausfertigung des Urteils. Aus dieser ist ersichtlich, daß die Ehe wegen Ehebruchs mit der ledigen Verkäuferin Emma Schneider aus Essen, Kruppstraße 1, geschieden ist. Ich beabsichtige Fräulein Emma Schneider zu heiraten

und bitte

um Befreiung von dem Ehehindernis des Ehebruchs.

Meine frühere Ehe war kinderlos und sehr unglücklich, und zwar, wie aus den Gründen des anliegenden Urteils ersichtlich, auch zum Teil durch das Verhalten meiner geschiedenen Frau. Mit Fräulein Emma Schneider lebe ich bereits seit drei Jahren zusammen. Diesem Verhältnis ist am 15. Januar 1922 ein Knabe entsprossen. Die Geburt eines zweiten Kindes ist demnächst zu erwarten. Mein Zusammenleben mit Fräulein Schneider ist ein sehr glückliches. Ich bitte, schon mit Rücksicht auf die Zukunft der Kinder, die durch die Eheschließung die Stellung ehelicher Kinder erlangen, meiner Bitte stattzugeben. Fräulein Schneider und ich besitzen die preußische Staatsangehörigkeit. Ich verdiene monatlich 300 RM.

Otto Schwartz.

An
das Landgericht
Essen.

Kosten: 10—500 RM. Die Festsetzung erfolgt durch das Landgericht.
Ziff. 9[1] der Durchführungsbestimmungen vom 27. 7. 1934, RGBl. I S. 738.

Verwitwete oder geschiedene Ehegatten, die ein **eheliches** Kind haben, das **minderjährig** ist, dürfen eine neue Ehe erst eingehen, wenn ihnen das Vormundschaftsgericht ein Zeugnis erteilt hat, wonach sie sich mit dem Kinde hinsichtlich des ihrer Verwaltung unterliegenden gemeinschaftlichen Vermögens auseinandergesetzt haben. Auf Antrag kann das Vormundschaftsgericht die Auseinandersetzung auch nach der Eheschließung gestatten. **§§ 1314, 1493, 1669 BGB., § 43 FGG.**

Der Antrag zur Erlangung dieses Zeugnisses ist zu richten:

a) wenn ein Witwer den Antrag stellt: an das Amtsgericht seines Wohnsitzes,

b) wenn eine Witwe den Antrag stellt: an das Amtsgericht ihres Wohnsitzes,
c) wenn ein geschiedener Ehemann den Antrag stellt: an das Amtsgericht seines Wohnsitzes,
d) wenn eine geschiedene Ehefrau den Antrag stellt: an das Amtsgericht des Wohnsitzes des geschiedenen Ehemannes.

Muster 5.

Berlin-Lichtenberg, den ....

Antrag
des Kaufmanns Fritz Schulz aus Berlin-Lichtenberg, Wagnerstr. 1,
auf Erteilung eines Zeugnisses zwecks Wiederverheiratung.

Am 1. Januar 1923 verstarb in Berlin-Lichtenberg, ihrem letzten Wohnsitz, meine Ehefrau Anna, geborene Müller. Aus der Ehe mit der Verstorbenen sind folgende Kinder hervorgegangen:

1. Max, geboren 15. Juli 1903.
2. Anna, geboren 10. April 1922.

Eine Verfügung von Todeswegen hat die Verstorbene nicht hinterlassen.

Ich überreiche die Sterbeurkunde und versichere pflichtmäßig, daß meine Ehefrau, außer einigen Kleidungs- und Wäschestücken, die für die Kinder verbraucht werden, nichts hinterlassen hat, und daß meine Kinder keinerlei Vermögen besitzen.

Ich will eine neue Ehe eingehen und bitte um Erteilung des im § 1314 BGB. vorgeschriebenen Zeugnisses.

An
das Amtsgericht
Berlin-Lichtenbg.

Fritz Schulz.

Kosten: In der Regel 16 RM., ausnahmsweise weniger, mindestens aber 4 RM.
§§ 87², 24² RKO.

Muster 6.

Charlottenburg, den ....

Antrag
der Witwe Anna Schwarz aus Charlottenburg, Wilmersdorfer Straße 100,
auf Erteilung eines Zeugnisses zwecks Wiederverheiratung.

Am 1. Janauar 1923 verstarb im Krankenhause zu Potsdam mein Ehemann, der Rentier Fritz Schwarz. Sein letzter Wohnsitz war in Charlottenburg, Wilmersdorfer Straße 100. Ich überreiche anliegend die Sterbeurkunde. Der Verstorbene hat ein Testament hinterlassen, welches in den Akten des Amtsgerichts Charlottenburg — 6. IV. 182. 22 — eröffnet worden ist. Danach bin ich und der aus unser Ehe hervorgegangene Sohn Albert, geboren am 10. Juli 1914, Erbe je zu ½ des Nachlasses geworden.

Der Nachlaß besteht aus zwei Hausgrundstücken, Wilmersdorfer Straße 100 und 101 und einer Hypothek von 30000 RM.

Ich will mich wieder verheiraten und bitte zu diesem Zwecke um Erteilung des im § 1314 BGB. vorgeschriebenen Zeugnisses. Ich bitte, mir die Auseinandersetzung mit meinem Sohne Albert nach der Eheschließung zu gestatten.

Als Auseinandersetzungspfleger bringe ich den Bruder meines verstorbenen Mannes, den Major a. D. Otto Schwarz in Dahlem, Mozartstraße 5 wohnhaft, in Vorschlag.

An
das Amtsgericht
Charlottenburg.

Anna Schwarz, geb. Müller.

Ist der Pfleger bestellt worden, so schließt die Witwe mit diesem einen Auseinandersetzungsvertrag. Wenn, wie im vorstehenden Muster Grundstücke zum Nachlaß gehören, so empfiehlt es sich, den Auseinandersetzungsvertrag vor einem Notar oder vor dem Gericht abzuschließen, damit auf Grund des Auseinandersetzungsvertrages die erforderlichen Eintragungen in das Grundbuch vorgenommen werden können, sobald der Vertrag vom Vormundschaftsgericht genehmigt ist.

Sind Grundstücke im Nachlaß nicht vorhanden, so schließen der Witwer — oder die Witwe — mit den Kindern, vertreten durch den vom Gericht bestellten Pfleger, einen Auseinandersetzungsvertrag nach folgendem

Muster 7:

Auseinandersetzungs-Vertrag.

Am 10. Juli 1924 verstarb in Berlin-Lichtenberg, ihrem letzten Wohnsitz, die Ehefrau Anna Müller, geborene Schulze, ohne eine Verfügung von Todeswegen zu hinterlassen.

Ihre gesetzlichen Erben sind geworden:
a) der Ehemann Franz Müller zu ¼,
b) die aus der Ehe hervorgegangenen Kinder:
 1. Hans, geboren am 10. Juli 1911, zu ³/₈,
 2. Anna, geboren am 20. Oktober 1912, zu ³/₈,
 beide vertreten durch den mitunterzeichneten Pfleger Georg Krause.

Die Verstorbene hat hinterlassen:

1. bares Geld	200.— RM.
2. eine Küche, bestehend aus Küchenschrank im Werte von noch	50.— „
Übertrag	250.— RM.

	Übertrag	250.—	RM.
Anrichte	im Werte von noch	30.—	„
Küchentisch	„ „ „ „	10.—	„
2 Stühlen	„ „ „ „ zusammen	10.—	„
1 Kohlenkasten	„ „ „ „	3.—	„
und Geschirr	„ „ „ „	30.—	„
3. ein Schlafzimmer, bestehend aus:			
2 Betten komplett	im Werte von noch zusammen	200.—	RM.
1 Kleiderschrank	„ „ „ „	100.—	„
1 Waschtoilette	„ „ „ „	50.—	„
2 Nachttischen	„ „ „ „ zusammen	50.—	„
4. ein Wohnzimmer, bestehend aus:			
1 Klavier	im Werte von noch	500.—	RM.
1 Tisch	„ „ „ „	50.—	„
6 Stühlen	„ „ „ „ zusammen	48.—	„
1 Schrank	„ „ „ „	100.—	„
1 Schreibtisch	„ „ „ „	60.—	„
1 Teppich	„ „ „ „	20.—	„
1 Uhr	„ „ „ „	20.—	„
5. Wäsche und Gardinen	im Werte von noch zusammen	200.—	„
6. 1 goldene Damenuhr	„ „ „ „	40.—	„
7. 1 Brillantring	„ „ „ „	40.—	„
	Gesamtnachlaßwert:	1811.—	RM.

Sämtliche Gegenstände sind zirka 15 Jahre alt.

An Beerdigungskosten sind bezahlt	411.—	„
Der Wert des reinen Nachlasses beträgt mithin	1400.—	RM.

Hiervon erhält der	a) Ehemann	1/4	mit 350.—	RM.
	b) Hans	3/8	„ 525.—	„
	c) Anna	3/8	„ 525.—	„
			sind wieder 1400.—	RM.

Dem Ehemann werden übereignet:
die gesamte Einrichtung und die Wäsche, wie sie vorstehend unter Nr. 1—5 aufgeführt ist, mit Ausnahme des unter Nr. 4 aufgeführten Klaviers.

Anna erhält das Klavier und die goldene Damenuhr,

Hans den Brillantring zum alleinigen Eigentum.

Der Witwer bekennt sich im Besitz der vorstehend aufgeführten Sachen und nimmt die Übereignung an. Er verpflichtet sich, das Klavier und die goldene Damenuhr für seine Tochter Anna bis zu deren Volljährigkeit bzw. Verheiratung aufzubewahren, desgleichen den Brillantring für den Sohn Hans, bis zu dessen Volljährigkeit.

Er bekennt sich ferner als Schuldner seines Sohnes Hans in Höhe von 500 RM. und verpflichtet sich, diese Summe dem Hans bei der städtischen Sparkasse Berlin anzulegen und den Betrag in monatlichen Raten von 25 RM. auf ein Sparbuch einzuzahlen.

Der Pfleger nimmt die Erklärungen namens seiner Pfleglinge an und bittet, diesen Auseinandersetzungsvertrag namens der Pfleglinge vormundschaftsgerichtlich zu genehmigen.

Berlin-Lichtenberg, den 15. Dezember 1924.

Franz Müller. Georg Schulze.

Diesen Vertrag reicht alsdann der Pfleger zur Genehmigung dem Vormundschaftsgericht ein mit folgendem Anschreiben:

An das Amtsgericht

in ....

(Aktenzeichen)

Anliegend überreiche ich den mit dem Vater (Mutter) meines Mündels geschlossenen Auseinandersetzungsvertrag mit der Bitte, den Vertrag vormundschaftsgerichtlich zu genehmigen. Der Vertrag ist für mein Mündel günstig.

(Unterschrift des Pflegers.)

Muster 8.

Berlin-Pankow, den ....

Antrag
des Bankbeamten Fritz Müller aus Pankow, Florastraße 10,
auf Erteilung eines Zeugnisses zwecks Wiederverheiratung.

An
das Amtsgericht
Berlin-Pankow.

Durch das anliegend mit der Bitte um Rückgabe überreichte rechtskräftige Urteil des Landgerichts III in Berlin, ist meine Ehe mit Anna, geborenen Schulze, geschieden. Aus der Ehe sind folgende Kinder hervorgegangen:

1. Max, geboren am 1. Juli 1910.
2. Anna, geboren am 10. April 1914.

Ich will eine neue Ehe eingehen, versichere pflichtgemäß, daß die Kinder keinerlei Vermögen besitzen und bitte um Erteilung des im § 1314 BGB. vorgeschriebenen Zeugnisses.

Fritz Müller.

Kosten: Für Erteilung eines Zeugnisses aus § 1314 BGB. (Heiratsschein) in der Regel 16 RM., mindestens aber 4 RM.

§§ 87^2, 24^2 RKO.

Eine Frau darf erst zehn Monate nach der Auflösung oder Nichtigkeitserklärung ihrer Ehe eine neue Ehe eingehen. Will sie die neue Ehe vor Ablauf der zehn Monate eingehen, so muß sie Befreiung von dieser Vorschrift nachsuchen. Seit dem 1. August 1934 erteilt die Befreiung der Standesbeamte, vor dem die Ehe geschlossen werden soll. Soll die Ehe im Auslande geschlossen werden, so entscheidet der Standesbeamte des

Standesamts I Berlin. Hat die Frau das 55. Jahr vollendet, so ist die Befreiung nicht mehr erforderlich.

§ 1313 BGB., § 3 der Verordnung vom 31. 5. 1934, RGBl. I S. 472 ff. und Ziff. 3 der Durchführungsbestimmungen vom 27. 7. 1934, RGBl. S. 738 ff.

Muster 9.

Berlin-Lichtenberg, den ....

An den Herrn Standesbeamten des Standesamts in Berlin-Lichtenberg.

Nach der hiermit überreichten Ausfertigung des rechtskräftigen Scheidungsurteils ist meine Ehe mit dem Kaufmann Ernst Schulze geschieden worden. Ich will vor dem Standesamt Berlin-Lichtenberg sogleich eine neue schließen und bitte, mich von der 10monatigen Wartezeit zu befreien.

Ein amtsärztliches Zeugnis, aus welchem sich ergibt, daß ich nicht schwanger bin, füge ich bei.

Anna Schulze, geb. Müller.

Berlin-Lichtenberg, Wagnerstraße 10.

Kosten: 5—25 RM.

Ziff. 9[1] der Durchführungsbestimmungen vom 27. 7. 1934, RGBl. I S. 738.

Nichtigkeit und Anfechtbarkeit der Ehe.

§§ 1324—1328 BGB.

Eine Ehe ist nichtig:

1. wenn bei der Eheschließung die durch das Gesetz vorgeschriebene Form nicht beachtet ist. Ist jedoch die Ehe in das Heiratsregister eingetragen und haben die Ehegatten nach der Eheschließung 10 Jahre oder falls einer von ihnen vorher verstorben ist, bis zu dessen Tode, jedoch mindestens 3 Jahre mit einander gelebt, so ist die Ehe als von Anfang an gültig anzusehen, wenn nicht bei Ablauf der 10 Jahre oder z. Zt. des Todes die Nichtigkeitsklage erhoben ist;
2. wenn einer der Ehegatten z. Zt. der Eheschließung geschäftsunfähig war oder sich im Zustande der Bewußtlosigkeit oder vorübergehenden Störung der Geistestätigkeit befand;
3. wenn einer der Ehegatten z. Zt. der Eheschließung mit einem Dritten in gültiger Ehe lebte;
4. wenn eine Ehe zwischen Personen geschlossen ist, die in gerader Linie mit einander verwandt (Mutter und Sohn!) oder verschwägert sind (Schwiegersohn und Schwiegermutter) oder zwischen Geschwistern und Halbgeschwistern, oder zwischen dem unehelichen Kinde und dessen Abkömmlingen einerseits und seinem Erzeuger und dessen Verwandten (Vater, Sohn, Enkel) andererseits;

Die Nichtigkeit einer nach vorstehend unter 1—5 als nichtig bezeichneten Ehe kann **nur** durch Erhebung der Nichtigkeitsklage geltend gemacht werden. Die Klage kann von jedem der Ehegatten, sowie von der Staatsanwaltschaft und im Falle 3 auch von einem Dritten, mit dem die frühere Ehe geschlossen war, erhoben werden.

Eine Ehe kann angefochten werden: §§ 1331—1335 BGB.

1. von dem Ehegatten, der z. Zt. der Eheschließung in der Geschäftsfähigkeit beschränkt war und dessen Eheschließung ohne Einwilligung oder Bestätigung seines gesetzlichen Vertreters erfolgt ist, z. B. ein wegen Verschwendung Entmündigter verschweigt diesen Umstand dem Standesbeamten gegenüber bei der Eheschließung;
2. von dem Ehegatten, der bei der Eheschließung nicht gewußt hat, daß es sich um eine solche handele;
3. von dem Ehegatten, der sich bei der Eheschließung in der Person des anderen Ehegatten oder über solche persönliche Eigenschaften des anderen Ehegatten geirrt hat, die ihn bei Kenntnis der Sachlage und bei verständiger Würdigung des Wesens der Ehe von der Eingehung der Ehe abgehalten haben würden, z. B. schwere Vorstrafen, unheilbare Krankheit, geschlechtliches Unvermögen, Mangel der Jungfräulichkeit;
4. von dem Ehegatten, der zur Eingehung der Ehe durch arglistige Täuschung über solche Umstände bestimmt worden ist, die ihn bei Kenntnis der Sachlage und bei verständiger Würdigung des Wesens der Ehe von der Eheschließung abgehalten haben würden. Ist die Täuschung nicht von dem anderen Ehegatten verübt worden, so ist die Ehe nur anfechtbar, wenn dieser die Täuschung bei der Eheschließung gekannt hat. Auf Grund einer Täuschung über die Vermögensverhältnisse findet die Anfechtung nicht statt;
5. von dem Ehegatten, der zur Eingehung der Ehe widerrechtlich durch Drohung bestimmt ist.

Die Anfechtung geschieht durch Erhebung der Anfechtungsklage.

Die Nichtigkeits- sowie die Anfechtungsklage ist bei dem Landgericht zu erheben, in dessen Bezirk der Ehemann seinen Wohnsitz hat. Sie kann nur durch einen Rechtsanwalt erhoben werden. Kann jemand die Kosten der Prozeßführung nicht bestreiten, so muß er im Armenrecht klagen.

Für einen Antrag zur Bewilligung des Armenrechts ist Muster Nr. 110 zu benutzen.

Ist die Ehe durch den Tod des zur Anfechtung nicht berechtigten Ehegatten aufgelöst worden, so erfolgt die Anfechtung durch Erklärung gegenüber dem Nachlaßgericht — das ist das Amtsgericht, in dessen Bezirke der Verstorbene seinen letzten Wohnsitz hatte —. Die Erklärung ist in öffentlich beglaubigter Form abzugeben.

Muster 10.

§ 1342 BGB., §§ 72, 73 FGG.

Bernau, den ....

An

das Amtsgericht Bernau.

Meine Ehefrau Anna, geborene Schulze, ist am 1. Juli 1930 hier in Bernau, ihrem letzten Wohnsitze, verstorben. Durch den Bruder meiner Frau, den Schlosser Hermann Schulze aus Berlin, Barnimstraße 15 wohnhaft, erfuhr ich erst jetzt, daß meine Frau vor der Ehe ein Kind geboren hat, dessen Vormund er ist.

Ich überreiche die Geburtsurkunde dieses Kindes und fechte die von mir mit meiner verstorbenen Ehefrau Anna, geborenen Schulze, vor dem Standesamt Xa in Berlin am 5. Januar 1923 geschlossene Ehe an, weil ich mich bei der Eheschließung über solche persönlichen Eigenschaften meiner Frau geirrt habe, die mich bei Kenntnis der Sachlage und bei verständiger Würdigung des Wesens der Ehe von der Eheschließung mit ihr abgehalten haben würden.

....

Mit diesem Schreiben begibt sich der Anfechtende zu einem Notar oder einem Gericht und läßt seine Unterschrift beglaubigen und übersendet es alsdann dem zuständigen Nachlaßgerichte. Will man diesen Weg nicht wählen, so kann man die Erklärung auch persönlich **vor dem Nachlaßgerichte** abgeben.

Kosten: ¼ der Gebührentabelle B. Wert in der Regel 3000 RM.

§§ 104[1], 24[2] RKO.

Ehescheidung.

Eine Ehegatte kann auf Scheidung klagen: §§ 1565—1569 BGB.

1. wenn der andere Ehegatte sich des Ehebruchs oder der Doppelehe oder der widernatürlichen Unzucht schuldig macht;
2. wenn der andere Ehegatte ihm nach dem Leben trachtet;
3. wenn der andere Ehegatte ihn böslich verlassen hat; bösliche Verlassung liegt nur vor:
   a) wenn ein Ehegatte, nachdem er zur Herstellung der ehelichen Gemeinschaft rechtskräftig verurteilt worden ist, ein Jahr lang gegen den Willen des anderen Ehegatten in böslicher Absicht dem Urteil nicht Folge leistet;
   b) wenn ein Ehegatte sich ein Jahr lang gegen den Willen des anderen Ehegatten in böslicher Absicht von der häuslichen Gemeinschaft fern gehalten hat und die Voraussetzungen für die öffentliche Zustellung seit Jahresfrist gegen ihn bestanden haben, d. h. ist der Aufenthalt des Ehegatten ein Jahr lang unbekannt, so kann sogleich die Klage auf Ehescheidung erhoben werden;
4. wenn der andere Ehegatte durch schwere Verletzung der durch die Ehe begründeten Pflichten oder durch ehrloses und unsittliches Verhalten eine so tiefe Zerrüttung des ehelichen Verhältnisses verschuldet hat, daß dem Ehegatten die Fortsetzung der Ehe nicht zugemutet werden kann. Als schwere Verletzung gilt auch grobe Mißhandlung;
5. wenn der andere Ehegatte in Geisteskrankheit verfallen ist und die Krankheit während der Ehe mindestens 3 Jahre gedauert und einen solchen Grad erreicht hat, daß die geistige Gemeinschaft zwischen den Ehegatten aufgehoben und jede Aussicht auf Wiederherstellung dieser Gemeinschaft ausgeschlossen ist.

Das Recht auf Scheidung erlischt in den Fällen 1—4 durch Verzeihung.

Die Scheidungsklage muß in den Fällen 1—4, wenn die Eheleute in häuslicher Gemeinschaft leben, binnen 6 Monaten von dem Zeitpunkte an erhoben werden, in dem der Ehegatte von dem Scheidungsgrunde Kenntnis erlangt. Sie ist ausgeschlossen, wenn seit dem Eintritte des Scheidungsgrundes 10 Jahre verstrichen sind. Die Frist läuft nicht, wenn die häusliche Gemeinschaft aufgehoben ist.

Will jemand auf Scheidung der Ehe aus einem der unter 1—4 aufgeführten Gründe klagen, so hat er vor Erhebung der Klage bei dem Amtsgericht, in dessen Bezirk der Ehemann seinen Wohnsitz hat, die Anberaumung eines Sühnetermins zu beantragen.

Muster 11.

§ 609 ZPO.

Berlin-Lichtenberg, den ....

Antrag

des Büroangestellten Franz Müller,
hier, Wagnerstraße 10,
auf Anberaumung eines Sühnetermins.

Ich bin mit meiner Ehefrau Anna, geborenen Schulze, Pankow, Florastraße 10 wohnhaft, seit 10 Jahren verheiratet. Meine Ehefrau ist 30 Jahre, ich bin 34 Jahre alt. Wir sind beide evgl. Konfession. Aus unserer Ehe sind 2 Kinder am Leben.

Ich beabsichtige wegen schwerer Verletzung der durch die Ehe begründeten Pflichten — oder wegen Ehebruchs —

auf Scheidung — oder Herstellung des ehelichen Lebens —

zu klagen und bitte zur Vornahme des Sühneversuchs vor dem Amtsgericht Berlin-Lichtenberg Termin zu bestimmen.

An
das Amtsgericht
Berlin-Lichtenbg.

Franz Müller.

Die Parteien müssen zum Sühnetermin persönlich erscheinen. Ist der Sühneversuch fruchtlos ausgefallen, so erhält der Kläger darüber ein Zeugnis. Mit diesem begibt er sich zu einem Rechtsanwalt und beauftragt denselben mit der Erhebung der entsprechenden Klage. Da die Klage beim Landgericht zu erheben ist, kann sie **nur** durch einen Anwalt erhoben werden. Deshalb ist ein Muster einer Ehescheidungsklage nicht aufgeführt.

Ist man nicht in der Lage, die Kosten des Ehescheidungsprozesses zu tragen, so hat man sich von der obrigkeitlichen Behörde ein Armutszeugnis zu beschaffen — Ehefrauen müssen sich sowohl ein Armutszeugnis ihres Ehemannes, als auch ein solches für sich beschaffen — und stellt alsdann folgenden Antrag an das zuständige Landgericht, das ist das Landgericht, in dessen Bezirk der Ehemann seinen Wohnsitz hat.

Muster 12.

§ 114 ZPO.

Berlin-Lichtenberg, den ....

Antrag
der Frau Anna Schulze, geb. Müller,
Berlin-Weißensee, Wörthstraße 10,
auf Bewilligung des Armenrechts
zwecks Ehescheidung.

Ich beabsichtige gegen meinen Ehemann, den Schlächter Max Müller in Berlin-Hohenschönhausen, Wriezener Str. 1 wohnhaft, die Klage auf Scheidung der Ehe, wegen Ehebruchs zu erheben,

und beantrage mir zu diesem Zwecke das Armenrecht zu bewilligen und einen Rechtsanwalt beizuordnen.

Wie aus der hiermit überreichten Heiratsurkunde ersichtlich, habe ich am 15. Januar 1912 die Ehe vor dem Standesamt in Wriezen a. O. geschlossen. Aus der Ehe ist der am 13. September 1913 geborene Sohn Max hervorgegangen. Mein Ehemann und ich sind evgl. Religion und besitzen die preußische Staatsangehörigkeit.

Mein Ehemann hat in nicht rechtsverjährter Zeit mit der unverehelichten Schneiderin Emma Lehmann in Berlin, Langestraße 5 wohnhaft, Ehebruch getrieben.

Beweismittel:

Zeugnis der Schneiderin Emma Lehmann und der Frau Nathalie Weiß, geb. Schwarz, Berlin, Langestraße Nr. 5.

Ich überreiche Armutszeugnisse für mich und meinen Ehemann und Zeugnis über die fruchtlos erfolgte Sühne.

Anna Schulze,
geborene Müller.

An
das Landgericht
Berlin.

Falls die Ehefrau für den Ehemann kein Armutszeugnis erhält, ist unter Überreichung des Sühneattestes folgender Antrag an das für den Wohnsitz des Ehemannes zuständige Landgericht zu stellen:

Muster 13.

Berlin, den ....

Antrag
der Frau Charlotte Krause, geb. Rettig, Berlin, Potsdamer Str. 15,
auf Erlaß einer einstweiligen Verfügung wegen Prozeßkostenvorschuß.

Ich beabsichtige gegen meinen Ehemann, den Prokuristen Arno Krause in Berlin, Alexanderstr. 5

wohnhaft, die Klage auf Scheidung der Ehe zu erheben, weil er in nicht rechtsverjährter Zeit mit der Stenotypistin Ursel Weiß, in Berlin, Brückenstr. 10, Ehebruch getrieben hat.

Mein Ehemann ist Prokurist bei der Firma Schulze & Co., hier, Alexanderplatz, und verdient monatlich 600.— RM.

Die Richtigkeit dieser Angaben versichere ich an Eidesstatt.

Ich beantrage:

im Wege der einstweiligen Verfügung anzuordnen, daß mein Ehemann gehalten wird, für mich an den von mir zu bestimmenden Prozeßbevollmächtigten einen Kostenvorschuß zur Durchführung des Ehescheidungsprozesses zu zahlen. Die Höhe des Vorschusses überlasse ich dem Gericht festzusetzen.

Ich überreiche das Zeugnis über die fruchtlos erfolgte Sühne.

An
das Landgericht
Berlin.

Charlotte Krause.

Der auf diesen Antrag ergehende Beschluß muß innerhalb Monatsfrist dem Ehemann zugestellt sein, was die Antragstellerin zu veranlassen hat. Zweckmäßig ist es, den Beschluß dem für den Ehescheidungsprozeß erwählten Rechtsanwalt zu übergeben und ihn zu beauftragen, die Zustellung und Zwangsvollstreckung aus dem Beschluß vorzunehmen.

Will ein Ehegatte die Scheidungsklage aus dem unter 5 angeführten Grunde erheben, so muß er, da der andere Ehegatte als Geisteskranker geschäftsunfähig ist, zunächst die Bestellung eines Pflegers für den geisteskranken Ehegatten beantragen. Der Antrag ist an das Vormundschaftsgericht, das ist das Amtsgericht, in dessen Bezirk der Mann seinen Wohnsitz hat, zu richten.

Muster 14.

§§ 10, 1910 BGB., § 38, 36 FGG.

Berlin-Lichtenberg, den ....

Antrag
des Werkmeisters Franz Müller, hier,
Wagnerstraße 10,
auf Bestellung eines Pflegers für
seine geisteskranke Ehefrau.

Ich habe im Jahre 1914 mit Anna, geborenen Schulze, die Ehe geschlossen. Meine Ehefrau befindet sich seit dem 15. Oktober 1920 in der Irrenanstalt Teupitz. Nach dem hiermit überreichten Attest des Anstaltsarztes hat die Geisteskrankheit meiner Ehefrau einen solchen Grad erreicht, daß die geistige Gemeinschaft zwischen uns aufgehoben, auch jede Aussicht auf Wiederherstellung dieser Gemeinschaft ausgeschlossen ist.

Ich will die Klage auf Scheidung der Ehe gegen meine Ehefrau erheben und beantrage zu diesem Zwecke meiner Ehefrau einen Pfleger zu bestellen.

An
das Amtsgericht
Berlin-Lichtenbg.

Franz Müller.

Ist die Bestellung des Pflegers erfolgt, so ist die Ehescheidungsklage gegen die Ehefrau, vertreten durch ihren Pfleger NN., durch einen Rechtsanwalt zu erheben, oder bei Armut des Klägers, wie bereits angegeben, zu verfahren. Ein Zeugnis über die erfolglos versuchte Sühne ist nicht erforderlich.

Aufhebung der ehelichen Gemeinschaft.

§ 1575 BGB.

Ein Ehegatte, der auf Scheidung zu klagen berechtigt ist, kann statt auf Scheidung, auf Aufhebung der ehelichen Gemeinschaft klagen. Beantragt der andere Ehegatte, daß die Ehe, falls die Klage begründet ist, geschieden wird, so ist auf Scheidung zu erkennen.

Ein Ehegatte, der berechtigt ist, auf Scheidung zu klagen — siehe die unter Scheidung zu 1—5 aufgeführten Gründe —, hat das Recht, dem andern Ehegatten die eheliche Gemeinschaft zu verweigern, ohne dadurch seinen Anspruch auf Gewährung von Unterhalt zu verlieren. Er kann z. B. den andern Ehegatten verlassen, ohne daß dieser dadurch das Recht erhält, die Klage auf Scheidung wegen böslichen Verlassens zu erheben. Allerdings übt der betreffende Ehegatte die Selbsthilfe auf eigene Gefahr. Wenn der von ihm behauptete Ehescheidungsgrund nicht vorliegt, kann die Verweigerung der ehelichen Gemeinschaft leicht zum Ehescheidungsgrund gegen ihn werden.

Familienname der Frau nach der Ehescheidung.

Die geschiedene Frau behält den Familiennamen des Mannes. Sie kann aber auch ihren Familiennamen wieder annehmen, und, falls sie vor der Eingehung der Ehe bereits verheiratet war, auch den Familiennamen wieder annehmen, den sie vor der Verheiratung geführt hat, es sei denn, daß sie allein für schuldig erklärt worden ist.

Die Wiederannahme des Namens erfolgt durch Erklärung gegenüber dem Standesbeamten, welcher die Ehe geschlossen hat.

Die geschiedene Frau begibt sich zu diesem Zwecke zu dem Standesbeamten, vor dem die Ehe geschlossen ist, oder falls sie dies nicht tun kann, weil sie nicht mehr am Orte der Eheschließung wohnt, zu einem anderen Standesbeamten und gibt dort die entsprechende Erklärung vor dem Standesbeamten ab. Das mit Rechtskraftzeugnis versehene Scheidungsurteil, die Heiratsurkunde, ist mitzunehmen.

Ist die Frau allein für schuldig erklärt worden, so kann der Mann ihr die Führung seines Namens untersagen. Zur Abgabe der Erklärung verfährt der Mann in gleicher Weise wie vorstehend für die Frau angegeben. Kosten entstehen nicht.

§ 1577 BGB., § 8 der Verordnung vom 31. 5. 1934, RGBl. I S. 472, Ziff. 6 und 9[5]a der Durchführungsbestimmungen vom 27. 7. 1934, RGBl. I S. 738.

Rechtliche Stellung der Eltern gegenüber Kindern bei geschiedener Ehe.

§§ 1635 ff. BGB.

Sind Kinder aus der geschiedenen Ehe vorhanden, so steht, solange die geschiedenen Ehegatten **leben**, die Sorge für die Person der Kinder zu:

a) der Mutter, wenn der Vater allein für schuldig erklärt ist,
b) dem Vater, wenn die Mutter allein für schuldig erklärt ist,
c) der Mutter, wenn beide Teile für schuldig erklärt sind, für eine Tochter und für einen Sohn unter 6 Jahren,
d) dem Vater, wenn beide Teile für schuldig erklärt sind, für einen Sohn über 6 Jahren.

Das Vormundschaftsgericht kann, wenn das Interesse des Kindes es erfordert, eine von Vorstehendem abweichende Regelung treffen.

Das Recht des Vaters zur Vertretung des Kindes bleibt unberührt.

Der Ehegatte, dem die Sorge für die Person des Kindes nicht zusteht, behält die Befugnis, mit dem Kinde persönlich zu verkehren. Können sich die geschiedenen Ehegatten über den Verkehr nicht einigen, so regelt auf Antrag eines Ehegatten das Vormundschaftsgericht den Verkehr.

Der Antrag auf Verkehrsregelung ist an das Vormundschaftsgericht, das ist das Amtsgericht, in dessen Bezirke der Vater seinen Wohnsitz hat, zu richten.

Muster 15.

Charlottenburg, den ....

Antrag
der Frau Anna Müller, geb. Schulze,
hier, Wilmersdorfer Straße 10,
auf Regelung des Verkehrs mit ihrem Kinde.

Durch rechtskräftiges Urteil des Landgerichts III Berlin ist meine Ehe mit dem Ingenieur Franz Müller, Schöneberg, Akazienstraße 5 wohnhaft, geschieden. Ich bin als alleinschuldig erklärt worden. Aus der Ehe ist ein jetzt 8 Jahre alter Sohn hervorgegangen, der sich beim Vater befindet. Mein von mir geschiedener Mann macht mir jeden Verkehr mit dem Kinde unmöglich. Ich beantrage

anzuordnen, daß mein von mir geschiedener Mann unsern Sohn Hans mir am Sonnabend jeder Woche 4 Stunden in die Wohnung schickt.

Anna Müller, geb. Schulze.

An
das Amtsgericht
Berlin-Schönebg.

Kosten: In der Regel 16 RM., mindestens aber 4 RM. Keine Gebühr, wenn eine Vormundschaft oder Pflegschaft über das Kind besteht, oder wenn es nicht mehr Vermögen als 5000 RM. besitzt.

§§ 88, 89, 24^2 RKO.

Anfechtung der Ehelichkeit eines Kindes.

§§ 1593 ff. BGB.

Ein Kind, das nach Eingehung der Ehe geboren wird, ist ehelich, wenn die Frau es vor oder während der Ehe empfangen und der Mann innerhalb der Empfängniszeit — das ist die Zeit von dem 181. Tage einschließlich bis zu dem 302. Tage einschließlich vor dem Tage der Geburt des Kindes — der Frau beigewohnt hat. Das Kind ist nicht ehelich, wenn es den Umständen nach offenbar unmöglich ist, daß die Frau das Kind von dem Mann empfangen hat, z. B. wenn während der ganzen Dauer der Empfängniszeit der Mann in Köln, die Frau in Königsberg war.

Die Unehelichkeit eines Kindes, welches während der Ehe oder innerhalb 302 Tagen nach der Auflösung geboren ist, kann nur geltend gemacht werden, wenn der Mann die Ehelichkeit angefochten hat, oder ohne das Anfechtungsrecht verloren zu haben, gestorben ist.

Die Anfechtung der Ehelichkeit kann nur binnen Jahresfrist erfolgen. Die Frist beginnt mit dem Zeitpunkte, in welchem der Mann die Geburt des Kindes erfährt.

Die Anfechtung erfolgt bei **Lebzeiten des Kindes** durch Erhebung der Anfechtungsklage, bei dem Landgericht, in dessen Bezirk der Vater seinen Wohnsitz hat. Da die Klage gegen das Kind zu richten ist, muß diesem vor Erhebung der Klage ein Pfleger bestellt werden. Der Antrag auf Bestellung eines Pflegers ist an das Amtsgericht zu richten, in dessen Bezirk der Vater seinen Wohnsitz hat.

Muster 16.

2§ 1909 BGB., § 37, 36 RFGG.

Berlin-Lichtenberg, den ....

Antrag

des Kaufmanns Franz Müller, Berlin-Lichtenberg, Wagnerstraße 10, auf Bestellung eines Pflegers, zum Zwecke der Anfechtung der Ehelichkeit eines Kindes.

Meine Ehe mit Anna, geb. Schulze, hier, Wotanstraße 5, ist durch rechtskräftiges Urteil des Landgerichts III Berlin vom 3. Janauar 1924 geschieden. Meine geschiedene Ehefrau hat am 25. August 1924 einen Knaben namens Ernst geboren, dessen Erzeuger ich nicht bin. Ich lebe seit dem 1. Januar 1921 von meiner geschiedenen Ehefrau getrennt, und habe seit dieser Zeit keinen Geschlechtsverkehr mit meiner Frau gehabt.

Ich will die Ehelichkeit des Kindes anfechten und beantrage

dem Kinde zu diesem Zwecke einen Pfleger zu bestellen.

Die Geburtsurkunde des Kindes füge ich bei.

Franz Müller.

An
das Amtsgericht
Berlin-Lichtenbg.

Ist der Pfleger bestellt worden, so ist durch einen Rechtsanwalt die Klage auf Anfechtung der Ehelichkeit des Kindes zu erheben. Ist der Kläger nicht in der Lage die Kosten des Rechtsstreites zu tragen, so muß er sich von der obrigkeitlichen Behörde ein Armutszeugnis beschaffen und folgenden Antrag an das Landgericht, in dessen Bezirk er seinen Wohnsitz hat, stellen:

Muster 17.

§ 114 ZPO.

Berlin-Lichtenberg, den ....

Antrag

des Kaufmanns Franz Müller, Berlin-Lichtenberg, Wagnerstr. 10.

auf Bewilligung des Armenrechts und Beiordnung eines Rechtsanwalts.

Durch rechtskräftiges Urteil des Landgerichts III Berlin vom 3. Januar 1930 — 17. R. 3. 30. — ist meine Ehe mit Anna, geborenen Schulze, geschieden worden. Meine geschiedene Frau hat am 25. August 1930 einen Knaben, namens Ernst, geboren, dessen Erzeuger ich nicht bin. Ich lebe seit dem 1. Oktober 1929 von meiner geschiedenen Ehefrau getrennt und habe seit dieser Zeit keinen Geschlechtsverkehr mit meiner Frau gehabt.

Beweismittel: Die Ehescheidungsakten.

Ich will die Klage auf Anfechtung der Ehelichkeit des Kindes erheben und bitte,

mir auf Grund des hiermit überreichten Armutszeugnisses zu diesem Zwecke das Armenrecht zu bewilligen und einen Rechtsanwalt beizuordnen.

Die Geburtsurkunde des Kindes füge ich bei.

Franz Müller.

An
das Landgericht
Berlin.

Ist das Kind verstorben, so kann die Anfechtung der Ehelichkeit desselben nur durch Erklärung gegenüber dem Nachlaßgerichte, das ist dasjenige Amtsgericht, in dessen Bezirke der Vater seinen Wohnsitz hatte,

§§ 1597, 129 BGB. als das Kind starb, erfolgen. Die Erklärung ist in öffentlich beglaubigter Form abzugeben. Es ist dabei wie folgt zu verfahren, entweder:

§§ 72, 73 FGG. der Vater begibt sich zum Nachlaßgericht und erklärt dort die Anfechtung.

Kosten in der Regel 4 RM., mindestens 2 RM.

§§ 104, 24² RKO.

Oder er fertigt folgendes Schreiben an:

Muster 18.

Am 25. Oktober 1924 hat meine Ehefrau Anna, geborene Schulze, ein Kind namens Max geboren, welches bereits am 28. Oktober wieder verstorben ist. Ich befand mich seit dem 1. Oktober 1923 ohne Unterbrechung als Monteur in Rumänien und kehrte erst am 15. November 1924 zu meiner Ehefrau zurück und erfuhr die Geburt des Kindes.

Ich fechte die Ehelichkeit des Kindes an.

Geburts- und Sterbeurkunde des Kindes überreiche ich.

Berlin-Lichtenberg, den ....

....

Mit diesem nicht unterschriebenen Schreiben begibt der Vater sich zu

§ 39 RKO. einem Notar, läßt seine Unterschrift beglaubigen — Kosten 4 RM. — und übersendet es alsdann unter Einschreiben dem Nachlaßgericht.

Kosten in der Regel 4 RM., mindestens aber 2 RM.

Die Anfechtung der Ehelichkeit des Kindes ist ausgeschlossen, wenn der Vater es nach der Geburt als das seinige anerkannt hat, sei es ausdrücklich oder durch Handlungen, die darauf schließen lassen, daß er das Kind als

§§ 119,123,124 BGB. das seinige anerkennt. Die Anerkennung ist anfechtbar wegen Irrtums, Drohung oder Täuschung.

Will der Vater die Ehelichkeit aus diesen Gründen anfechten, so ist ebenfalls so zu verfahren, wie vorstehend bereits geschildert.

Elterliche Gewalt.

§ 1626 BGB.

Das Kind steht, solange es minderjährig ist, unter elterlicher Gewalt.

Der Vater hat Kraft der elterlichen Gewalt das Recht und die Pflicht für die Person und das Vermögen des Kindes zu sorgen, soweit nicht aus besonderer Veranlassung ein Pfleger für das Kind bestellt ist.

Die Sorge für die Person und das Vermögen des Kindes umfaßt die Vertretung des Kindes, d. h., der Vater hat für das Kind Prozesse zu führen, Verträge abzuschließen, usw. Auch wenn der Vater im Ehescheidungsprozeß für allein schuldig erklärt worden ist, behält er das Recht und die Pflicht, das Kind zu vertreten und für das Vermögen des Kindes zu sorgen. Verletzt er diese Pflichten, so können sie ihm durch das Vormundschaftsgericht entzogen werden.

Die Sorge für die Person des Kindes umfaßt das Recht und die Pflicht, das Kind zu erziehen, zu beaufsichtigen und seinen Aufenthalt zu bestimmen. Dieses Recht verliert der Vater, wenn er im Ehescheidungsprozeß rechtskräftig als allein schuldig erklärt ist, für alle Kinder. Sind beide Ehegatten für schuldig erklärt, so verliert er das Recht nur bei den vorhandenen Mädchen und bei den Knaben bis zur Vollendung des 6. Lebensjahres. Stirbt die geschiedene Ehefrau, so erhält der Vater dieses Recht wieder.

Neben dem Vater hat während der Dauer der Ehe die Mutter das Recht und die Pflicht, für die Person des Kindes zu sorgen. Zu seiner Vertretung ist sie nicht berechtigt.

Stirbt der Vater, so geht die volle elterliche Gewalt auf die Mutter über. Die Mutter hat dann dieselben Rechte, wie sie der Vater gehabt hat. Dasselbe tritt ein, wenn die Ehe aufgelöst ist und der Vater rechtskräftig wegen eines an dem Kinde verübten Verbrechens oder vorsätzlich verübten Vergehens zu Zuchthausstrafen oder einer Gefängnisstrafe von mindestens 6 Monaten verurteilt ist. Besteht in diesem Falle die Ehe noch, so geht die elterliche Gewalt nicht auf die Mutter über, sondern dem Kinde § 1684² BGB. wird ein Vormund bestellt.

Die Mutter **verliert** die elterliche Gewalt, **wenn sie eine neue Ehe** § 1697 BGB. **eingeht.** Sie behält jedoch das Recht und die Pflicht, für die Person des Kindes zu sorgen. Zu seiner Vertretung ist sie nicht berechtigt. Das Kind erhält alsdann einen Vormund.

Das Vormundschaftsgericht hat der Mutter auf ihren Antrag einen Beistand zu bestellen, und zwar für alle Angelegenheiten oder für einzelne Angelegenheiten.

Muster 19.

§ 1687 BGB.

Berlin-Lichtenberg, den ....

Antrag
der Witwe Anna Schulze, geb. Müller, hier, Wagnerstr. 10,
auf Bestellung eines Beistandes.

Mein Ehemann, der Lokomotivführer Franz Schulze, ist am 15. Oktober 1930 hier verstorben. Aus der Ehe mit dem Verstorbenen ist der am 13. August 1916 geborene Sohn Fritz hervorgegangen. Dieser bedarf einer strengen Erziehung.

Ich bitte
mir zu diesem Zwecke einen Beistand in der Person des Lehrers Otto Schramm, hier, Siegfriedstr. 2 wohnhaft, zu bestellen.

Anna Schulze.

An
das Amtsgericht
Berlin-Lichtenbg.

Das Vormundschaftsgericht hat der Mutter die Ausübung der elter- § 1685 BGB. lichen Gewalt auf ihren Antrag zu übertragen, **wenn die Ehe aufgelöst ist** und die elterliche Gewalt des Vaters **ruht** und keine Aussicht besteht, daß der Grund des Ruhens wegfallen werde.

Muster 20.

Berlin, den ....

Antrag
der Frau Anna Schulze, geb. Müller,
hier, Wagnerstr. 10,
auf Übertragung der elterlichen Gewalt.

Wie aus dem anliegend überreichten Scheidungsurteil zu ersehen ist, ist meine Ehe mit dem Kaufmann Max Schulze rechtskräftig geschieden, weil mein Ehemann bereits über 3 Jahre geisteskrank ist und sich in der Heilanstalt Herzberge befindet. Aus unserer Ehe ist der am .... geborene Fritz Schulze hervorgegangen, dessen Geburtsurkunde ich in der Anlage überreiche.

Ich habe eine neue Ehe nicht geschlossen und beantrage, mir die elterliche Gewalt über meinen Sohn Fritz zu übertragen.

An
das Amtsgericht
Berlin.

Anna Schulze.

Kosten: In der Regel 16 RM., mindestens 4 RM.
§ 87^{4} RKO.

§ 1773 BGB. Wenn die Mutter einen solchen Antrag nicht stellt, oder wenn sie gestorben ist, so erhält das Kind einen Vormund.

§ 1642 BGB. Der Vater hat das seiner Verwaltung unterliegende Geld des Kindes nach den Vorschriften der §§ 1806 und 1807 BGB. verzinslich anzulegen. Das Vormundschaftsgericht kann dem Vater aus besonderen Gründen eine andere Anlegung gestatten.

Muster 21.

Berlin, den ....

Antrag
des Kaufmanns Franz Müller, Berlin, Andreasstr. 5,
auf vormundschaftsgerichtliche Genehmigung zur anderweiten Anlegung von Mündelgeld.

Mein Sohn Hans hat von seiner Tante Emma Zander, welche am 15. September 1930 hier verstorben ist, ein Vermächtnis von 10000 RM. erhalten. Die verstorbene Tante hat ein in der Frankfurter Allee 370 belegenes Wollwarengeschäft hinterlassen. Die Erben beabsichtigen das Geschäft zu verkaufen. Mein Sohn ist Kaufmann in der Wollwarenbranche. Es bietet sich die Gelegenheit, das Geschäft für meinen Sohn zu erwerben. Ich beantrage mir zu gestatten, das Vermögen meines Sohnes, bestehend aus dem Vermächtnis von 10000 RM. so anzulegen, daß ich für ihn das Wollwarengeschäft der verstorbenen Tante von den Erben zum Preise von 10000 RM. kaufe.

Ich selbst bin Kaufmann derselben Branche und kenne das Geschäft der Tante seit 20 Jahren. Es hat der Tante sehr gute Erträge gebracht. Wenn das Geschäft auch in der letzten Zeit durch die lange Krankheit der Verstorbenen zurückgegangen ist, so steht doch zu erwarten, daß es mein Sohn sehr bald wieder auf die alte Höhe bringen wird.

An
das Amtsgericht
Berlin.

Franz Müller.

Kosten: In der Regel 16 RM., mindestens 4 RM.
§§ 87^3, 24^2 RKO.

Zu Rechtsgeschäften für das Kind bedarf der Vater der Genehmigung des Vormundschaftsgerichts in folgenden Fällen: § 1643 BGB.

1. Zur Verfügung über ein Grundstück oder über ein Recht an einem Grundstück;
2. zur Verfügung über eine Forderung, die auf Übertragung des Eigentums an einem Grundstück oder auf Begründung oder Übertragung eines Rechts an einem Grundstück oder auf Befreiung eines Grundstücks von einem solchen Rechte gerichtet ist;
3. zur Eingehung der Verpflichtung zu einer der in Nr. 1 und 2 bezeichneten Verfügungen;
— Zu den Rechten an einem Grundstück im Sinne dieser Vorschriften gehören nicht Hypotheken, Grund- und Rentenschulden —;
4. zu einem Rechtsgeschäft, durch das das Kind zu einer Verfügung über sein Vermögen im ganzen oder über eine ihm angefallene Erbschaft oder über seinen künftigen gesetzlichen Erbteil oder seinen künftigen Pflichtteil verpflichtet wird, sowie zu einer Verfügung über den Anteil des Kindes an einer Erbschaft (siehe Erbverzicht);
5. zu einem Vertrage, der auf den entgeltlichen Erwerb oder die Veräußerung eines Erwerbsgeschäfts gerichtet ist, sowie zu einem Gesellschaftsvertrage, der zum Betrieb eines Erwerbsgeschäfts eingegangen wird;
6. zu einem Miet- oder Pachtvertrag oder einem anderen Vertrage, durch den das Kind zu wiederkehrenden Leistungen verpflichtet wird, wenn das Vertragsverhältnis länger als ein Jahr nach der Vollendung des 21. Lebensjahres fortdauern soll;
7. zur Aufnahme von Geld auf den Kredit des Kindes;
8. zur Ausstellung einer Schuldverschreibung auf den Inhaber oder zur Eingehung einer Verbindlichkeit aus einem Wechsel oder einem anderen Papiere, das durch Indossament übertragen werden kann;
9. zur Übernahme einer fremden Verbindlichkeit, insbesondere zur Eingehung einer Bürgschaft;
10. zur Erteilung einer Prokura.

Muster 22.

Berlin, den ....

Antrag
des Oberpost-Inspektors Franz Müller, Berlin, Holzmarktstr. 15,
auf vormundschaftsgerichtliche Genehmigung eines Grundstücksverkaufs.

Mein Sohn Hans, geboren am 15. Oktober 1906, besitzt in Berlin, Holzmarktstraße 15, ein Grundstück, welches ich durch anliegenden Kaufvertrag vom 1. Dezember 1924 an den Tischlermeister Max Weber, Langestr. Nr. 1, für den Preis von 20000 RM. verkauft habe. Der Kaufpreis ist nach der beigefügten Taxe des gerichtlichen Sachverständigen Schedudikat ein günstiger. Ich bin mit Wirkung vom 1. Januar 1925 ab an das Postamt in Königsberg i. Pr. versetzt worden und dadurch gezwungen, meinen Wohnsitz nach dort zu verlegen, so daß das Grundstück durch fremde Personen beaufsichtigt werden müßte. Ich beabsichtige, meinem Sohn in Königsberg ein anderes Grundstück zu kaufen und stehe dieserhalb in Unterhandlungen. Es entspricht dem Interesse meines Sohnes, wenn das hiesige Grundstück verkauft und für den Erlös ihm in Königsberg ein anderes Grundstück erworben wird.

An
das Amtsgericht
Berlin.

Franz Müller.

Kosten: Volle Gebühr der Gebührentabelle B nach dem Werte des Rechtsgeschäfts. Keine Gebühr, wenn über das Kind eine Vormundschaft oder Pflegschaft geführt wird, oder wenn das Vermögen des Kindes 5000 RM. nicht übersteigt.

§§ 88, 89 RKO.

Über die Genehmigung zur Ausschlagung einer Erbschaft für das Kind siehe das unter „Erbausschlagung" Gesagte.

Uneheliche Kinder.

§§ 1705 ff. BGB.

Das uneheliche Kind ist **nicht** mit dem Vater, sondern nur mit der Mutter und deren Verwandten verwandt. Es führt den Familiennamen der Mutter. Verheiratet sich die Mutter, so **kann der Ehemann der Mutter** dem Kinde **seinen Familiennamen** geben, wenn die Mutter, das Kind und der Vormund die Einwilligung hierzu geben.

Durch die Namensgebung erlangt das Kind **nur** das Recht, den Namen des Stiefvaters zu führen. Weitere Rechte erwirbt es **nicht,** insbesondere kein Erbrecht gegen den Stiefvater.

Die Namensgebung hat durch Erklärung gegenüber dem Standesbeamten zu erfolgen, der die Geburt des Kindes beurkundet hat. Zuständig ist auch der Standesbeamte, der die Ehe geschlossen hat. Ferner sind zuständig Mitglieder oder Beamte des Jugendamtes, die durch das Landesjugendamt ermächtigt sind, Beurkundungen vorzunehmen.

Die Entgegennahme und die Beglaubigung durch die Standesbeamten und die Jugendämter sind gebührenfrei.

§ 9 der Verordnung vom 31. 5. 1934, RGBl. I S. 472, Ziff. 6 und 9^{5b} der Durchführungsbestimmungen vom 27. 7. 1934, RGBl. I S. 738 ff., § 43 Abs. 2 RJWG.

Zur Abgabe der Erklärung müssen sich der Stiefvater, die Mutter, das Kind, bzw. dessen Vormund, zum Standesbeamten begeben.

Der unehelichen Mutter steht nicht die volle elterliche Gewalt über das uneheliche Kind zu. Sie hat mit das Recht und die Pflicht, für die Person des Kindes zu sorgen. Zur **Vertretung** des Kindes ist sie **nicht** berechtigt. Das Kind erhält einen Vormund. Bei den seit 1. April 1924 geborenen unehelichen Kindern wird kraft Gesetzes das für den Geburtsort zuständige Jugendamt Vormund.

Der Vater des unehelichen Kindes ist verpflichtet, dem Kinde bis zur Vollendung des 16. Lebensjahres den der Lebensstellung der Mutter entsprechenden Unterhalt in Form einer Geldrente vierteljährlich im voraus zu gewähren. Ist jedoch das Kind z. Zt. der Vollendung des 16. Lebensjahres infolge körperlicher oder geistiger Gebrechen außerstande, sich selbst zu unterhalten, so muß der Vater ihm auch über diese Zeit hinaus Unterhalt gewähren.

Eine Vereinbarung zwischen dem Vater und dem Kinde über den Unterhalt für die Zukunft oder über eine an Stelle des Unterhalts zu gewährende Abfindung bedarf der Genehmigung des Vormundschaftsgerichts. Ein unentgeltlicher Verzicht auf den Unterhalt für die Zukunft ist nichtig. Hat das Kind den Beginn des Vierteljahres erlebt, so gebührt ihm der volle auf das Vierteljahr entfallende Unterhaltsbetrag.

Stirbt der Vater, so endet damit die Unterhaltsverpflichtung **nicht**, sondern geht auf die Erben des Vaters über. Diese haben jedoch das Recht, das Kind mit dem Betrage abzufinden, der dem Kinde als Pflichtteil gebühren würde, wenn es ehelich wäre; z. B. der uneheliche Vater stirbt: seine Erben sind geworden seine Ehefrau und seine zwei ehelichen Kinder. Sein Nachlaß hat einen Wert von 2000 RM. Der Pflichtteil würde sich wie folgt berechnen: §§ 1712^2, 2303 BGB.

Die Ehefrau erhält $1/4$ von 2000 RM.

Die beiden ehelichen Kinder und das uneheliche Kind würden erhalten zusammen $3/4$ von 2000 RM. gleich 1500 RM., jedes Kind also 500 RM. Der Pflichtteil beträgt $1/2$ davon, also 250 RM.

Mit diesem Betrage wäre das uneheliche Kind abzufinden. Geschieht dies nicht, so ist bis zur Vollendung des 16. Lebensjahres evtl. auch länger der Unterhalt zu zahlen.

Folgendes Schreiben ist von den Erben des Erzeugers an den Vormund des unehelichen Kindes zu richten:

Muster 23.

Berlin-Mahlsdorf, den ....

An den

Bäckermeister Herrn Fritz Wegner, Berlin, Langestraße 15.

Der Erzeuger des von ihnen bevormundeten Kindes Max Weiß, der Landwirt Max Müller, ist am 1. Oktober 1930 gestorben. Seine Erben sind geworden, ich, seine Ehefrau zu ein Viertel und seine beiden minderjährigen Kinder Hans und Grete zu drei Viertel seines Nachlasses.

Ich mache zugleich als gesetzlicher Vertreter meiner minderjährigen Kinder auch in deren Namen von dem Rechte Gebrauch, Ihr Mündel wegen seiner Unterhaltsansprüche mit dem Betrage abzufinden, der dem Mündel gebühren würde, wenn es ehelich wäre.

Ich übersende Ihnen ein Verzeichnis des Nachlasses, aus welchem sich ergibt, daß der Reinnachlaß 2000 RM. beträgt. Danach hat ihr Mündel 250 RM. als Abfindungssumme zu beanspruchen.

Diesen Betrag werde ich ihnen übersenden.

Hochachtungsvoll

Anna Müller.

Verheiratet sich die uneheliche Mutter mit dem Erzeuger des Kindes, so erlangt das Kind die rechtliche Stellung eines ehelichen Kindes. Es empfiehlt sich in diesem Falle, daß der Vater sogleich nach der Eheschließung dem Standesbeamten gegenüber erklärt, daß er der Erzeuger des von seiner nunmehrigen Ehefrau vorehelich geborenen Kindes ist. Hierauf veranlaßt der Standesbeamte die Umschreibung des Kindes im Geburtsregister und gibt dem Vormundschaftsgericht davon Nachricht. Dieses hebt alsdann die Vormundschaft auf.

Ehelichkeitserklärung eines unehelichen Kindes.

§§ 1723 ff. BGB., § 10 der Verordnung vom 31. 5. 1934, RGBl. I S. 472 und Ziff. 7 und 9[5c] der Durchführungsbestimmungen vom 27. 7. 1934, RGBl. I S. 738 f.

Ein uneheliches Kind kann auf Antrag seines Vaters durch eine Verfügung der Staatsgewalt für ehelich erklärt werden. Diese Gesetzesbestimmung gibt dem Vater eines unehelichen Kindes die Möglichkeit, das Kind als sein eheliches Kind zu erhalten, wenn eine Eheschließung mit der Mutter des unehelichen Kindes nicht möglich ist. Z. B. die Mutter ist gestorben oder in Geisteskrankheit verfallen oder nicht auffindbar oder sie hat sich nach der Geburt des Kindes einem liederlichen Lebenswandel hingegeben.

Der Antrag auf Ehelichkeitserklärung muß die Erklärung des Vaters enthalten, daß er das Kind als das seinige anerkennt. Zur Ehelichkeitserklärung ist die Einwilligung des Kindes, und, wenn dieses noch nicht 21 Jahre alt ist, auch die Einwilligung der Mutter erforderlich. Ist der Vater verheiratet, so bedarf er auch der Einwilligung seiner Ehefrau.

Der Antrag, sowie die Einwilligungserklärungen der vorbezeichneten Personen bedürfen der gerichtlichen oder notariellen Beurkundung.

Will der Vater die Ehelichkeitserklärung herbeiführen, so verfährt er wie folgt:

1. entweder er begibt sich mit der Mutter des Kindes, dem Kinde — wenn es über 14 Jahre alt ist — und dem Vormunde des Kindes zu einem Notar und läßt von diesem den Antrag und die Einwilligungserklärungen beurkunden, oder
2. er richtet folgendes Schreiben an das Amtsgericht seines Wohnsitzes:

Muster 24.

Berlin-Lichtenberg, den ....

Antrag
des Gastwirts Fritz Jordan, hier, Wagnerstraße 10,
auf Bestimmung eines Termins zur Entgegennahme der für eine Ehelichkeitserklärung erforderlichen Erklärungen.

Ich bin der Vater des von der damals unverehelichten Anna Müller am 15. Oktober 1908 zu Insterburg geborenen Arthur Müller. Dieser wird in den Akten des Amtsgerichts Berlin — 6. M. VII. 1800 — bevormundet durch den Wagenbauer Ernst Müller, Berlin, Demminer Straße 78. Ich bin seit dem Jahre 1910 mit Emma, geborenen Schmidt, verheiratet. Die Mutter des Kindes hat sich im Jahre 1909 mit dem Bäcker Max Schramm verheiratet und wohnt in Berlin, Brunnenstraße 8.

Die Vaterschaft über Arthur habe ich in den Vormundschaftsakten anerkannt. Gleich nach meiner Verheiratung nahm ich Arthur zu mir. Seit dieser Zeit ist er von meiner Frau und mir erzogen worden. Unsere Ehe ist kinderlos geblieben. Wir besitzen die deutsche Staatsangehörigkeit.

Ich bitte das Kind Arthur Müller für ehelich zu erklären und mich sowie die übrigen Beteiligten zur Stellung des Antrages sowie zur Abgebung der Einwilligungserklärung vorzuladen.

Sämtliche Beteiligte sind einverstanden.

Ich überreiche: meine Geburtsurkunde, meine Heiratsurkunde und die Geburtsurkunde des Kindes.

Fritz Jordan.

An
das Amtsgericht
Berlin-Lichtenbg.

Kosten: Die Ehelichkeitserklärung ist gemäß Ziff. 95c der Durchführungsbestimmungen vom 27. 7. 1934, RGBl. I S. 738 ff. gebührenfrei. Dagegen wird für die Beurkundung der Anerkennung der Vaterschaft eine Gebühr nach §§ 29, 24^2 RKO. erhoben, in der Regel 16 RM., mindestens aber 7 RM. und nach § 11 UStG. ein Stempel von 3 RM.

Ist die Ehelichkeitserklärung erfolgt, so erlangt das Kind dadurch die rechtliche Stellung eines ehelichen Kindes. Die Wirkungen der Ehelichkeitserklärungen erstrecken sich auf die Abkömmlinge des Kindes, nicht aber auch auf die Verwandten des Vaters.

Gemäß § 21 Abs. 5 des REG. gehen für ehelich erklärte Kinder den ehelich geborenen Kindern derselben Ordnung — siehe Anerbenordnung § 20 REG. — nach bei der Vererbung eines Erbhofes.

Annahme an Kindesstatt (Adoption).

§§ 1741 ff. BGB. §§ 65 ff. FGG.

Jeder, ob Mann, ob Frau, gleichgültig, ob verheiratet, unverheiratet, geschieden oder verwitwet, kann eine Person an Kindesstatt annehmen, wenn er **keine ehelichen** Abkömmlinge hat. Hat er eheliche Kinder, Enkel usw., so kann er **nicht** adoptieren.

Der Annehmende muß das 50. Lebensjahr vollendet haben und mindestens 18 Jahre älter sein als das Kind. Von dieser Vorschrift kann Befreiung gewährt werden. Wer verheiratet ist, kann nur mit Einwilligung seines Ehegatten an Kindesstatt annehmen oder angenommen werden. Ein eheliches Kind kann bis zur Vollendung seines 21. Lebensjahres — selbst wenn es vorher für volljährig erklärt ist — nur mit Einwilligung seiner Eltern, ein uneheliches Kind kann bis zum gleichen Lebensalter nur mit Einwilligung der Mutter an Kindesstatt angenommen werden.

Die Annahme an Kindesstatt geschieht, indem der Annehmende mit dem Anzunehmenden einen Vertrag schließt. Der Vertrag muß durch das Gericht oder einen Notar beurkundet werden (deshalb ist ein Vertragsmuster hier nicht aufgeführt).

Die Annahme an Kindesstatt tritt mit der Rechtskraft des Bestätigungsbeschlusses in Kraft. Für die Bestätigung des Vertrages ist das Amtsgericht zuständig, in dessen Bezirk der Annehmende seinen Wohnsitz hat.

Will man jemand an Kindesstatt annehmen, so verfährt man wie folgt:

Entweder setzt man sich zwecks Abschlusses eines Vertrages mit einem Notar in Verbindung, der den Vertrag beurkundet und an das zuständige Gericht weiterleitet, oder man richtet folgendes Schreiben an das Amtsgericht seines Wohnsitzes:

Muster 25.

Berlin-Lichtenberg, den ....

Antrag
der Eheleute Ernst und Emma Müller, geb. Schulze, hier, Wagnerstraße 10,
auf Festsetzung eines Termins zum Abschluß eines Adoptionsvertrages.

Wir, die Ernst und Anna Müllerschen Eheleute, beabsichtigen, das am 15. Oktober 1930 geborene Kind der unverehelichten Kontoristin Charlotte Kroll, namens Ingeborg Kroll, an Kindesstatt anzunehmen, und bitten um Festsetzung eines Termins zwecks Abschluß des Annahmevertrages.

Gleichzeitig beantrage ich, die Ehefrau, mir Befreiung von dem Alterserfordernis des § 1744 BGB. zu erteilen.

Ich überreiche ein ärztliches Zeugnis, aus welchem sich ergibt, daß bei meinem Gesundheitszustand die Geburt von Kindern nicht mehr zu erwarten ist. Über unsere persönlichen Verhältnisse machen wir folgende Angaben:

Ich, der Ehemann, bin 50 Jahre, meine Ehefrau ist 42 Jahre alt. Wir sind seit 20 Jahren in erster Ehe miteinander verheiratet. Kinder sind aus unserer Ehe nicht hervorgegangen. Wir sind beide evangelischen Glaubens und besitzen die deutsche Staatsangehörigkeit. Mein, des Ehemanns Vermögen, besteht aus dem Grundstück, Wagnerstraße 10, auf welchem wir seit unserer Verheiratung eine Bäckerei betreiben. Ingeborg Kroll befindet sich seit sechs Monaten bei uns in Pflege. Sie wird bei dem Amtsgericht Berlin unter dem Aktenzeichen 17. K. VII. 1800 bevormundet. Die Mutter der Ingeborg wohnt in Berlin, Alexanderstr. 15.

Wir überreichen:

1. unsere Geburtsurkunden,
2. unsere Heiratsurkunde,
3. die Geburtsurkunden unserer Eltern und Großeltern,
4. die Heiratsurkunden unserer Eltern und Großeltern,
5. die Geburtsurkunde der Ingeborg Kroll,
6. die Geburtsurkunde der Mutter der Ingeborg Kroll, sowie die Geburts- und Heiratsurkunden der Eltern und Großeltern der Mutter der Ingeborg Kroll,
7. ein Zeugnis des Rassenamtes darüber, daß Ingeborg Kroll arischer Abstammung ist,
8. ein Zeugnis über unsere deutsche Staatsangehörigkeit.

An
das Amtsgericht
Berlin-Lichtenbg.

Ernst Müller. Emma Müller.

Kosten: Für die Beurkundung des Vertrages ist das Doppelte der vollen Gebühr der Gebührentabelle B, also in der Regel 32 RM., ausnahmsweise 8 RM. zu zahlen. §§ 29^{2}, 24^{2} RKO. Hat das angenommene Kind ein Vermögen von mehr als 5000 RM., so ist für die Bestätigung des Vertrages nochmals die volle Gebühr der Gebührentabelle B zu zahlen, also in der Regel 16 RM., mindestens aber 4 RM. §§ 91, 24^{2} RKO. Außerdem ist für den Vertrag eine Urkundssteuer in Höhe von 1 vom Tausend von dem reinen Vermögen des Annehmenden, aber nicht mehr als 100 RM., mindestens 3 RM. zu zahlen. Ist das Vermögen des

Angenommenen höher, so wird die Urkundssteuer von diesem Vermögen erhoben. §§ 16, 45 UStG.

Gegen den Beschluß, durch welchen der Kindesannahmevertrag bestätigt wird, steht **nur** der höheren Verwaltungsbehörde, in deren Bezirk das für die Bestätigung zuständige Amtsgericht seinen Sitz hat, das Recht der sofortigen Beschwerde zu. Wird jedoch die Bestätigung des Annahmevertrages versagt, so steht jedem der Vertragschließenden die sofortige Beschwerde zu und zwar auch dann, wenn er die Bestätigung nicht beantragt hatte.

§§ 66a, 67, 68 FGG.

Güterrecht.

Bei den **nach** dem 1. Januar 1900 geschlossenen Ehen gilt der gesetzliche Güterstand, d. h. es bleibt das von der Ehefrau in die Ehe eingebrachte Gut Eigentum der Ehefrau. Der Mann hat aber die Verwaltung und die Nutznießung am eingebrachten Gute, mit Ausnahme des zum Vorbehaltsgute gehörenden. Zum eingebrachten Gute gehört auch, was die Ehefrau aus eigenen Mitteln während der Ehe erwirbt. Die Eheleute können durch Ehevertrag den gesetzlichen Güterstand ausschalten oder beschränken.

Der Ehevertrag muß bei gleichzeitiger Anwesenheit beider Teile vor Gericht oder vor einem Notar geschlossen werden. Daher ist ein Muster für einen solchen Vertrag hier nicht aufgeführt. Das Vereinbarte ist alsdann in das Güterrechtsregister einzutragen.

Vorbehaltsgut ist:

a) alles, was ausschließlich zum persönlichen Gebrauch der Frau bestimmt ist, insbesondere Schmucksachen, Kleider und Arbeitsgeräte,
b) was die Frau durch ihre Arbeit, **außerhalb** des Hauswesens und des Geschäfts ihres Mannes oder durch den **selbständigen** Betrieb eines Erwerbsgeschäfts erwirbt;
c) was durch Ehevertrag für Vorbehaltsgut erklärt ist,
d) was die Frau durch Erbfolge, durch Vermächtnis oder als Pflichtteil erwirbt oder was ihr unter Lebenden von einem Dritten unentgeltlich zugewendet wird, wenn der Erblasser durch letztwillige Verfügung, der Dritte bei der Zuwendung bestimmt hat, daß der Erwerb Vorbehaltsgut sein soll;
e) die Erträge aus dem Vorbehaltsgut.

Der Ehemann hat am Vorbehaltsgute der Ehefrau nicht das Recht der Verwaltung und Nutznießung. Die Ehefrau kann darüber selbständig, wie wenn sie unverheiratet wäre, verfügen.

Das eingebrachte Gut der Ehefrau haftet **nicht** für die **Schulden des Mannes.**

Die Frau hat dem Manne einen angemessenen Beitrag aus den Einkünften ihres Vermögens und dem Ertrag ihrer Arbeit oder eines von ihr selbständig betriebenen Erwerbsgeschäftes zu leisten; von dem Vorbehaltsgute jedoch nur insoweit, als der Mann nicht schon durch die Nutzungen am eingebrachten Gute einen angemessenen Beitrag erhält.

Hinsichtlich der Verfügung über das eingebrachte Gut der Ehefrau gilt folgendes:

1. **Der Mann** kann **ohne** Zustimmung der Frau
   a) über Geld und andere verbrauchbare Sachen, das sind im Sinne des Bürgerlichen Gesetzbuches bewegliche Sachen, deren bestimmungsmäßiger Gebrauch in dem Verbrauch oder der Veräußerung besteht, verfügen,
   b) Forderungen der Frau gegen solche Forderungen an die Frau, deren Berichtigung aus dem eingebrachten Gute verlangt werden kann, aufrechnen;
   c) Verbindlichkeiten der Frau zur Leistung eines zum eingebrachten Gute gehörenden Gegenstandes durch Leistung des Gegenstandes erfüllen.
2. **Die Frau** kann **ohne** Zustimmung des Mannes verfügen:
   a) wenn der Mann durch Krankheit oder durch Abwesenheit an der Abgabe einer Erklärung verhindert und mit dem Aufschub Gefahr verbunden ist;
   b) über Buchforderungen, das sind Forderungen, die in das Reichs- oder in ein Staatsschuldbuch eingetragen sind, es sei denn, daß ein Vermerk zugunsten des Ehemannes eingetragen ist.

Über die Prozeßführung über ein zum eingebrachten Gut gehörendes Recht gilt folgendes:

Der Mann kann ein zum eingebrachten Gute gehörendes Recht, ohne die Frau hinzuzuziehen, im eigenen Namen gerichtlich geltend machen. Das Urteil wirkt aber nur dann für und gegen die nicht hinzugezogene Frau, wenn es sich um ein Recht handelt, über welches der Ehemann auch ohne Zustimmung der Frau verfügen konnte. Siehe das vorstehend unter 1 Gesagte. Da die Grenzen für die Befugnisse des Mannes nicht immer leicht zu ziehen sind, empfiehlt es sich, in jedem Falle die Klage nur mit Zustimmung der Ehefrau zu erheben.

Die Frau kann ein zum eingebrachten Gute gehörendes Recht **nur** mit Zustimmung des Ehemannes geltend machen. Sonstige Klagen, z. B. hinsichtlich Vermögensstücke, die zum Vorbehaltsgute gehören, oder Klagen, die persönliche Angelegenheiten der Frau betreffen, kann die Frau selbständig erheben. Das ergehende Urteil ist jedoch stets ohne Wirkung gegen den Mann.

Dagegen ist eine Klage **gegen** die Ehefrau auch zugleich gegen den Mann zu richten, da sonst bei einem obsiegenden Urteil nicht in das eingebrachte Gut der Ehefrau vollstreckt werden kann.

Der Mann ist der Frau gegenüber verpflichtet, zu tragen:

1. die Kosten eines Rechtsstreits, in welchem er ein zum eingebrachten Gute gehörendes Recht geltend macht, sowie die Kosten eines Rechtsstreits, den die Frau führt, sofern nicht die Kosten dem Vorbehaltsgute zur Last fallen;
2. die Kosten der Verteidigung der Frau in einem gegen sie gerichteten Strafverfahren, sofern die Aufwendung der Kosten den Umständen nach geboten ist, oder die Verteidigung mit Zustimmung des Mannes

erfolgt, vorbehaltlich der Ersatzpflicht der Frau im Falle ihrer Verurteilung.

Im übrigen enthalten die §§ 1363—1557 BGB. die weiteren Bestimmungen über das Güterrecht. Sie hier aufzuführen, geht über den Rahmen des Buches hinaus.

Entziehung der Schlüsselgewalt.

§§ 1357 ff. BGB. Die Frau ist berechtigt, innerhalb ihres häuslichen Wirkungskreises die Geschäfte des Mannes für ihn zu besorgen und ihn zu vertreten — sogenannte Schlüsselgewalt —, Rechtsgeschäfte, die sie innerhalb dieses Wirkungskreises vornimmt, gelten als im Namen des Mannes vorgenommen, wenn nicht aus den Umständen sich ein anderes ergibt. Leben die Ehegatten getrennt, so kann die Frau die Schlüsselgewalt nicht ausüben. Die Frau hat also die Befugnis innerhalb ihres **häuslichen** Wirkungskreises nicht nur für Rechnung des Mannes, sondern in seinem Namen zu handeln, dergestalt, daß nur der Mann allein aus solchen Geschäften berechtigt und verpflichtet wird, z. B. die Frau kauft Nahrungsmittel, ohne sie zu bezahlen. Die Klage auf Bezahlung dieser Nahrungsmittel ist nicht gegen beide Eheleute zu richten, sondern nur gegen den Mann. Die gegen die Frau gerichtete Klage unterliegt der Abweisung.

Was zum häuslichen Wirkungskreise der Frau gehört, ist nach den Verhältnissen zu beurteilen, in welchen die Familie lebt. Die Frau eines Fabrikbesitzers kauft mehr als eine Arbeiterfrau.

Der Mann kann das Recht der Schlüsselgewalt beschränken oder ausschließen. Dies geschieht, indem er die Ausschließung oder Beschränkung in das Güterrechtsregister eintragen läßt. Die Eintragung hat in das Güterrechtsregister des Amtsgerichts zu erfolgen, in dessen Bezirk der Mann seinen Wohnsitz hat. Verlegt er seinen Wohnsitz in einen anderen Bezirk, so muß die Eintragung im Register dieses Bezirks wiederholt werden.

Der einfachste Weg, die Ausschließung herbeizuführen, ist folgender:

Der Mann begibt sich zum Amtsgericht, welches das Register führt und erklärt dort die Ausschließung oder Beschränkung oder er fertigt folgendes Schreiben an:

Muster 26.

§§ 1357, 1435 BGB., §§ 31 [7], 76 RKO., § 45 UStG.

An das Amtsgericht Berlin

Berlin, Neue Friedrichstraße.

Nach anliegend überreichter Heiratsurkunde bin ich mit Anna, geborenen Schulze, verheiratet. Ich habe die Schlüsselgewalt meiner Frau ausgeschlossen und beantrage in das Güterrechtsregister einzutragen, daß die Befugnis meiner Frau, innerhalb ihres häuslichen Wirkungskreises meine Geschäfte für mich zu besorgen und mich zu vertreten, von mir ausgeschlossen ist.

Berlin, den ....

....

Seine Unterschrift läßt der Mann von einem Notar oder Gericht beglaubigen und übersendet das Schreiben alsdann dem zuständigen Amtsgericht.

Die häufig vorkommende Bekanntmachung des Ehemannes in der Zeitung: „Ich warne meiner Ehefrau etwas zu borgen, da ich für nichts aufkomme", schützt den Mann nur dann, wenn er nachweisen kann, daß diese Bekanntmachung dem Gläubiger bekannt geworden ist.

Stellt die Ausschließung oder Beschränkung der Schlüsselgewalt sich als ein Mißbrauch des Rechtes des Mannes dar, so kann sie auf Antrag der Frau durch das Vormundschaftsgericht, das ist das Amtsgericht, in dessen Bezirk der Mann seinen Wohnsitz hat, aufgehoben werden.

Muster 27.

§ 1357 BGB., § 53 FGG.

Berlin-Lichtenberg, den ....

Antrag
der Frau Anna Müller, geb. Schulze, hier, Wagnerstraße 10,
auf Aufhebung der Beschränkung der Schlüsselgewalt.

Mein Ehemann, der Lehrer Franz Müller, hat mir am 1. November 1924 untersagt, innerhalb meines häuslichen Wirkungskreises seine Geschäfte zu besorgen und ihn zu vertreten. Er hat diesen Ausschluß am 15. November in das Güterrechtsregister eintragen lassen.

Mein Ehemann hat sich zu diesem Vorgehen veranlaßt gesehen, weil ich mir am 1. Oktober den auf anliegender Rechnung verzeichneten Wintermantel zum Preise von 60 RM. auf Kredit gekauft habe. Mein Mann wird nicht in Abrede stellen können, daß ich eines Wintermantels wegen meines rheumatischen Leidens bedarf. Ich habe meinen Mann wiederholt gebeten, mir einen Mantel zu beschaffen. Er hat sich stets geweigert und verlangt, daß ich mir den Mantel von meinem Wirtschaftsgeld von wöchentlich 30 RM. kaufen sollte. Dies ist unmöglich, weil ich von diesem Betrag den Unterhalt von vier Personen bestreiten muß. Die Ausschließung der Schlüsselgewalt stellt sich sonach als ein Mißbrauch des Rechtes meines Mannes dar. Ich beantrage die Ausschließung meiner Schlüsselgewalt aufzuheben.

An
das Amtsgericht
Berlin-Lichtenbg.

Anna Müller.

Unterhaltspflicht.

§§ 1601 ff. BGB.

Personen, welche in gerader Linie verwandt sind, sind verpflichtet, einander Unterhalt zu gewähren. Unterhaltsberechtigt ist jedoch nur, wer außerstande ist, sich selbst zu unterhalten.

Der Mann ist mit seinem eigenen Vermögen den Verwandten seiner Ehefrau nicht unterhaltspflichtig; dagegen muß er trotz seines Rechtes der Verwaltung und Nutznießung am eingebrachten Gute seiner Ehefrau dieses zur Befriedigung des Unterhalts von Verwandten seiner Frau hergeben.

Unterhaltspflichtig ist nicht, wer bei Berücksichtigung seiner sonstigen Verpflichtungen außerstande ist, ohne Gefährdung seines standesmäßigen Unterhalts den Unterhalt zu gewähren. Dagegen sind Eltern ihren minderjährigen Kindern gegenüber auch dann unterhaltspflichtig, wenn ihr standesmäßiger Unterhalt dadurch gefährdet wird. Sie müssen alle verfügbaren Mittel für ihren und den Unterhalt der Kinder gleichmäßig verwenden.

Ein minderjähriges unverheiratetes Kind kann von seinen Eltern, auch wenn es Vermögen hat, die Gewährung des Unterhalts insoweit verlangen, als die Einkünfte seines Vermögens und der Ertrag seiner Arbeit zum Unterhalte nicht ausreichen.

Weigert sich ein Vater, seinem minderjährigen Kinde Unterhalt zu gewähren, so muß dem Kinde ein Pfleger bestellt werden, und dieser aladann gegen den Vater wegen des Unterhalts vorgehen, eventuell im Wege der Klage. Die Frau ist nicht berechtigt, namens der Kinder gegen den Vater auf Unterhalt zu klagen. Der Antrag auf Bestellung eines Pflegers ist an das Amtsgericht zu richten, in dessen Bezirk der Vater seinen Wohnsitz hat.

Muster 28.

§§ 1630 Abs. 2, 1795 Ziff. 3, 1909 BGB., §§ 37, 36 FGG.

Frankfurt a. O., den ....

Antrag
der Frau Anna Schulze, geb. Müller, Frankfurt a. O., Fischerstraße 9,
auf Bestellung eines Unterhaltspflegers.

Mein Ehemann, der Schlosser Emil Schulze, in Berlin-Lichtenberg, Wagnerstraße 10, bei Frau Zander wohnhaft, hat mich am 1. Oktober verlassen. Er sorgt nicht für den Unterhalt der aus unserer Ehe hervorgegangenen Kinder, namens

1. Max, geboren am 10. Mai 1929 und
2. Anna, geboren am 5. Juni 1930.

Ich bitte, den Kindern einen Pfleger zur Wahrnehmung ihrer Unterhaltsansprüche zu bestellen.

Geburtsurkunden der Kinder liegen bei.

Anna Schulze.

An
das Amtsgericht
Berlin-Lichtenbg.

Vormundschaft und Pflegschaft.

§§ 1773—1921 BGB., § 35 RJWG.

Ein Minderjähriger erhält einen Vormund, wenn er nicht unter elterlicher Gewalt steht oder, wenn den Eltern die Vertretungsbefugnis sowohl über die Person des Kindes als auch über sein Vermögen entzogen ist, oder wenn sein Familienstand nicht zu ermitteln ist, z. B. Findelkinder.

Ein Volljähriger erhält einen Vormund, wenn er entmündigt ist.

Ein Volljähriger, dessen Entmündigung beantragt ist, kann unter vorläufige Vormundschaft gestellt werden, wenn es das Vormundschaftsgericht zur Abwendung einer erheblichen Gefährdung der Person oder des Vermögens für erforderlich erachtet.

Vormund oder Pfleger kann nur werden, wer vom Gericht dazu bestellt wird. Der in einer Verfügung von Todeswegen von dem Vater als Vormund Benannte wird nicht ohne weiteres Vormund, sondern erst, wenn er vom Vormundschaftsgericht dazu bestellt wird. Nur bei unehelich geborenen Kindern tritt seit 1. April 1924 die gesetzliche Amtsvormundschaft ohne weiteres ein.

Ist jemand zum Vormunde bestellt

a) über ein minderjähriges eheliches Kind, so steht ihm die Sorge für das Vermögen des Kindes und die Vertretung des Kindes zu. Die Sorge für die Person des Kindes teilt er mit der Mutter, es sei denn, daß dieser die Sorge für die Person des Kindes durch das Gericht entzogen ist;

b) über einen Volljährigen, so steht ihm die Sorge für das Vermögen und die Person und die Vertretung des Volljährigen zu. Für die Person des Mündels hat er jedoch nur insoweit zu sorgen, als es der Zweck der Vormundschaft erfordert, z. B. Unterbringen in eine Irrenanstalt.

c) über ein uneheliches Kind, in derselben Weise wie unter a gesagt.

Wer als Pfleger für eine minderjährige oder eine volljährige Person bestellt ist, hat die Interessen des Mündels nur innerhalb des ihm bei der Bestellung zugewiesenen Wirkungskreises zu vertreten. Nur wer zum Pfleger über einen gebrechlichen Volljährigen für seine Person und sein Vermögen bestellt wird, hat die Befugnisse, wie vorstehend unter b angegeben.

Der Vormund oder Pfleger hat innerhalb seines Wirkungskreises selbständig die Angelegenheiten des Mündels wahrzunehmen. Zur Wahrnehmung folgender Angelegenheiten hat er die Genehmigung des Vormundschaftsgerichts einzuholen:

1. in den Angelegenheiten, in welchen der Vater die Genehmigung des Vormundschaftsgerichts einzuholen hat — siehe unter: Elterliche Gewalt;
2. zu einem Vertrage, der auf den entgeltlichen Erwerb eines Grundstücks oder eines Rechtes an einem Grundstück gerichtet ist;
3. zur Ausschlagung einer Erbschaft oder eines Vermächtnisses, zum Verzicht auf einen Pflichtteil, sowie zu einem Erbvertrage;

4. zu einem Pachtvertrag über ein Landgut oder einen gewerblichen Betrieb;
5. zu einem Lehrvertrage, der für längere Zeit als ein Jahr geschlossen wird;
6. zu einem auf die Eingehung eines Dienst- oder Arbeitsverhältnisses gerichteten Vertrage, wenn der Mündel zu persönlichen Leistungen für längere Zeit als ein Jahr verpflichtet werden soll;
7. zu einem Vergleich oder einem Schiedsvertrag;
8. zu einem Rechtsgeschäft, durch das die für eine Forderung des Mündels bestehende Sicherheit aufgehoben oder gemindert oder die Verpflichtung dazu begründet wird;
9. zur Begründung eines neuen Erwerbsgeschäfts oder zur Auflösung eines bestehenden Erwerbsgeschäftes;
10. ferner bei Verfügung über eine Hypothek, Grundschuld oder Rentenschuld.

Der Vormund kann eine Ausstattung aus dem Vermögen des Mündels nur mit Genehmigung des Vormundschaftsgerichts versprechen oder gewähren. Zu einem Miet- oder Pachtvertrage, sowie zu einem anderen Vertrage, durch den der Mündel zu wiederkehrenden Leistungen verpflichtet wird, bedarf der Vormund der Genehmigung des Vormundschaftsgerichts, wenn das Vertragsverhältnis länger als vier Jahre dauern soll.

§§ 1896 ff. BGB.

Der vorstehende Absatz betrifft nur die über Volljährige geführten Vormundschaften.

Der Vormund, Pfleger bzw. Beistand kann den Mündel nicht vertreten:

1. bei einem Rechtsgeschäft oder Prozeß zwischen Vormund und Mündel;
2. bei einem Rechtsgeschäft zwischen seinem Ehegatten oder einem seiner Verwandten in gerader Linie einerseits und dem Mündel andererseits, es sei denn, daß das Rechtsgeschäft ausschließlich in der Erfüllung einer Verbindlichkeit besteht;
3. bei einem Rechtsgeschäft, das die Übertragung oder Belastung einer durch Pfandrecht, Hypothek oder Bürgschaft gesicherten Forderung des Mündels gegen den Vormund oder die Aufhebung oder Minderung dieser Sicherheit zum Gegenstande hat oder die Verpflichtung des Mündels zu einer solchen Übertragung, Belastung, Aufhebung oder Minderung begründet;
4. bei einem Rechtsstreit zwischen den in Nr. 1 bezeichneten Personen, sowie bei einem Rechtsstreit über eine Angelegenheit der in Nr. 3 bezeichneten Art;
5. wenn der Vormund mehrere Mündel (Geschwister) vertritt und die Mündel miteinander ein Geschäft abschließen.

   Für diese Fälle muß dem Mündel ein besonderer Pfleger bestellt werden.

Muster 29.

Berlin-Lichtenberg, den ....

Antrag
des Vormundes, Malermeisters Otto Schwarz, hier, Wagnerstr. 10,
auf Bestellung eines Pflegers für sein Mündel.

In den Akten des hiesigen Amtsgerichts, 6. M. VII. 816, bin ich zum Vormunde über das von der unverehelichten Kontoristin Anna Müller am 1. Oktober 1919 geborene Kind, namens Hans Müller, bestellt worden. Mein Mündel will das Malerhandwerk erlernen. Ich bin bereit, Hans zu mir in die Lehre zu nehmen.

Zum Abschluß des Lehrvertrages mit meinem Mündel bitte ich diesem einen Pfleger zu bestellen.

Otto Schwarz.

An
das Amtsgericht
Berlin-Lichtenbg.

Neben dem Vormunde kann ein Gegenvormund bestellt werden. Dieser übt nicht die verwaltende Tätigkeit des Vormundes aus, sondern er hat den Vormund zu überwachen und dem Vormundschaftsgericht Pflichtwidrigkeiten desselben anzuzeigen. Er hat die vom Vormunde dem Vormundschaftsgericht gegenüber zu legende Rechnung nachzuprüfen, und daß dies geschehen ist, auf der Rechnung zu vermerken.

Das Vormundschaftsgericht führt die Aufsicht über die gesamte Tätigkeit des Vormundes, Gegenvormundes, Pflegers oder Beistandes und hat gegen Pflichtwidrigkeiten derselben einzuschreiten. Es kann die Befolgung seiner Anordnungen durch Verhängung von Ordnungsstrafen erzwingen. Der Vormund usw. hat dem Vormundschaftsgericht auf Verlangen jederzeit über die Führung der Vormundschaft und über die persönlichen Verhältnisse des Mündels Auskunft zu erteilen. Über seine Vermögensverwaltung hat er dem Vormundschaftsgericht Rechnung zu legen. Die Rechnung soll eine geordnete Zusammenstellung der Einnahmen und Ausgaben enthalten, über den Ab- und Zugang des Vermögens Auskunft geben und, soweit Belege erteilt zu werden pflegen, mit Belegen versehen sein.

Muster 30.

Berlin-Lichtenberg, den ....

An das Amtsgericht Berlin-Lichtenberg, zu 6. Sch. VII. 99.

Mein Mündel Erika Schneider befindet sich im Hause der Mutter und wird von dieser erzogen. Sie besucht die Schule mit gutem Erfolg und gibt zu Klagen keinen Anlaß. Über ihr Vermögen gibt nachstehende Abrechnung Aufschluß:

Einnahmen:

Nach der letzten Rechnungslegung war ein Barbestand von vorhanden. Hierzu treten an Einnahmen	130.— RM.
1. von dem Hauptversorgungsamt Schöneberg Waisenrente für die Zeit vom 1. Dezember 1923 bis zum 30. November 1924 monatlich 12.— RM. = ...	144.— RM.
2. aus dem verpachteten Grundstück Lichtenberg, Siegfriedstraße 100, Pachtzins für die Zeit vom 1. Dezember 1923 bis 30. November 1924	300.— RM.
— Pachtvertrag anliegend. — Summa:	574.— RM.

Ausgaben:

1. für die Beschaffung von 1 Paar Schuhen siehe Beleg Nr. 1	10.— RM.	
2. für die Beschaffung eines Kleides . . siehe Beleg Nr. 2	25.— RM.	
3. für die Beschaffung von Unterzeug, Wäsche . . . . siehe Beleg Nr. 3	30.— RM.	
4. der Mutter als Beihilfe zum Unterhalt gezahlt pro Monat 12.— RM. . . . . . siehe Beleg Nr. 4	144.— RM.	
5. auf das anliegende Sparbuch eingezahlt	350.— RM.	
Summe der Ausgaben		559.— RM.
bleibt Barbestand		15.— RM.

Das Vermögen des Mündels besteht:

1. aus dem mit Mündelsperrvermerk versehenen Sparbuch der hiesigen Sparkasse, Nr. 809, lautend über .	350.— RM.
2. Grundstück, hier, Siegfriedstr. 100, geschätzt auf . . .	10000.— RM.
Summa:	10350.— RM.

Otto Schulze, Vormund,

Berlin=Karlshorst, Gundelfingener Straße 17.

Ist ein Gegenvormund bestellt worden, so hat der Vormund diesem die Rechnung zur Nachprüfung vorzulegen. Der Gegenvormund hat die Rechnung mit den Bemerkungen zu versehen, zu denen ihm die Prüfung Anlaß gibt. Ist nichts zu bemerken, so setzt der Gegenvormund folgenden Vermerk unter die Rechnung:

Die Rechnung ist von mir nachgeprüft und in Ordnung befunden worden.

Berlin=Karlshorst, den ....

Treskow=Allee 10.

Fritz Müller, Gegenvormund.

Ist keine Rechnung zu legen, so hat der Vormund auf Anordnung des Gerichts nur über die persönlichen Verhältnisse des Mündels zu berichten und dabei anzugeben, ob und welches Vermögen dem Mündel zugefallen ist. — Siehe vorstehendes Muster, unter Wegfall der Rechnungslegung. —

Bestellung eines Pflegers für einen Volljährigen.

Ein Volljähriger, der nicht unter Vormundschaft steht, kann einen Pfleger für seine Person und sein Vermögen erhalten, wenn er infolge körperlicher Gebrechen, insbesondere wenn er taub, blind oder stumm ist, seine Angelegenheiten nicht zu besorgen vermag.

Vermag ein Volljähriger, der nicht unter Vormundschaft steht, infolge geistiger oder körperlicher Gebrechen, einzelne seiner Angelegenheiten oder einen bestimmten Kreis seiner Angelegenheiten, insbesondere seine Vermögensangelegenheiten, nicht zu besorgen, so kann er für diese Angelegenheiten einen Pfleger erhalten.

Diese Pflegschaft darf **nur** mit Einwilligung des Gebrechlichen angeordnet werden, es sei denn, daß eine Verständigung mit ihm nicht möglich ist. Im letzteren Falle ist ein ärztliches Zeugnis darüber dem Antrag auf Bestellung eines Pflegers beizufügen.

Der Antrag auf Bestellung eines Pflegers ist an das Amtsgericht des Wohnsitzes des Gebrechlichen zu richten.

Muster 31.

§ 1910 BGB., §§ 38, 37, 36 FGG.

Berlin, den ....

Antrag

des Ingenieurs Fritz Schwarz aus Berlin, Königstraße 50,

auf Bestellung eines Pflegers für seinen Bruder, den Kaufmann Max Schwarz, Berlin-Lichtenberg, Wagnerstraße 10, zur Zeit in der Charité.

Mein Bruder, der Kaufmann Max Schwarz, hat am 1. Oktober d. J. einen Unfall mit der Straßenbahn erlitten und infolge dieses Unfalles die Sprache verloren. Er befindet sich zur Zeit noch in ärztlicher Behandlung in der Charité, und ist nicht in der Lage, seine Angelegenheiten zu besorgen.

Ich bitte ihm einen Pfleger für alle Angelegenheiten zu bestellen.

Ich überreiche anliegend die Einwilligung meines Bruders und bitte, mich als Pfleger zu bestellen.

Fritz Schwarz.

An
das Amtsgericht
Berlin-Lichtenbg.

Anlage:

Ich bin mit der Bestellung eines Pflegers für mich zur Wahrnehmung aller meiner Angelegenheiten einverstanden und bitte für dieses Amt meinen Bruder, den Ingenieur Fritz Schwarz, zu bestellen.

Berlin, den ....

Max Schwarz.

Die eigenhändige Unterschrift des Kaufmanns Max Schwarz bescheinigt:

Dr. Ernst
leitender Arzt der Charité.

Muster 32.

Berlin-Lichtenberg, den ....

Antrag
der Frau Anna Schulze, geb. Müller,
hier, Wagnerstr. 10,
auf Bestellung eines Pflegers für
ihren geisteskranken Ehemann.

Mein Ehemann, der Stadtobersekretär Max Schulze, ist an Gehirnerweichung erkrankt und am .... in die Irrenanstalt Herzberge aufgenommen worden.

Ich bitte, ihm zur Wahrnehmung seiner vermögensrechtlichen Angelegenheiten einen Pfleger zu bestellen. Aus dem anliegend überreichten Attest des Anstaltsarztes ist ersichtlich, daß eine Verständigung mit meinem Manne nicht möglich ist.

An
das Amtsgericht
Berlin-Lichtenbg.

Anna Schulze, geb. Müller.

Ein abwesender Volljähriger, dessen Aufenthalt unbekannt ist, erhält für seine Vermögensangelegenheiten soweit sie der Fürsorge bedürfen, einen Abwesenheitspfleger.

Muster 33.

§ 1911 BGB., § 39 FGG.

Berlin-Lichtenberg, den ....

Antrag
der Frau Anna Müller, geb. Schulze,
hier, Wagnerstraße 10,
auf Bestellung eines Abwesenheitspflegers für ihren Ehemann.

Mein Ehemann, der Monteur Franz Müller, ist am 1. Februar 1920 nach Brasilien ausgewandert. Er hat mir bis zum Jahre 1923 regelmäßig geschrieben. In seinem letzten Briefe vom 15. September 1923, den ich beifüge, teilte er mir mit, daß er sich in das Innere Brasiliens begeben wolle, um sich dort anzusiedeln. Seit dieser Zeit fehlt jede Nachricht von ihm. Das Grundstück hier, Wagnerstr. 10, gehört meinem Ehemann. Es sind jetzt wichtige Verwaltungsmaßnahmen, insbesondere Hypothekenregulierungen vorzunehmen, die ich nicht vornehmen kann, weil ich von meinem Mann hierzu keine Vollmacht erhalten habe.

Mein Ehemann hatte seinen letzten Wohnsitz hier.

An
das Amtsgericht
Berlin-Lichtenbg.

Ich beantrage daher

meinem Ehemann einen Abwesenheitspfleger zu bestellen.

Anna Müller, geb. Schulze.

Gegen die Anordnungen und Entscheidungen des Vormundschaftsgerichts steht jedem, dessen Rechte durch die Anordnung oder Entscheidung beeinträchtigt werden, die Beschwerde zu. Die Einlegung der Beschwerde ist in der Regel an keine Frist gebunden. Sie kann beim Vormundschaftsgericht, oder bei dem diesem übergeordneten Landgerichte eingelegt werden. Jedoch empfiehlt es sich, die Beschwerde beim Vormundschaftsgericht einzulegen, weil dieses in einzelnen Fällen befugt ist, evtl. seine Entscheidung auf die Beschwerde hin abzuändern. §§ 20, 57, 21 FGG.

Gegen die nachstehend aufgeführten Verfügungen des Vormundschaftsgerichts findet die sofortige Beschwerde statt:

1. gegen eine Verfügung, durch die ein als Vormund, Pfleger, Gegenvormund, Beistand oder Mitglied des Familienrats Berufener übergangen wird;
2. gegen eine Verfügung, durch welche die Weigerung, eine Vormundschaft, Pflegschaft, Gegenvormundschaft oder Beistandschaft zu übernehmen, zurückgewiesen wird;
3. gegen eine Verfügung, durch die ein Vormund, Pfleger, Gegenvormund oder Beistand gegen seinen Willen entlassen wird;
4. gegen eine Verfügung, durch die der Familienrat aufgehoben oder ein Mitglied des Familienrats gegen seinen Willen entlassen wird;
5. gegen eine Verfügung, durch die ein Volljähriger unter vorläufige Vormundschaft gestellt wird;
6. gegen Verfügungen, die erst mit der Rechtskraft wirksam werden.

Während die Beschwerde an keine Frist gebunden ist, ist die sofortige Beschwerde binnen einer Frist von 2 Wochen einzulegen. In den Fällen 1—4 beginnt die Frist mit dem Zeitpunkt, in welchem der Beschwerdeführer von seiner Übergehung Kenntnis erlangt, bzw. wenn das Vormundschaftsgericht die bisheriger Mitglieder von der Aufhebung des Familienrats in Kenntnis setzt, in allen übrigen Fällen, mit dem Zeitpunkt, in welchem die Verfügung dem Beschwerdeführer bekannt gemacht worden ist.

Das Vormundschaftsgericht ist **nicht** befugt, seine Verfügungen, die mit der sofortigen Beschwerde anfechtbar sind, abzuändern.

§§ 60, 22, 18², 60 FGG.

Muster 34.

Berlin-Lichtenberg, den ....

Sofortige Beschwerde
des Kaufmanns Franz Müller,
Wagnerstraße 10.
über Anordnung der vorläufigen
Vormundschaft.

Das Amtsgericht Berlin-Lichtenberg hat unter dem .... die vorläufige Vormundschaft über mich angeordnet und am 5. Dezember d. Js. den Kaufmann Max Schwarz zum vorläufigen Vormund über mich bestellt.

Die von meiner Ehefrau in ihrem Antrage vom 20. November d. Js. gemachten Angaben, ich leide an Trunksucht, sind unwahr.

Ich bin Vertreter einer Likörfabrik und als solcher gezwungen, viel Alkohol zu trinken. Mein Chef, der Inhaber der Likörfabrik „Lachs", Kaufmann Gustav Lehmann, wird bezeugen können, daß ich stets meine geschäftlichen Pflichten erfüllt und nie mehr getrunken habe, als es mein Beruf unbedingt erforderte.

Der Antrag meiner Ehefrau ist lediglich die Folge eines voraufgegangenen Familienzankes.

An
das Landgericht
Berlin.

Ich erhebe gegen die Anordnung der vorläufigen Vormundschaft Beschwerde und beantrage die sofortige Aufhebung der Anordnung.

Franz Müller.

Volljährigkeitserklärung.

§§ 3—5 BGB., § 56 FGG.

Ein Minderjähriger, der das 18. Lebensjahr vollendet hat, kann durch Beschluß des Vormundschaftsgerichts für volljährig erklärt werden, wenn dadurch sein Bestes gefördert wird. Die Volljährigkeitserklärung ist nur mit Einverständnis des Minderjährigen zulässig. Die Einwilligung seines Vaters bzw. seiner Mutter ist gleichfalls erforderlich, es sei denn, daß diesen weder die Sorge für die Person, noch die Sorge für das Vermögen des Kindes zusteht. Für eine minderjährige Witwe ist die Einwilligung der Eltern nicht erforderlich. Der Antrag auf Volljährigkeitserklärung ist von dem Minderjährigen oder demjenigen gesetzlichen Vertreter, dem die Sorge für die Person zusteht, an das Vormundschaftsgericht, das ist das Amtsgericht, in dessen Bezirke der Minderjährige seinen Wohnsitz hat, oder, falls eine Vormundschaft über ihn geführt wird, an das Gericht, welches die Vormundschaft führt, zu richten.

Muster 35.

Berlin-Lichtenberg, den ....

Antrag
des Kaufmanns Otto Schwarz, hier, Wagnerstraße 10, bei den Eltern wohnhaft,
auf Volljährigkeitserklärung.

Nach der hiermit überreichten Geburtsurkunde bin ich am 3.. Oktober 19 . . geboren, also 19 Jahre alt.

Ich habe bei der Firma Hermann & Co. in Berlin, Friedrichstr. 100, Kaufmann gelernt und bin noch dort beschäftigt. Mein Chef will mir in Dresden eine Filiale einrichten, für den Fall, daß ich für volljährig erklärt werde. Ich überreiche ein diesbezügliches Schreiben meines Chefs, das sich zugleich über meine bisherige Tätigkeit im Geschäft ausspricht.

Durch die Übertragung der Leitung einer Filiale wird meine Stellung bedeutend gehoben und somit mein Bestes gefördert.

Mein Vater, der Lehrer Georg Schwarz, ist mit meiner Volljährigkeitserklärung einverstanden.

Ich beantrage
mich für volljährig zu erklären und bitte, evtl. meinen Chef und meinen Vater vor der Entscheidung zu hören.

Otto Schwarz.

An
das Amtsgericht
Berlin-Lichtenbg.

Kosten: In der Regel 16 RM., mindestens aber 4 RM.
§§ 92, 24² RKO.

Änderung des Familiennamens bzw. des Vornamens.

Die Zuständigkeit bei der Entscheidung über einen Antrag auf Änderung des Familiennamens oder des Vornamens ist am 31. November 1932 von dem Justizministerium auf das Ministerium des Innern übergegangen. Musteranträge fallen deshalb nicht mehr in den Rahmen dieses Buches.

Erb-, Nachlaß- und Testamentsangelegenheiten.

Erbfolge.

§§ 1922—1931 BGB.

Jeder Mensch hinterläßt einen Nachlaß, und wenn dieser vielleicht auch nur aus Schulden besteht und einem Erben, der, wenn kein anderer vorhanden ist, der Fiskus ist. Letzterer darf die Erbschaft nicht ausschlagen.

Der Erbfall tritt mit dem Tode einer Person ein, d. h. in diesem Augenblicke geht das Vermögen — die Erbschaft — als ganzes (mit Aktiven und Passiven) auf eine oder mehrere Personen, die Erben, über und zwar auch ohne Wissen und Wollen derselben. Jedoch hat der Erbe das Recht, die Erbschaft innerhalb einer bestimmten Frist auszuschlagen. Wann und wie dieses zu geschehen hat, siehe das unter Erbausschlagung Gesagte.

Wer ist nun Erbe?

In erster Linie ist Erbe, wer vom Erblasser dazu bestimmt ist. Der Erblasser kann diese Bestimmung **nur** durch Errichtung einer Verfügung von Todeswegen (Testament oder Erbvertrag) vornehmen.

Hat der Erblasser keine Verfügung von Todeswegen hinterlassen, so tritt die **gesetzliche** Erbfolge ein. Desgleichen, wenn die durch Verfügung von Todeswegen als Erben eingesetzten Personen die Erbschaft ausgeschlagen haben.

Die **gesetzlichen** Erben sind die Verwandten des Erblassers und der Ehegatte und in letzter Linie der Fiskus.

Erbe kann **nur** werden, wer zur Zeit des Erbfalls **lebt.** Wer zur Zeit des Erbfalles noch nicht lebte, aber bereits erzeugt war, gilt als vor dem Erbfalle geboren. Totgeborene erben nicht. Vereine oder Stiftungen, die zur Zeit des Todes des Erblassers noch nicht rechtskräftig waren, können nicht Erbe sein. Ausgenommen sind unfertige Stiftungen, die der Erblasser selbst errichtet hat, wenn sie nach seinem Tode die Genehmigung des Staates erhalten. Es kann also jemand in seinem Testamente eine Stiftung errichten und sie zu seinem Erben einsetzen.

Die **gesetzlichen** Erben beerben den Erblasser nach einer im Bürgerlichen Gesetzbuch vorgeschriebenen Ordnung (Reihenfolge).

Danach sind die gesetzlichen Erben **erster** Ordnung:

Die Abkömmlinge des Erblassers — siehe Beispiel 1 —, wobei ein z. Zt. des Erbfalls lebender Abkömmling die durch ihn mit dem Erblasser verwandten Abkömmlinge ausschließt (siehe Beispiel 2). Dagegen treten an die Stelle eines bei Eintritt des Erbfalles nicht mehr lebenden Abkömmlings die **durch ihn** mit dem Erblasser verwandten Abkömmlinge (siehe Beispiel 3).

Der Anteil des einzelnen Erben erster Ordnung am Nachlaß bestimmt sich wie folgt: Erben die Abkömmlinge allein, so geht der Nachlaß zu gleichen Teilen an die Abkömmlinge (siehe Beispiel 1). Erben sie neben der Ehefrau, so erhält diese ein Viertel und die Abkömmlinge **zusammen drei Viertel** des Nachlasses (siehe Beispiel 4).

Beispiel 1.

Ein Vater hinterläßt 3 Kinder. Seine Ehefrau ist vor ihm verstorben, oder die Ehe ist rechtskräftig geschieden oder für nichtig erklärt worden. Es erben jedes der Kinder ein Drittel des Nachlasses.

Beispeil 2.

Ein Vater hinterläßt 2 Söhne A und B und eine Tochter C und seine Enkel D und E, Kinder der Tochter C. Es erben die Söhne A und B je ein Drittel, die Tochter C ebenfalls ein Drittel, die Enkel D und E erben nicht, weil sie durch ihre Mutter, C, ausgeschlossen werden.

Beispiel 3.

Ein Vater stirbt unter Hinterlassung seiner Söhne A und B. Seine Tochter C ist vor ihm verstorben. Sie hat hinterlassen ihre 2 Kinder D und E. Es erben die beiden Söhne A und B je ein Drittel, die beiden Kinder der verstorbenen Tochter C deren Drittel gleich D ein Sechstel und E ein Sechstel.

Beispiel 4.

Ein Vater stirbt unter Hinterlassung seiner Ehefrau und 3 Kindern. Es erben seine Ehefrau, ein Viertel, seine Kinder zusammen drei Viertel, gleich jedes Kind drei Zwölftel des Nachlasses.

Gesetzliche Erben der **zweiten** Ordnung sind die Eltern des Erblassers und deren Abkömmlinge. Leben z. Zt. des Erbfalls die Eltern, so erben sie allein (siehe Beispiel 5). Lebt z. Zt. des Erbfalls der Vater oder die Mutter nicht mehr, so treten an die Stelle des Verstorbenen deren Abkömmlinge nach den für die Beerbung in der ersten Ordnung geltenden Vorschriften (siehe Beispiel 6 und 7). Sind Abkömmlinge nicht vorhanden, so erbt der überlebende Teil allein (siehe Beispiel 8).

Hinterläßt der Verstorbene außer den Eltern zweiter Ordnung seine Ehefrau, so erbt diese zur Hälfte und erhält außer dem Erbteile, die zum ehelichen Haushalt gehörenden Gegenstände, soweit sie nicht Zubehör eines Grundstücks sind und die Hochzeitsgeschenke als Voraus (siehe Beispiel 9).

Die gesetzlichen Erben der zweiten Ordnung können **nur** Erbe werden, wenn der Erblasser keine Erben hinterlassen hat, die zu den Erben erster Ordnung gehören, also keine Kinder, Enkel, Urenkel.

Beispiel 5.

A stirbt und hinterläßt nur seine Eltern. Es werden Erben seine Eltern je zu ein Halb.

Beispiel 6.

A stirbt. Er hinterläßt seinen Vater B, seinen Bruder D und seine Schwester E, seine Mutter C ist vor ihm verstorben. Es werden Erben: sein Vater B zu ein Halb, sein Bruder D und seine Schwester E je zu ein Viertel. D und E erhalten den Anteil der verstorbenen Mutter C.

Beispiel 7.

A stirbt. Er hinterläßt nur seine Mutter C. Sein Vater B, sowie sein Bruder D sind vor ihm verstorben. Sein Bruder D hat 2 Kinder G und H hinterlassen. Es werden Erben die Mutter C zu ein Halb. Der Anteil des Vaters mit ein Halb geht nach den Regeln der ersten Erbfolgeordnung auf seine Abkömmlinge, also auf seinen Sohn D über. Da dieser bei Eintritt des Erbfalls nicht mehr lebte, kann er nicht Erbe werden. Es treten an seine Stelle seine Kinder G und H — die Enkel des B —. Sie werden Erben zu je ein Viertel des Nachlasses.

Beispiel 8.

A stirbt. Er hinterläßt nur seine Mutter C und seinen Großvater F. Seine Mutter wird alleiniger Erbe. Der Großvater wird nicht Erbe, weil er nicht zu den Erben der 2. Ordnung gehört.

Beispiel 9.

A stirbt. Er hinterläßt seine Eltern B, C, seinen Bruder D, seine Schwester E und seine Ehefrau F. Der Nachlaß besteht aus einer Wohnungseinrichtung im Werte von 8000 RM., Hochzeitsgeschenken im Werte von 1000 RM. und einem Grundstück im Werte von 60000 RM. Die Ehefrau F erhält als **Voraus** die Wohnungseinrichtung und die Hochzeitsgeschenke und wird außerdem Erbe zu ein Halb von dem verbliebenen Reste (Grundstück 60000 RM.) gleich 30000 RM. Die Eltern B, C werden Erbe der andern Hälfte des Nachlasses mit je 15000 RM. Die Geschwister D und E erben nicht.

Gesetzliche Erben der **dritten** Ordnung sind die Großeltern des Erblassers und deren Abkömmlinge. Leben z. Zt. des Erbfalls die Großeltern, so erben sie allein zu gleichen Teilen (siehe Beispiel 10). Lebt z. Zt. des Erbfalls von den väterlichen oder mütterlichen Großeltern der Großvater oder die Großmutter nicht mehr, so treten an die Stelle des Verstorbenen dessen Abkömmlinge. Sind Abkömmlinge nicht vorhanden, so fällt der Anteil des Verstorbenen dem **andern Teile** des Großelternpaares und, wenn dieser nicht mehr lebt, dessen Abkömmlingen zu (siehe Beispiel 11). Leben z. Zt. des Erbfalls die väterlichen oder die mütterlichen Großeltern nicht mehr, und sind Abkömmlinge nicht vorhanden, so erben die andern Großeltern oder deren Abkömmlinge allein (siehe Beispiel 12).

Soweit Abkömmlinge an die Stelle ihrer Eltern oder ihrer Voreltern treten, erben sie nach den Vorschriften der 1. Ordnung (siehe Beispiel 13).

Die **Ehefrau des Erblassers** erbt **neben** den Erben **dritter** Ordnung in gleicher Weise wie neben den Erben der 2. Ordnung. Nur erhält sie außerdem den Anteil von Abkömmlingen von Großeltern, wenn Großeltern und Abkömmlinge von Großeltern zusammenfallen (siehe Beispiel 14).

Die gesetzlichen Erben 3. Ordnung können nur Erbe werden, wenn der Erblasser keine Erben hinterlassen hat, die zu den Erben 1. oder 2. Ordnung gehören, also keine Eltern, Kinder, Enkel, Urenkel.

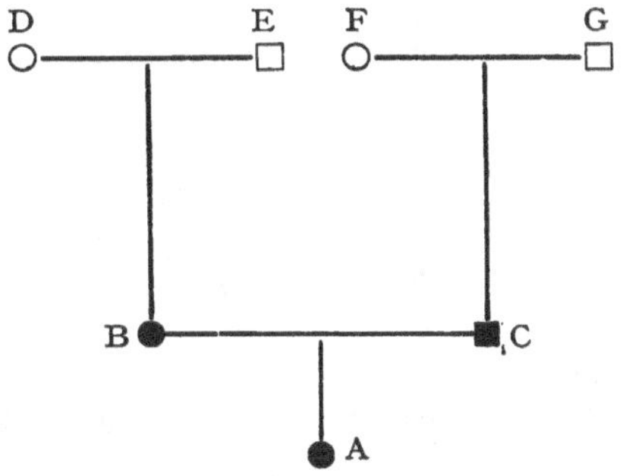

Beispiel 10.

A stirbt. Seine Eltern B, C sind vor ihm verstorben. Er hinterläßt seine Großeltern väterlicherseits D und E und seine Großeltern mütterlicherseits, F und G. Es werden Erbe D und E zusammen zu ½ gleich D ¼ und E ¼. F und G zusammen zu ½ gleich F ¼ und G ¼.

Beispiel 11.

A stirbt. Seine Eltern, B, C, sind vor ihm verstorben. Desgleichen sein Großvater, väterlicherseits, D, und seine Großmutter, mütterlicherseits, G. Er hinterläßt seine Großmutter väterlicherseits, E, seinen Onkel H, den Sohn des verstorbenen Großvaters D und seinen Großvater mütterlicherseits, F. Es werden Erbe: die Großmutter E zu ¼, der Onkel H zu ¼ — er erhält das auf den Großvater D entfallende ¼, der Großvater F zu ½, nämlich auf seinen Anteil ¼ und ¼ Anteil seiner verstorbenen Ehefrau G.

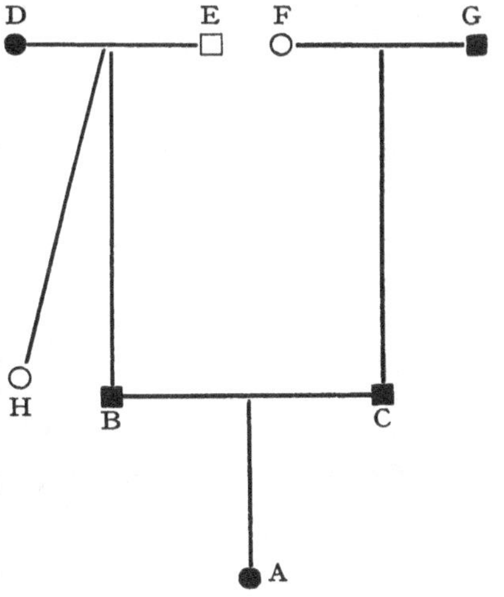

Beispiel 12.

A stirbt. Seine Eltern B, C, sowie seine Großeltern väterlicherseits, D, E und deren Sohn H, sind vor ihm verstorben. Er hinterläßt nur seine Großeltern mütterlicherseits, F, G. Es werden Erbe seine Großeltern mütterlicherseits, F, G je zu ein Halb.

Beispiel 13.

A stirbt. Seine Eltern B, C sind vor ihm verstorben, desgleichen seine Großeltern D, E und F und G. Sein Onkel väterlicherseits, H, ist gleichfalls verstorben. Er hat aus der Ehe mit der noch lebenden J einen Sohn K hinterlassen. Seine Großeltern mütterlicherseits, F, G, haben hinterlassen ihre Kinder L und M. M ist gleichfalls verstorben und hat aus der Ehe mit N eine Tochter O und einen Sohn P hinterlassen. Es werden Erbe: K, der Sohn des Onkels H, zu $\frac{1}{2}$-Anteil des verstorbenen Großelternpaars D, E, seine Mutter J erbt nicht, da sie nicht mit dem Erblasser verwandt, sondern nur verschwägert ist. L erbt $\frac{1}{4}$, O $\frac{1}{8}$, und P $\frac{1}{8}$ gleich $\frac{1}{4}$ Anteil des Verstorbenen M, Kind der Großeltern mütterlicherseits, N erbt aus dem gleichen Grunde wie J nicht.

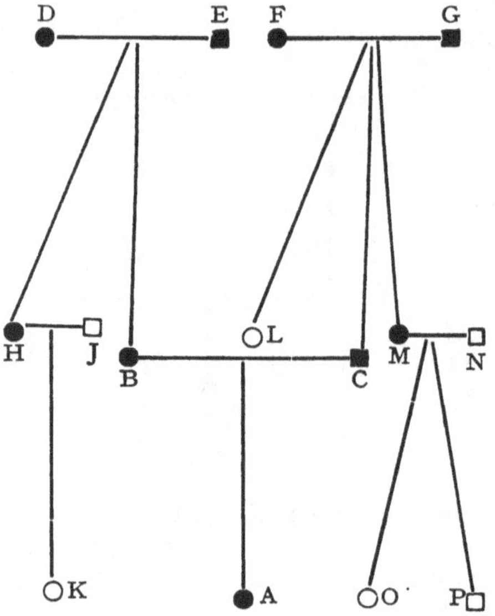

Beispiel 14.

A stirbt. Er hinterläßt seine Ehefrau Z, seine Großmutter väterlicherseits, E, seinen Großvater mütterlicherseits, F und einen Sohn der verstorbenen Großmutter mütterlicherseits, J. Es werden Erbe: Die Ehefrau Z mit $\frac{1}{2}$ und $\frac{1}{8}$ Anteil der verstorbenen Großmutter G. Außerdem erhält sie den Voraus (siehe S. 45). Die Großmutter E zu $\frac{1}{4}$, der Großvater F zu $\frac{1}{8}$. Der Sohn J wird nicht Erbe.

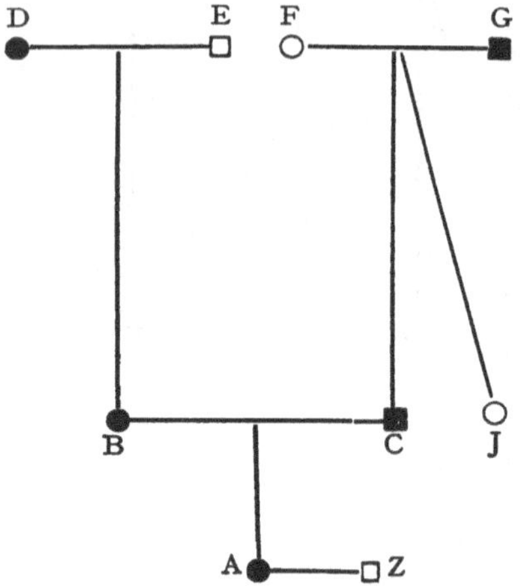

Wer in der ersten, der zweiten oder der dritten Ordnung verschiedenen Stämmen angehört, erhält den in jedem dieser Stämme ihm zufallenden Anteil. Jeder Anteil gilt als besonderer Erbteil, zum Beispiel: A stirbt. Seine Eltern B, C sind vor ihm verstorben, desgleichen sein Großvater D sowie dessen Sohn H. Seine Großmutter mütterlicherseits, G, ist ebenfalls verstorben, ebenso ihre voreheliche Tochter J, die mit H verheiratet war und aus dieser Ehe ein Kind K hinterlassen hat. Es werden Erbe E zu $\frac{1}{4}$, F zu $\frac{1}{4}$, K zu $\frac{1}{2}$, nämlich $\frac{1}{4}$ Anteil seines Vaters H vom Stamme der Großeltern D, E und $\frac{1}{4}$ Anteil seiner Mutter J, vom Stamme der Großmutter G.

Die gesetzlichen Erben der **vierten** Ordnung sind die Urgroßeltern des Erblassers und deren Abkömmlinge. Leben zur Zeit des Erbfalls

Urgroßeltern, so erben sie allein, mehrere erben zu gleichen Teilen, ohne Unterschied, ob sie derselben Linie oder verschiedenen Linien angehören (siehe Beispiel 15). Die vierte Erbfolgeordnung weicht insofern von den vorgehenden Ordnungen ab, als hier **nicht** an Stelle verstorbener Urgroßeltern deren Abkömmlinge treten, wenn noch Urgroßeltern vorhanden sind.

Leben zur Zeit des Erbfalles Urgroßeltern nicht mehr, so erbt von ihren Abkömmlingen derjenige, welcher mit dem Erblasser **dem Grade nach am nächsten** verwandt ist; mehrere gleich nahe Verwandte erben zu gleichen Teilen (siehe Beispiel 16).

Die **Ehefrau** des Erblassers **schließt** die Erben der **vierten Ordnung aus** (siehe Beispiel 17). Die vierte Erbfolgeordnung weicht also von der ersten, zweiten und dritten Erbfolgeordnung ab, nach ihr erbt, wer dem Grade nach am nächsten mit dem Erblasser verwandt ist.

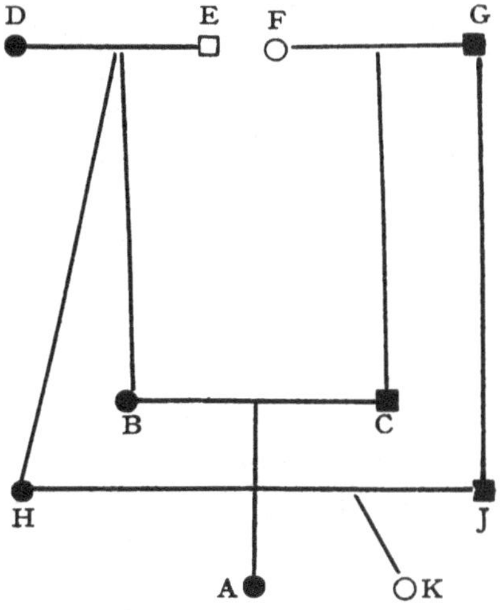

Beispiel 15.

A stirbt. Bei seinem Tode leben von seinen Verwandten nur noch seine Urgroßeltern U^1, U^4 und U^6, sowie der Sohn G^5, der Urgroßeltern U^7 und U^8. Es werden Erbe: U^1, U^4 und U^6 zu je $1/3$, G^5 wird nicht Erbe. Er wird durch die lebenden Urgroßeltern U^1, ^{4}, ^{6} ausgeschlossen.

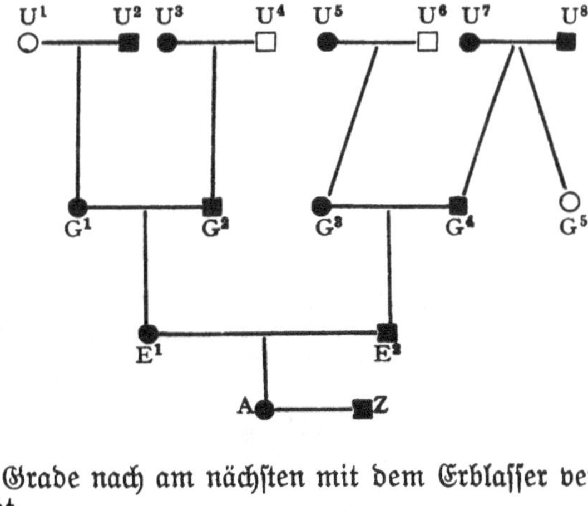

Beispiel 16.

A stirbt. Seine Eltern, Großeltern und Urgroßeltern sind vor ihm verstorben. Es leben von seinen Verwandten nur noch E^3, G^6 und G^7. Es werden Erben: G^6 und G^7 zu je $1/2$, da sie dem Grade nach am nächsten mit dem Erblasser verwandt sind. E^3 erbt nicht.

Beispiel 17.

A stirbt und hinterläßt seine Ehefrau Z, sowie seine Urgroßeltern U^1, U^4 und U^6. Es werden Erbe nur seine Ehefrau. Die Urgroßeltern erben nicht.

Gesetzliche Erben der **fünften** Ordnung und der **ferneren** Ordnungen sind die entfernteren Voreltern und deren Abkömmlinge. Sie erben nach den Vorschriften der vierten Erbfolgeordnung.

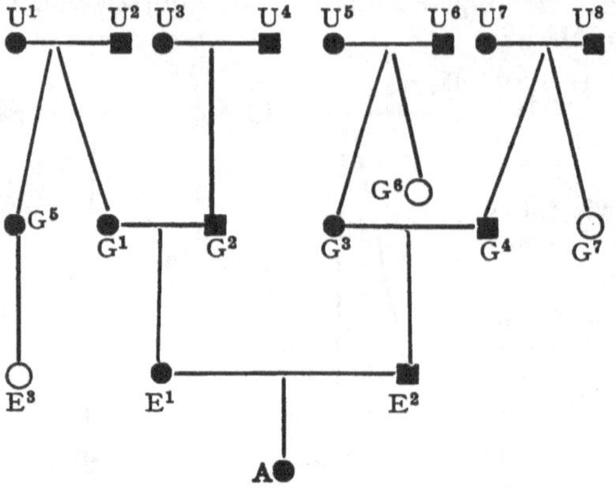

Ein **Bauer** wird **bezüglich seines Erbhofes nicht** nach den vorstehend angeführten Erbordnungen beerbt. Für ihn gilt die Anerbenordnung §§ 20ff. des REG. Danach sind zum Anerben in nachfolgender Reihenfolge berufen, und zwar nur bezüglich des Erbhofes und des Hofzubehöres. §§ 7, 8, 9 REG.

1. die Söhne des Erblassers; an die Stelle eines verstorbenen Sohnes treten dessen Söhne und Sohnessöhne;
2. der Vater des Erblassers;
3. die Brüder des Erblassers; an die Stelle eines verstorbenen Bruders treten dessen Söhne und Sohnessöhne;
4. die Töchter des Erblassers;[1]) an die Stelle einer verstorbenen Tochter treten deren Söhne und Sohnessöhne;
5. die Schwestern des Erblassers; an die Stelle einer verstorbenen Schwester treten deren Söhne und Sohnessöhne;
6. die weiblichen Abkömmlinge des Erblassers und die Nachkommen von solchen, soweit sie nicht bereits zu Nr. 4 gehören. Der dem Mannesstamme des Erblassers Näherstehende schließt den Fernerstehenden aus. Im übrigen entscheidet der Vorzug des männlichen Geschlechts.

Anerbe kann aber nur sein, wer bauernfähig ist. §§ 21¹, 11—16 REG. Auch hier gilt, daß solange ein Verwandter einer vorhergehenden Ordnung vorhanden ist, ein Verwandter einer nachgehenden Ordnung nicht Anerbe werden kann, z. B. Bauer A stirbt und hinterläßt seinen Sohn B und seine Tochter C sowie seinen Vater D. C und D können nicht Anerbe werden, weil B vorhanden ist, der zur 1. Ordnung gehört, oder Bauer A stirbt und hinterläßt nur den Sohn C seines verstorbenen Sohnes B und seinen Vater D. Anerbe wird C, der zur 1. Ordnung gehört, nicht der Vater D.

Innerhalb der gleichen Ordnung entscheidet — je nach dem in der Gegend geltenden Brauch — Ältesten- oder Jüngstenrecht. Besteht kein

[1]) Die Anerben der 4. Ordnung gehen den Anerben der 2. und 3. Ordnung vor, wenn zu der Zeit, zu der der Hof auf Grund des REG. Erbhof geworden ist, keine Söhne oder Sohnessöhne vorhanden waren und zwar nur für den ersten Erbfall, der nach dem Zeitpunkt eintritt, in welchem die Besitzung Erbhof geworden ist. § 21⁷ REG., § 48 EHRV.

bestimmter Brauch, so gilt Jüngstenrecht, d. h. der jüngere Sohn geht den älteren Söhnen vor, bzw. bei Ältestenrecht geht der älteste Sohn den jüngeren Söhnen vor.

Hat der Ehegatte eheliche Söhne von mehreren Ehen hinterlassen, so gehen die Söhne der ersten Ehe den anderen vor.[1]) Bei Brüdern oder Schwestern gehen Vollbürtige vor Halbbürtigen, z. B. Bauer A stirbt und hinterläßt nur seinen Bruder B, der aus der Ehe seines Vater C und seiner Mutter D stammt und einen Bruder E, der aus der ersten Ehe seines Vaters C mit der verstorbenen F stammt. Anerbe wird B, denn A und B haben die gleichen Eltern, während E mit A nur den Vater gemeinsam haben. § 21 REG., § 7 EHRV., RGBl. I 1936 S. 1069 ff.

Für ehelich erklärte Kinder — siehe das unter Ehelichkeitserklärung eines unehelichen Kindes Gesagte — gehen in derselben Ordnung den ehelichen Kindern nach. Z. B. Bauer A stirbt und hinterläßt seinen 1905 geborenen, für ehelich erklärten Sohn B und seinen 1908 in der Ehe geborenen Sohn C. In der Gegend des Erbfalles gilt Ältestenrecht. Anerbe wird C. Anders liegt aber der Fall, wenn der Verstorbene Bauer A die Mutter des B geheiratet hätte. In diesem Falle wäre B durch die nach seiner Geburt erfolgte Eheschließung ehelich geworden (§ 1719 BGB.) — also nicht für ehelich erklärt worden — und somit Anerbe vor C.

An Kindes Statt (adoptierte) Kinder sind nicht zur Anerbenfolge berufen. Hat der Erblasser eine Person vor dem 1. Okt. 1933 adoptiert, so steht dieses Kind hinsichtlich der Anerbenfolge einem ehelichen Kinde gleich. Ist das Kind erst nach dem 1. Okt. 1933 adoptiert worden, so kann der Bauer es mit Zustimmung des Anerbengerichts für den ersten auf die Entstehung der Erbhofeigenschaft folgenden Erbfalle zum Anerben bestimmen, wenn die Person schon längere Zeit wie ein Kind im Hause des Bauern gelebt hat. § 21[6] REG., § 47 EHRV.

Die Ziff. 7 des § 20 durchbricht die Anerbenordnung für den Fall, wenn zu der Zeit, zu der der Hof auf Grund des REG. Erbhof wird, keine Söhne oder Sohnessöhne vorhanden waren, die Anerben der 4. Ordnung vor denen der 2. und 3. Ordnung berufen sind.[2])

Wenn der Anerbe bereits einen Erbhof hat, so scheidet er als Anerbe aus. Der Erbhof fällt dann demjenigen zu, der Anerbe werden würde, wenn der Ausscheidende zur Zeit des Erbfalles nicht gelebt hätte, z. B.: § 22 REG., § 8 EHRV.

Bauer A stirbt und hinterläßt seine Söhne B und C. B besitzt bereits einen Erbhof. Es gilt Ältestenrecht. Anerbe wird C, weil B bereits einen Erbhof hat. B hat jedoch das Recht, binnen 6 Wochen, nachdem er von dem Anfall des Erbhofes Kenntnis erlangt hat, dem Anerbengericht gegenüber in öffentlich beglaubigter Form die Erklärung abzugeben, daß er den Erbhof übernehme. Zur Abgabe der Erklärung begibt er sich auf die Geschäftsstelle des Erbhofgerichts und gibt dort die Erklärung zu Protokoll oder er fertigt folgendes Schreiben an:

---

[1]) Das gleiche gilt, wenn der Ehegatte, dem der Erbhof gehört, Töchter aus mehreren Ehen hat.

[2]) Siehe Fußnote Seite 50.

Muster 36.

Am .... verstarb mein Vater, der Bauer Gottlieb Linde. Er hat den in .... belegenen Erbhof hinterlassen, der mir nach dem für .... geltenden Ältestenrecht als dem ältesten ehelichen Sohne meines verstorbenen Vaters als Anerbe zufällt. Ich habe bereits den in .... belegenen Erbhof. Ich erkläre hiermit, daß ich den mir angefallenen Erbhof meines Vaters annehme.

.................., den ....

Mit diesem Schriftstück begibt sich der Erklärende zu einem Notar und läßt seine Unterschrift beglaubigen und sendet alsdann die Erklärung dem Anerbengericht ein und zwar eingeschrieben. Die Erklärung muß in der vorstehend angegebenen Frist **beim Anerbengericht** eingehen.

Hat der Anerbe die vorstehende Erklärung abgegeben, so behält er nicht etwa beide Erbhöfe, sondern sein Erbhof fällt kraft Gesetzes den nächstberufenen Erben des Erblassers zu. § 21 REG.

Hinterläßt ein Bauer mehrere Erbhöfe, so können die als Anerben Berufenen in der Reihenfolge ihrer Berufung je einen Erbhof wählen, so daß niemand mehr als einen Erbhof bekommt.

Die Wahl ist gegenüber dem Anerbengericht in öffentlich beglaubigter Form oder zur Niederschrift auf der Geschäftsstelle des Anerbengerichts zu erklären.

Jeder Anerbenberechtigte erwirbt das Eigentum an dem von ihm gewählten Hof mit der Vollziehung der Wahl. Mit der Vollziehung der letzten Wahl erwirbt zugleich der Nächstberufene das Eigentum an dem übrigbleibenden Hof. Beispiel: Bauer A stirbt unter Hinterlassung von 3 Söhnen, B, C und D. Es gilt in der Gegend Jüngstenrecht. D wählt zuerst, dann C. B erhält den übrig bleibenden Erbhof. Angenommen, D nimmt die Wahl nicht vor, so wird ihm auf Antrag des C oder des B von dem Vorsitzenden eine angemessene Frist zur Erklärung über die Wahl bestimmt.

Unterläßt es D, die Wahl innerhalb der bestimmten Frist vorzunehmen, so tritt er hinter C und B zurück und erhält den übrig bleibenden Hof. § 23 REG.

Verfügung von Todeswegen.

§§ 2064 ff. BGB.

Das **Nachstehende gilt** für den **Bauern** hinsichtlich seines **Erbhofes nicht,** sondern es gelten die Bestimmungen der §§ 24—28, 33 REG., § 9, 11—13, 20—22, 50—54 EHRV. vom 21. Dez. 1936, RGBl. I S. 1069 ff. und § 59 der EHVO. 21. Dez. 1936, RGBl. I S. 1082 ff.

Wer seine Hinterlassenschaft so geregelt haben will, wie es vorstehend beschrieben das Gesetz vorschreibt, braucht **keine** Verfügung von Todes wegen zu errichten. Der Nachlaß fällt alsdann bei Eintritt des Erbfalles ohne weiteres den gesetzlichen Erben zu.

Bei den vor dem 1. Januar 1900 geschlossenen Ehen gelten noch andere gesetzliche Bestimmungen, die in jedem Landesteile, ja fast in jeder Provinz, verschieden sind und hier nicht aufgeführt werden können. Jedoch kann auch bei diesen Ehen jeder Ehegatte durch eine Verfügung von Todeswegen eine von den Gesetzen abweichende Regelung seines Nachlasses anordnen.

Wer jedoch eine von der gesetzlichen Erbfolge abweichende Regelung seiner Hinterlassenschaft wünscht, **muß** eine Verfügung von Todeswegen errichten. Mündliche Anordnungen des Erblassers bei seinen Lebzeiten, z. B.: Mein Sohn Max soll meine goldene Uhr, mein Sohn Paul meinen Brillantring nach meinem Tode erhalten, sind ohne rechtliche Wirkung, auch wenn sie noch so oft vom Erblasser auch in Gegenwart unparteiischer Zeugen wiederholt worden sind. Derartige Wünsche haben nur auf Erfüllung zu rechnen, wenn alle Erben darüber einig sind, sie zu erfüllen.

Man unterscheidet zwei Arten von Verfügungen von Todeswegen, nämlich

1. Das Testament, auch letztwillige Verfügung genannt,
2. den Erbvertrag. §§ 2274 ff. BGB.

Das Testament ist eine jederzeit widerrufliche Verfügung von Todes wegen. Der Erbvertrag ist ein zweiseitiger Vertrag. Er ist in der Regel nicht widerruflich. Einen Erbvertrag kann nur schließen, wer unbeschränkt geschäftsfähig ist. Nur bei Ehegatten und Verlobten läßt das Gesetz den Abschluß eines Erbvertrages zu, auch wenn der Erblasser in der Geschäftsfähigkeit beschränkt ist. Es bedarf in diesem Falle der Zustimmung des gesetzlichen Vertreters. Ist dies ein Vormund, so ist auch die Genehmigung des Vormundschaftsgerichts erforderlich. Ein Erbvertrag kann **nur** vor einem Richter oder einem Notar abgeschlossen werden. Daher wird ein Muster für den Erbvertrag hier nicht aufgeführt.

Ein Erbvertrag kann durch Vertrag, der gleichfalls **nur** vor einem Richter oder Notar abgeschlossen werden kann, aufgehoben werden, und zwar nur von den Personen, die den Erbvertrag abgeschlossen haben.

Ein zwischen **Ehegatten** abgeschlossener Erbvertrag kann auch durch ein **gemeinschaftliches Testament** aufgehoben werden (siehe Muster Nr. 48).

Ein Erbvertrag kann unter gewissen Voraussetzungen — Irrtum, Drohung, Übergehung eines Pflichtteilsberechtigten — angefochten werden. Die Anfechtungserklärung bedarf der gerichtlichen oder notariellen Beurkundung. Die Anfechtung kann nur binnen **Jahresfrist** erfolgen. Die Frist beginnt zu laufen, im Falle der Anfechtbarkeit wegen Drohung, wenn die Zwangslage aufhört; in allen übrigen Fällen mit dem Zeitpunkte, in welchem der Erblasser von dem Anfechtungsgrunde Kenntnis erlangt.

Ein Testament kann nur errichten, wer das 16. Lebensjahr vollendet hat. Ein Minderjähriger bedarf zur Testamentserrichtung **nicht** der Zustimmung seines gesetzlichen Vertreters. §§ 2229 ff. BGB.

Wegen Geistesschwäche, Verschwendung oder Trunksucht entmündigte Personen können kein Testament errichten, desgleichen Geisteskranke.

Das Testament kann errichtet werden:

1. vor einem Richter oder Notar (gerichtliches oder notarielles Testament),
2. durch eine von dem Erblasser unter Angabe des Ortes und Tages eigenhändig **geschriebene** und **unterschriebene** Erklärung (Privattestament).

Die unter Nr. 1 und 2 aufgeführten Testamentsarten sind in ihrer **Wirkung** gleich. Sie sind ungültig, wenn bei ihrer Errichtung gegen die durch das Gesetz vorgeschriebene Form verstoßen wird.

Minderjährige oder solche volljährige Personen, die nicht schreiben oder Geschriebenes nicht lesen können, z. B. Blinde, können ihr Testament nur vor einem Richter oder Notar errichten.

Will nun jemand sein Testament, zur Ersparung von Kosten, **nicht** vor einem Richter oder Notar errichten, so kann er dies in der vorstehend unter 2 aufgeführten Form tun. Er hat dabei unter allen Umständen auf folgendes zu achten:

1. Das Testament muß vom Erblasser **eigenhändig** geschrieben sein — also **nicht** gedruckt, **nicht** mit der Schreibmaschine geschrieben, es **darf** auch **kein** anderer für ihn schreiben.
2. Es **muß** die Angabe des **Ortes** und des **Tages**, wo und wann das Testament errichtet ist, enthalten, z. B.: Berlin, den 1. November 1930. Auch dies muß eigenhändig geschrieben — **nicht** gedruckt oder mit der Schreibmaschine geschrieben sein.
3. Das Testament muß **unter**schrieben sein, und zwar mit Vor- und Familiennamen — Rufname genügt als Vorname —. Die Unterschrift muß das Testament abschließen, sie darf also nicht neben dem Testament, auch nicht auf dem Umschlag stehen.

Zur Testamentserrichtung nimmt man am besten ein unbeschriebenes und unbedrucktes Blatt Papier und fertigt das Testament so an, wie nachstehende Muster zeigen:

Muster 37.

§§ 2303 ff., 2332 BGB.

Berlin-Lichtenberg, den 1. November 1936.

Ich, der Kaufmann Franz Müller, setze zu meinen Erben ein, meine Ehefrau Auguste Müller, geborene Schultze. Mein Sohn Georg soll nur den Pflichtteil erhalten.

Franz Müller.

Durch dieses Testament wird die Ehefrau alleiniger Erbe. Der Sohn Georg wird nicht Erbe. Er hat nur seinen Pflichtteil zu verlangen, d. h.: er hat eine Geldforderung in Höhe des Pflichtteils gegen den Nachlaß.

Der Pflichtteil besteht in der Hälfte des gesetzlichen Erbteils. Der Sohn erbt nach der ersten Erbfolgeordnung drei Viertel des Nachlasses. Da er nur den Pflichtteil, also $\frac{1}{2}$ des gesetzlichen Erbteils erhält, hat er $^{3}/_{8}$ des Nachlaßwertes in Geld von der Witwe zu fordern.

Würde der Erblasser in seinem Testamente nur gesagt haben: mein Erbe ist meine Ehefrau, Auguste Müller, und den Sohn gar nicht erwähnt haben, so hätte der Sohn gleichfalls seinen Pflichtteil zu fordern. Wäre aber der Sohn erst nach Errichtung des Testaments geboren, so könnte er das Testament anfechten (näheres siehe unter Anfechtung).

Pflichtteilsberechtigt sind:

1. Die Abkömmlinge des Erblassers.
2. Die Ehefrau des Erblassers.
3. Die Eltern des Erblassers, **diese** jedoch **nur**, wenn **keine Abkömmlinge** vorhanden sind.

Der Pflichtteilsanspruch verjährt in drei Jahren von dem Eintritte des Erbfalls an.

Der Erblasser kann einem Abkömmlinge den Pflichtteil entziehen:

1. Wenn der Abkömmling dem Erblasser, dem Ehegatten oder einem anderen Abkömmlinge des Erblassers nach dem Leben trachtet.
2. Wenn der Abkömmling sich einer vorsätzlichen körperlichen Mißhandlung des Erblassers oder des Ehegatten des Erblassers schuldig macht, im Falle der Mißhandlung des Ehegatten jedoch nur, wenn der Abkömmling von diesem abstammt.
3. Wenn der Abkömmling sich eines Verbrechens oder eines schweren vorsätzlichen Vergehens gegen den Erblasser oder dessen Ehegatten schuldig macht.
4. Wenn der Abkömmling die ihm, dem Erblasser gegenüber, gesetzlich obliegende Unterhaltspflicht böswillig verletzt.
5. Wenn der Abkömmling einen ehrlosen oder unsittlichen Lebenswandel wider den Willen des Erblassers führt.

Der Erblasser kann seinem Vater oder seiner Mutter den Pflichtteil entziehen, wenn sie sich einer der im vorhergehenden Absatze unter Nr. 1, 3, 4 bezeichneten Verfehlung schuldig machen.

Muster 38.

Breslau, den 1. November 1936.

Als meinen letzten Willen bestimme ich, der Malermeister Franz Müller, was folgt:

Zu meinem Erben setze ich ein meinen Sohn Georg und meine Tochter Anna. Meine Ehefrau Anna, geborene Schultze, soll nur den Pflichtteil erhalten.

Franz Müller.

In diesem Falle hat die Ehefrau die Hälfte ihres gesetzlichen Erbteils (¼) gleich ⅛ des Nachlaßwertes von den beiden Kindern zu fordern.

Der Erblasser kann dem Ehegatten den Pflichtteil entziehen, wenn der Ehegatte sich einer Verfehlung schuldig macht, auf Grund deren der Erblasser nach den §§ 1565—1568 des Bürgerlichen Gesetzbuches auf Scheidung zu klagen berechtigt ist.

§ 2335 BGB.

Muster 39.

Glogau, den 1. November 1936.

Ich, der Tischlermeister Franz Müller, setze zu meinen Erben ein, meinen Sohn Georg und meine Tochter Charlotte. Meiner Ehefrau Anna, geborenen Schultz, entziehe ich den Pflichtteil, weil sie mit dem Tischlermeister Ernst Schramm aus Putzig Ehebruch getrieben hat.

Franz Müller.

Muster 40.

Stettin, den 1. November 1936.

Ich, der Schiffszimmermann Franz Müller, ernenne zu meinem Erben meine Ehefrau.

Franz Müller.

In der Annahme, daß Müller am 10. November 1936 ohne Hinterlassung von Kindern, aber unter Hinterlassung seiner Ehefrau und seiner Eltern verstorben ist, würde sich das Testament wie folgt auswirken: Die Ehefrau erhält als alleinige Erbin die ganze Erbschaft. Da Abkömmlinge nicht vorhanden sind, haben die Eltern den Pflichtteilsanspruch. Der gesetzliche Erbteil der Eltern besteht nach der zweiten Erbfolgeordnung in ½ des Nachlasses. Sie haben also an die Witwe einen Anspruch auf Zahlung einer Geldsumme im Betrage von ¼ des Nachlaßwertes, wobei der der Ehefrau gebührende Voraus — § 1932 BGB. — nicht mitgerechnet wird.

Muster 41.

Magdeburg, den 1. November 1936.

Zu meinen Erben bestimme ich, Frau Anna Müller, geborene Schultze, meinen Ehemann Franz Müller und meine beiden Kinder Charlotte und Georg. Meine voreheliche Tochter Emma Schwarz, geborene Schultze, soll nur den Pflichtteil erhalten. Die in unserer Familie dienende Auguste Bräuer soll in Anerkennung treu geleisteter Dienste den Betrag von 5000 RM. erhalten.

Anna Müller, geborene Schultze.

In diesem Falle werden Erben
a) der Ehemann zu ¼,
b) die Tochter Charlotte zu $^3/_8$,
c) der Sohn Georg $^3/_8$.

Die uneheliche Tochter Emma erhält den Pflichtteil. Ihr gesetzlicher Erbteil würde $^3/_{12}$ des Nachlasses betragen, nämlich

Charlotte		$^3/_{12}$.
Georg	Zusammen ¾ = jeder	$^3/_{12}$.
Emma		$^3/_{12}$.

Der Pflichtteil beträgt $^1/_2$ von $^3/_{12} = {}^3/_{24}$. Emma hätte also den Wert von $^3/_{24}$ des Nachlasses in Geld von den Erben zu fordern. Das Testament enthält außerdem ein Vermächtnis für Auguste Bräuer.

Ein **Vermächtnis** ist die Zuwendung eines Vermögensvorteils an jemanden, **ohne** ihn als Erben einzusetzen. Der Vermächtnisnehmer erwirbt nicht unmittelbar den vermachten Gegenstand auf Grund des Testaments vom Erblasser, sondern er erwirbt nur das Recht, das ihm durch Verfügung von Todeswegen Vermachte von dem mit dem Vermächtnis beschwerten Personen — den Erben — zu fordern. Das Vermächtnis ist eine Nachlaßverbindlichkeit. Der Erbe haftet nach den Vorschriften für Nachlaßverbindlichkeiten (näheres siehe dort). Ein Vermächtnis ist **unwirksam**, wenn der **Bedachte** zur Zeit des Erbfalls **nicht mehr lebt.** Wäre also die Auguste vor der Erblasserin gestorben, so wäre das Vermächtnis unwirksam. Die Erben der Auguste Bräuer könnten alsdann nicht die Erfüllung des Vermächtnisses von den Erben der Frau Anna Müller fordern. §§ 2147 ff. BGB.

Muster 42.

Kassel, den 1. November 1936.

Ich, der Lehrer Franz Müller, ernenne zu meinen Erben meine Ehefrau und meine beiden Söhne Otto und Georg. Otto soll jedoch im voraus meine goldene Uhr und Kette erhalten.

Franz Müller.

Auch hier liegt ein Vermächtnis, sog. Vorausvermächtnis vor.

Muster 43.

Kassel, den 1. November 1936.

Ich ernenne zu meinem Erben, meinen Freund, den Studienrat Georg Schwarz, von hier, Roonstraße 15. Mein Freund soll jedoch gehalten sein, mein Grab und die Gräber meiner Eltern instand zu halten und jährlich an meinem Geburtstage zehn bedürftigen Einwohnern meiner Vaterstadt U. je 20 RM. auszuzahlen. Meiner Haushälterin, Anna Schultz, vermache ich den Betrag von 20000 RM. mit der Auflage, meinen Hund bis an seinen Tod zu verpflegen. Sollte jedoch mein Freund vor mir versterben oder die Erbschaft nicht annehmen wollen, so soll mein Erbe meine Vaterstadt U. sein.

Franz Müller.

Hier ist Georg Schwarz alleiniger Erbe. Stirbt er vor dem Erblasser, so geht der Nachlaß des Müller nicht auf die gesetzlichen Erben des Schwarz über, sondern auf die als Ersatzerbe eingesetzte Stadt U. Der Erbe ist mit einer **Auflage** beschwert, nämlich die Gräber instand zu halten und alljährlich zehn bedürftigen Einwohnern je 20 RM. zu zahlen.

Eine Auflage ist eine Verpflichtung des Beschwerten — hier des Erben — zu einer Leistung. Sie gibt aber dem Bedachten — hier den 10 Einwohnern — nicht das Recht, die Vollziehung der Auflage zu fordern. Ein Gläubigerrecht erlangt niemand durch die Auflage. Die Auflage ist eine Nachlaßverbindlichkeit (näheres siehe unter Nachlaßverbindlichkeiten). Die Haushälterin Anna Schulz ist nicht Erbe, sondern nur Vermächtnisnehmerin. Das Vermächtnis ist mit einer Auflage beschwert, nämlich den Hund bis an seinen Tod zu pflegen.

Die Vollziehung einer Auflage kann der Erbe, der Miterbe und derjenige verlangen, welchem der Wegfall des mit der Auflage zunächst beschwerten unmittelbar zustatten kommen würde. Liegt die Vollziehung im öffentlichen Interesse, so kann auch die zuständige Behörde die Vollziehung verlangen.

§§ 2192 ff. BGB.

Muster 44.

Berlin, den 1. Dezember 1936.

Zu meinem Erben bestimme ich meine beiden Kinder Georg und Charlotte, und zwar sollen erhalten Georg das Grundstück Berlin, Kurzestraße 5, Charlotte das Grundstück Berlin, Langestraße 10. Der übrige Nachlaß geht in gleiche Teile. Als Vormund für meine Tochter Charlotte benenne ich meinen Bruder Hans Müller, Berlin, Langestraße 10. Falls er das Amt nicht führen kann oder will, soll mein Schwager Otto Schwarz an seine Stelle treten und falls auch dieser das Amt nicht führen kann oder will, soll das Vormundschaftsgericht einen anderen Vormund bestellen. Meinen Bruder Emil Müller schließe ich von der Vormundschaft aus.

Franz Müller.

Die Ernennung eines Vormundes für seine Kinder kann der Vater nur durch Testament vornehmen. Geschieht dies nicht, so wählt das Vormundschaftsgericht einen Vormund für die Kinder.

§§ 1777 BGB.

Gemeinschaftliches Testament.

§§ 2265 ff. BGB.

Nur Eheleute können ein gemeinschaftliches Testament errichten, also nicht auch Verlobte oder sonst verwandte oder fremde Personen.

Über Widerruf und Rücknahme gemeinschaftlicher Testamente siehe das unter Widerruf von Testamenten Gesagte.

Muster 45.

Berlin, den 1. Dezember 1936.

Wir, die Eheleute Oberpostinspektor Franz Müller und Anna, geborene Schultze, setzen uns gegenseitig als Erben ein.

Franz Müller.

(Das Vorstehende muß der Ehemann **eigenhändig** geschrieben haben. Darunter schreibt die Ehefrau **eigenhändig**):

Berlin, den 1. Dezember 1936.

Vorstehendes Testament soll auch als mein Testament gelten.

Anna Müller, geborene Schultze.

Nach vorstehendem Testament wird der überlebende Ehegatte alleiniger Erbe des Verstorbenen. Der **Überlebende** kann über sein Vermögen erneut letztwillig verfügen. Geschieht dies **nicht,** so erben **seine** Verwandten nach der gesetzlichen Erbfolge. Die Verwandten des Erstversterbenden beerben ihn nicht.

Muster 46.

§§ 2269, 2303 ff. BGB.

Berlin, den 1. Dezember 1936.

Wir, die Eheleute Reichsbankrat Franz Müller und Anna, geborene Schultze, setzen uns gegenseitig als Erben ein. Was nach dem Tode des

Letztlebenden übrig bleibt, erben unsere gemeinschaftlichen Kinder. Sollte eins unserer Kinder mit Vorstehendem nicht einverstanden sein und nach dem Tode des Erstversterbenden seinen Pflichtteil verlangen, so soll es auch von dem Nachlaß des Überlebenden nur seinen Pflichtteil erhalten.

Franz Müller.

(Das Vorstehende muß der Ehemann eigenhändig schreiben. Darunter schreibt die Ehefrau eigenhändig):

Berlin, den 1. Dezember 1936.

Vorstehendes Testament soll auch als mein Testament gelten.

Anna Müller, geborene Schultze.

Der überlebende Ehegatte kann nach vorstehendem Testament frei über den Nachlaß verfügen. Die Kinder werden erst Erbe des Letztversterbenden. Fordert ein Kind nach dem Tode des erstversterbenden Ehegatten seinen Pflichtteil, so kann es von dem Nachlaß des Letztversterbenden auch nur seinen Pflichtteil verlangen.

Muster 47.

Luckenwalde, den 1. Dezember 1936.

Wir, die Eheleute Schneidermeister Franz Müller und Anna, geborene Schultze, setzen uns gegenseitig als Erben ein. Unsere Kinder, Max, Otto und Ernst sollen Erben des Letztlebenden sein. Ernst soll nur den Pflichtteil bekommen.

Franz Müller.

(Das Vorstehende muß der Ehemann eigenhändig schreiben. Darunter schreibt die Ehefrau eigenhändig):

Luckenwalde, den 1. Dezember 1936.

Vorstehendes Testament soll auch als mein Testament gelten.

Anna Müller, geborene Schultze.

In **diesem** Falle ist der Sohn Ernst **Miterbe.** Er hat also **keine** Geldforderung an die Erben, sondern ist selbst Erbe, aber nur in Höhe des Pflichtteils. Würde der Letztlebende ein Grundstück im Werte von 60000 RM. hinterlassen, so würden Erben werden

Max in Höhe von 20000 RM. und 5000 RM.
Otto in Höhe von 20000 RM. und 5000 RM.
Ernst in Höhe von 10000 RM.

In dieser Höhe würden alle 3 Söhne am Eigentume des Hauses beteiligt sein. Wäre jedoch im Testament gesagt worden, unsere Kinder Max und Otto sollen Erbe sein, Ernst soll nur den Pflichtteil erhalten, so wären Max und Otto je zur Hälfte am Eigentum des Grundstücks, Ernst jedoch nicht beteiligt. Er hätte nur eine Geldforderung in Höhe von 10000 RM. an die Erben Max und Otto.

Muster 48.

§ 2292 BGB., §§ 2100 ff. BGB.

Berlin, den 1. Dezember 1936.

Wir, die Eheleute Ingenieur Franz Müller und Anna, geborene Schultze, widerrufen den vor dem Notar Hinzpeter im Jahre 1903 geschlossenen Erbvertrag in allen Punkten. Wir setzen uns gegenseitig als Vorerben und unsere gemeinsamen Kinder als Nacherben ein.

Franz Müller.

(Das Vorstehende muß der Ehemann eigenhändig schreiben. Darunter schreibt die Ehefrau eigenhändig):

Berlin, den 1. Dezember 1936.

Vorstehendes Testament soll auch als mein Testament gelten.

Anna Müller, geborene Schultze.

Durch dieses Testament ist ein von Eheleuten geschlossener Erbvertrag widerrufen worden. **Nur Eheleute** können in dieser Form einen Erbvertrag widerrufen. Zum Unterschied von Muster 46 ist zwar auch hier der überlebende Ehegatte Erbe des Erstversterbenden geworden; jedoch kann er nicht ohne gewisse Beschränkungen über den Nachlaß verfügen. Er kann z. B. nicht unentgeltlich über den Nachlaß verfügen. Er ist ferner in der Verfügung über zum Nachlasse gehörende Grundstücke, Hypothekenforderungen, Grundschulden beschränkt. Der Vorerbe hat auf Verlangen des Nacherben gewisse Wertpapiere bei einer Hinterlegungsstelle oder bei der Reichsbank zu hinterlegen, ein Verzeichnis der zur Erbschaft gehörenden Gegenstände den Nacherben mitzuteilen und anderes mehr. Siehe §§ 2112—2146 des Bürgerlichen Gesetzbuches.

Der überlebende Ehegatte ist Vorerbe, die Kinder Nacherben. Stirbt der eingesetzte Nacherbe vor dem Eintritt der Nacherbfolge (Tod des überlebenden Ehegatten), aber **nach** dem Tode des erstversterbenden Ehegatten, so geht sein Recht (auf die Nacherbfolge) auf seine Erben über. In vorliegendem Muster würden, in der Annahme, daß 2 gemeinschaftliche Kinder, Max und Georg lebten, Max aber vor Eintritt der Nacherbfolge verstorben ist, die Erben des Max an seine Stelle treten; und zwar die von ihm durch Verfügung von Todeswegen bestimmten oder falls eine Verfügung von Todeswegen nicht vorliegt, seine gesetzlichen Erben. Ist also Max unter Hinterlassung seiner Ehefrau und eines Kindes verstorben, so ist die Ehefrau mit ¼, sein Kind mit ¾ von dem Anteil des Max an der Nacherbfolge beteiligt. Hätte Max in einem Testament als seinen Erben seinen Freund NN. eingesetzt, so würde dieser an Stelle des Max treten, obwohl er mit dem eigentlichen Erblasser nicht verwandt ist. Dieser Fall tritt bei Muster 46 nicht ein. Dort werden die Kinder nicht Nacherbe, erwerben also bei Eintritt des Todes des Erstversterbenden kein Recht am Nachlaß — sondern werden erst Erbe des Letztversterbenden. Sie müssen also den Tod des letztversterbenden Ehegatten erleben. Es können also niemals die von dem vorher verstorbenen Kinde eingesetzten Erben mit Ausnahme der Abkömmlinge — nicht auch Ehefrau — beim

Tode des letztversterbenden Ehegatten an die Stelle des verstorbenen Kindes treten. In folgendem Beispiel soll dies deutlich zum Ausdruck gebracht werden.

Zu Muster 46. Die Eheleute Franz und Anna haben zwei gemeinsame Kinder, Max und Georg. Der Ehemann Franz stirbt. Seine Kinder Max und Georg erleben diesen Zeitpunkt. Darauf stirbt Max. Er hat in seinem Testament bestimmt, daß seine Erben sein sollen seine Ehefrau Emma zu $\frac{1}{4}$, sein Sohn Karl zu $\frac{1}{2}$ und sein Freund Gustav zu $\frac{1}{4}$. Nach Max stirbt die Ehefrau Anna, seine Mutter. Die Eheleute Franz und Anna werden nunmehr beerbt von ihrem Sohn Georg und ihrem Enkel Karl. Während bei Muster 48 die Eheleute Franz und Anna beerbt würden

1. von ihrem Sohne Georg zu $\frac{1}{2}$,
2. von ihrem Enkel Karl zu $\frac{1}{4}$,
3. von ihrer Schwiegertochter Emma zu $^{1}/_{8}$,
4. von dem Freunde Gustav zu $^{1}/_{8}$.

Die Einsetzung eines Nacherben wird mit dem Ablaufe von 30 Jahren nach dem Erbfalle unwirksam, wenn nicht vorher der Fall der Nacherbfolge eingetreten ist. Sie bleibt auch nach dieser Zeit wirksam:

1. wenn die Nacherbfolge für den Fall angeordnet ist, daß in der Person des Vorerben oder des Nacherben ein bestimmtes Ereignis eintritt und derjenige, in dessen Person das Ereignis eintreten soll, zur Zeit des Erbfalles lebt;
2. wenn dem Vorerben oder einem Nacherben für den Fall, daß ihm ein Bruder oder eine Schwester geboren wird, der Bruder oder die Schwester als Nacherbe bestimmt ist.

Würde im vorstehenden Muster die Ehefrau Anna erst 31 Jahre nach ihrem Ehemann Franz versterben, so würde die Schwiegertochter Emma und der Freund Gustav nicht erben.

Muster 49.

Berlin-Schöneberg, den 1. Dezember 1936.

Wir, die Eheleute Hausbesitzer Franz Müller und Anna, geborene Schultze, setzen uns gegenseitig als Vorerben und unsere gemeinsamen Kinder als Nacherben ein. Der Überlebende von uns soll von allen Beschränkungen eines Vorerben befreit sein, soweit dies das Gesetz nur irgendwie zuläßt.

Franz Müller.

(Das Vorstehende muß der Ehemann eigenhändig schreiben. Darunter schreibt die Ehefrau eigenhändig):

Berlin-Schöneberg, den 1. Dezember 1936.

Vorstehendes Testament soll auch als mein Testament gelten.

Anna Müller, geborene Schultze.

Die Wirkungen dieses Testamentes sind die gleichen wie bei Muster 48. Nur ist der Vorerbe von allen Beschränkungen befreit, mit Ausnahme der folgenden:

Er kann nicht unentgeltlich über Nachlaßgegenstände verfügen. Er hat ferner auf Verlangen des Nacherben, diesen ein Verzeichnis der zur Erbschaft gehörenden Gegenstände mitzuteilen. Der Nacherbe hat das Recht, auf seine Kosten den Zustand der zur Erbschaft gehörenden Sachen durch Sachverständige feststellen zu lassen.

Muster 50.

Allenstein, den 1. Dezember 1936.

Wir, die Eheleute Geschäftsführer Franz Müller und Anna, geborene Schultze, setzen uns gegenseitig als Vorerben und unsere Kinder Franz, Erna und Otto als Nacherben ein. Sollte jedoch der Überlebende von uns eine neue Ehe eingehen, so soll er vorher die Erbteilung nach den Regeln der gesetzlichen Erbfolge vornehmen.

Franz Müller.

(Das Vorstehende muß der Ehemann eigenhändig schreiben. Darunter schreibt die Ehefrau eigenhändig):

Allenstein, den 1. Dezember 1936.

Vorstehendes Testament soll auch als mein Testament gelten.

Anna Müller, geborene Schultze.

Die Wirkungen dieses Testamentes sind die gleichen wie bei Muster 48. Nur tritt der Fall der Nacherbfolge bereits bei der Wiederverheiratung ein, und **nicht erst** beim Tode des letztlebenden Ehegatten.

Muster 51.

Elbing, den 1. Dezember 1936.

Wir, die Eheleute Franz Müller und Anna, geborene Schultze, bestimmen als unseren letzten Willen, was folgt:

Wir setzen uns gegenseitig und unsere Kinder als Erben ein.

Der Überlebende soll jedoch, solange er sich nicht wiederverheiratet, im uneingeschränkten Genuß und Besitz der gesamten Erbschaft bleiben.

Franz Müller.

(Das Vorstehende muß der Ehemann eigenhändig schreiben. Darunter schreibt die Ehefrau eigenhändig):

Elbing, den 1. Dezember 1936.

Vorstehendes Testament soll auch als mein Testament gelten.

Anna Müller, geborene Schultze.

Muster 52.

§ 2269 BGB., §§ 2096—2099, 2102 BGB.

Potsdam, den 1. November 1936.

Wir, die Eheleute Gärtnereibesitzer Franz Müller und Anna, geborene Schultze, setzen uns gegenseitig als Erben ein. Was nach dem Tode des

Letztlebenden übrigbleibt, erben meine, des Ehemanns Brüder Max und Georg zu je einem Viertel, meine, der Ehefrau Schwester, Marie Schwarz, geborene Schulze, zu ein Halb.

Falls beim Tode des Letztlebenden von uns das Gärtnereigrundstück in Bornim noch im Besitz desselben war, soll es mein Bruder Max zum Preise von 5000 RM. unter Anrechnung auf seinen Erbteil erhalten.

Falls einer der Vorgenannten beim Eintritt des Erbfalls nicht mehr am Leben ist, treten dessen Abkömmlinge an dessen Stelle.

Zum Testamentsvollstrecker des Letztlebenden bestimmen wir den Kaufmann Max Weiß in Potsdam.

Franz Müller.

Potsdam, den 1. November 1936.

Vorstehendes Testament soll auch als mein Testament gelten.

Anna Müller, geborene Schultze.

Im vorstehenden Muster ist zunächst der überlebende Ehegatte Erbe. Er kann frei über den Nachlaß verfügen. Die Geschwister werden erst Erben des Letztlebenden. Sie müssen also den Erbfall erleben. Für den Fall, daß eines der Geschwister beim Eintritt des Erbfalls nicht mehr am Leben ist, sind die Abkömmlinge desselben als Ersatzerben desselben eingesetzt. Diese Bestimmung verhindert, daß eventuell die Angehörigen des Erstversterbenden leer ausgehen. Z. B. die Ehefrau Anna Müller stirbt zuerst; ihr Erbe wird ihr Ehemann. Danach stirbt die Schwester Marie Schwarz. Stirbt nunmehr der Ehemann Franz Müller, so würden seine Brüder Max und Georg den gesamten Nachlaß erben; die Erben der Marie Schwarz würden nichts erhalten, wenn nicht die Bestimmung der Ersatzerben getroffen wäre. Als Ersatzerben können selbstverständlich auch andere Personen als die Abkömmlinge der Erben bestimmt werden.

Das Testament enthält außerdem noch die Ernennung eines Testamentsvollstreckers (siehe Testamentvollstrecker).

Muster 53.

Berlin, den 1. Januar 1937.

Wir, die Eheleute Kaufmann Franz Müller und Anna, geborene Schultze, setzen uns gegenseitig zu Erben ein. Was nach dem Tode des Letztlebenden übrig bleibt, erben je zur Hälfte meine, des Ehemannes und meine, der Ehefrau, Geschwister. Meine, des Ehemannes, bei der .... abgeschlossene Lebensversicherung erhält mein vorehelicher Sohn Max Kunze. Der Überlebende von uns soll jedoch berechtigt sein, nach dem Tode des Erstversterbenden, durch letztwillige Verfügung[1]) über seinen Anteil an unserem Nachlaß anderweitig zu verfügen.

Franz Müller.

Potsdam, den 1. Januar 1937.

Vorstehendes Testament soll auch als mein Testament gelten.

Anna Müller, geborene Schultze.

---

[1]) Das heißt durch Testament oder Erbvertrag.

Im vorstehenden Muster wird ebenfalls der zunächst überlebende Ehegatte Erbe. Er kann frei über den Nachlaß verfügen und ist außerdem befugt, durch eine letztwillige Verfügung über sein Vermögen erneut zu verfügen. Dies kann er beim Muster 52 nicht, es sei denn, daß er die Erbschaft nach dem Erstversterbenden ausschlägt. Stirbt der Ehemann zuerst, so kann die überlebende Ehefrau nicht mehr über die Lebensversicherung verfügen; denn diese fällt beim Tode des Ehemannes seinem vorehelichen Sohn Max Kunze zu.

Merke: Will man seinen Erben Verdruß und Kosten ersparen, so treffe man seine letztwilligen Verfügungen so klar und einfach wie möglich. Insbesondere bestimme man genau, wer Erbe sein soll und wie hoch der Anteil des Erben an der Erbschaft sein soll. Will man einem Erben einen bestimmten Gegenstand aus seinem Nachlasse als Erben — nicht als Vermächtnisnehmer — zuwenden, so verfahre man wie bei Muster 52 angegeben.

Aufbewahrung einer Verfügung von Todeswegen.

§ 2276 BGB.

Gerichtliche oder notarielle Testamente **sollen in amtliche** Verwahrung gebracht werden. Privattestamente **können, aber brauchen nicht** in amtliche Verwahrung gegeben werden.

Will jemand sein eigenhändiges Testament nicht zu Hause aufbewahren, so bringt er es persönlich zu dem Amtsgericht, welches die Aufbewahrung vornehmen soll (das Testament kann bei jedem Amtsgericht aufbewahrt werden; es braucht nicht das Amtsgericht des Wohnsitzes zu sein), oder er übersendet es durch die Post dem Amtsgericht mit folgendem Antrag:

Muster 53.

§ 2248 BGB., § 79 PGKG., TSt. 16 PrStG.

Potsdam, den ....

Anliegend übersende ich mein eigenhändiges Testament, mit dem Antrage, es in amtliche Verwahrung zu nehmen. Den Wert gebe ich auf 20000 RM. an.

An
das Amtsgericht
Potsdam.

Franz Müller,
Kaufmann, Berliner Str. 10.

Der Erblasser erhält vom Amtsgericht einen Hinterlegungsschein zugesandt, der sorgfältig aufzubewahren und zur Testamentseröffnung, oder bei Rückgabe des Testaments einzusenden ist. Die Kosten für die amtliche Verwahrung betragen ¼ der Gebührentabelle B, und zwar werden die Kosten nach dem Werte berechnet, über den in dem Testamente verfügt worden ist. §§ 93, 95, 40[4] RKO. Ein Stempel zum Testament ist nicht mehr zu entrichten. Dagegen ist bei der Eröffnung des Testaments nach dem Ableben des Testierenden eine Urkundensteuer in Höhe von 1 vom Tausend vom Werte des Vermögens, über das letztwillig verfügt worden ist, zu entrichten. Die auf dem Vermögen ruhenden Schulden werden abgezogen. § 39 UStG. Wird ein Testament oder ein Erbvertrag vor Gericht oder einem Notar errichtet, so ist bei der Errichtung eine Urkundensteuer in Höhe von 3 RM. zu entrichten. § 45 UStG. Diese 3 RM. werden auf die später zu entrichtende Urkundensteuer von 1 vom Tausend angerechnet.

Rückgabe eines in amtlicher Verwahrung befindlichen Testaments.

§§ 2256, 2272 BGB.

Der Erblasser kann die Rückgabe des Testaments, auch der gerichtlichen oder notariellen Testamente, jederzeit verlangen. Die Rückgabe darf nur an ihn persönlich erfolgen. Ein gemeinschaftliches Testament kann nur von beiden Eheleuten gemeinsam aus der Verwahrung zurückgenommen werden.

Es ist wie folgt zu verfahren:

Muster 54.

Potsdam, den ....
Berliner Straße 1.

An
das Amtsgericht
Potsdam.

Anliegend übersenden wir den Hinterlegungsschein über unser dort in Verwahrung befindliches Testament mit dem Antrage auf Rückgabe des Testamentes aus der amtlichen Verwahrung.

Franz Müller,
Anna Müller, geborene Schultze.

Hierauf werden **beide** Erblasser vorgeladen und es wird ihnen das Testament ausgehändigt. Legitimationspapiere sind zum Termin mitzubringen.

Die Wirkungen der Rücknahme eines Testaments aus der amtlichen Verwahrung sind folgende:

a) Ein **Privattestament** wird in seiner Gültigkeit durch die Rücknahme **nicht** berührt.
b) Anders dagegen ein **gerichtliches oder notarielles** Testament. Dieses gilt als **widerrufen**, wenn es aus der amtlichen Verwahrung genommen und dem Erblasser zurückgegeben wird.

Die Kosten für die Rückgabe betragen ¼ der vollen Gebühr der Gebührentabelle B. §§ 93, 95, 44[4] RKO.

Widerruf eines Testaments.

§§ 2253 ff., 2271 BGB.

Ein Testament, sowie einzelne in einem Testamente enthaltene Verfügungen, können von dem Erblasser jederzeit widerrufen werden.

Der Widerruf erfolgt durch Testament. Zum Beispiel:

Muster 55.

Ich widerrufe mein beim Amtsgericht in Breslau hinterlegtes Testament in allen Punkten.

Breslau, den 1. Dezember 1936.
Franz Müller.

Hier gilt das ganze Testament als widerrufen. Da der Erblasser keine Bestimmungen darüber im Widerruf getroffen hat, wer sein Erbe sein soll, tritt die gesetzliche Erbfolge ein.

Muster 56.

Ich widerrufe mein beim Amtsgericht in Kiel hinterlegtes Testament in allen Punkten. Mein Erbe soll allein mein Bruder Fritz sein.

Kiel, den 1. November 1936.
Franz Müller.

Muster 57.

In meinem beim Amtsgericht Berlin-Schöneberg hinterlegten Testament habe ich meine Nichte Olga Fischer als meine Erbin in Höhe von $1/3$ meines Nachlasses eingesetzt. Ich widerrufe diese Bestimmung und setze zu meinem Erben in Höhe von $1/3$ meines Nachlasses ein meinen Bruder Fritz Müller. Ferner widerrufe ich das dem Fräulein Käthe Fischer zugedachte Vermächtnis.

Berlin-Schöneberg, den 1. Dezember 1936.
Franz Müller.

Ferner kann ein Testament auch widerrufen werden, indem der Erblasser in der Absicht, es aufzuheben, ein neues Testament macht, ohne in dem neuen Testament ausdrücklich zu sagen, daß er sein früheres aufhebt. Das frühere Testament gilt dann als insoweit widerrufen, als das neue Testament den Nachlaß anders ordnet. Jedoch empfiehlt es sich, im neuen Testament den Widerruf des alten zum Ausdruck zu bringen. Selbstverständlich braucht man ein Testament nicht zu widerrufen, wenn man es vernichtet. Wer also sein Testament im Besitz hat und es widerrufen will, verbrennt es.

Ein gerichtliches oder notarielles Testament wird bereits dadurch widerrufen, daß es der Erblasser aus der amtlichen Verwahrung zurücknimmt. Es empfiehlt sich aber auch in diesem Falle das Testament zu vernichten.

Widerruf eines gemeinschaftlichen Testaments.

§§ 2271, 2270 BGB.

Haben die Ehegatten in einem gemeinschaftlichen Testament Verfügungen getroffen, von denen anzunehmen ist, daß die Verfügung des einen nicht ohne die Verfügung des andern getroffen sein würde, z. B.: „wir setzen uns gegenseitig zu Erben ein“, so hat die Nichtigkeit oder der Widerruf der einen Verfügung die Unwirksamkeit des anderen zur Folge. Bei **Lebzeiten** der Ehegatten kann der Widerruf **nur** erfolgen durch Erklärung gegenüber dem anderen Ehegatten. Die Erklärung bedarf der **gerichtlichen** oder **notariellen Beurkundung,** kann also **nicht durch eigenhändiges Schreiben** erfolgen.

Durch eine neue Verfügung von Todeswegen kann ein Ehegatte **bei Lebzeiten** des anderen Ehegatten seine Verfügung **nicht** aufheben.

Das Recht zum Widerruf erlischt mit dem Tode des anderen Ehegatten. Der Überlebende kann jedoch seine Verfügung aufheben, wenn er das ihm Zugewendete ausschlägt.

Anfechtung eines Testaments.

§§ 2078—2083 BGB.

Eine letztwillige Verfügung kann angefochten werden:

1. soweit der Erblasser über den Inhalt seiner Erklärung im Irrtum war oder eine Erklärung dieses Inhalts überhaupt nicht abgeben wollte und anzunehmen ist, daß er die Erklärung bei Kenntnis der Sachlage nicht abgegeben haben würde;
2. wenn der Erblasser einen zur Zeit des Erbfalles vorhandenen Pflichtteilsberechtigten übergangen hat, dessen Vorhandensein ihm bei der Errichtung der Verfügung nicht bekannt war oder der erst nach der Errichtung geboren oder pflichtteilsberechtigt geworden ist. Z. B.: Der Ehemann setzt in seinem Testament seine Ehefrau Anna, geborene Schultze, und seine Söhne Franz und Ernst als Erben ein. Die Ehefrau Anna verstirbt. Der Ehemann heiratet ein zweites Mal und ändert die Bestimmungen des Testaments nicht ab, oder dem Erblasser wird noch ein weiteres Kind geboren, oder die Eheleute setzen sich gegenseitig als Erben ein, nach der Testamentserrichtung adoptieren sie ein Kind, ohne das Testament zu ändern.

Zur Anfechtung ist derjenige berechtigt, welchem die Aufhebung der letztwilligen Verfügung unmittelbar zustatten kommen würde.

Die Anfechtung einer letztwilligen Verfügung, durch die ein Erbe eingesetzt, ein gesetzlicher Erbe von der Erbfolge ausgeschlossen, ein Testamentsvollstrecker ernannt oder eine Verfügung solcher Art aufgehoben wird, geschieht durch Erklärung gegenüber dem Nachlaßgericht.

Muster 58.

Magdeburg, den 3. Januar 1937.
Burgstraße 5.

Am 1. Dezember 1936 verstarb in Magdeburg, seinem letzten Wohnsitz, der Werkmeister Franz Müller. Er hat am 15. Januar 1930 ein Testament errichtet, in welchem er seine Ehefrau Anna, geborene Schultze, und seine beiden Kinder als Erben eingesetzt hat.

Der Verstorbene ist in zweiter Ehe mit mir verheiratet gewesen. Ich fechte dieses Testament meines Mannes an.

An
das Amtsgericht
Magdeburg.

Käthe Müller, geborene Schmidt.

Die Anfechtung kann nur binnen Jahresfrist erfolgen. Die Frist beginnt mit dem Zeitpunkte, in welchem der Anfechtungsberechtigte von dem Anfechtungsgrunde Kenntnis erlangt. Die Anfechtung ist ausgeschlossen, wenn seit dem Erbfalle 30 Jahre verstrichen sind.

Anfechtung eines Vermächtnisses.

§§ 2345, 143, 2082 BGB.

Die Anfechtung geschieht durch Erklärung gegenüber dem Vermächtnisnehmer. Sie kann nur aus den vorstehend unter Nr. 1 angeführten Gründen erfolgen und ferner, wenn sich der Vermächtnisnehmer einer der im § 2339 Abs. 1 BGB. bezeichneten Verfehlungen schuldig gemacht hat.

Muster 59.

Breslau, den 1. Dezember 1936.

An Fräulein Emma Sander, hier.

Am 15. Oktober 1936 verstarb mein Vater, der Tischlermeister Franz Müller. In seinem Testamente vom 3. Juni 1929 hat er meine Mutter und mich als Erben eingesetzt und bestimmt, daß sie eine von ihm gefertigte Schlafzimmereinrichtung als Vermächtnis erhalten sollen. Mein Vater ist zu dieser Verfügung durch die Erwartung bestimmt worden, daß wir miteinander die Ehe eingehen werden. Diese Erwartung ist durch die Aufhebung unseres Verlöbnisses eine irrige geworden. Ich fechte das Vermächtnis an.

Otto Müller, Weberstr. 56.

Dieses Schreiben läßt Otto Müller dem Fräulein durch einen Gerichtsvollzieher zustellen.

Testamentsvollstrecker.

§§ 2197—2228, 83, 2338 BGB.; §§ 72, 73 FGG.

Der Erblasser kann durch Testament einen oder mehrere Testamentsvollstrecker ernennen. Das **Amt des Testamentsvollstreckers beginnt** mit dem Zeitpunkte, in welchem der Ernannte das **Amt annimmt.** Die Annahme oder Ablehnung des Amtes erfolgt durch Erklärung gegenüber dem Nachlaßgerichte. Die Erklärung kann erst nach dem Eintritt des Erbfalles abgegeben werden.

Muster 60.

§ 2202 BGB.

Hannover, den ....

An das Amtsgericht Hannover.

Am 1. September 1936 verstarb der Ingenieur Franz Müller in Wiesbaden. Sein letzter Wohnsitz war in Hannover. Er hat mich in seinem Testament als Testamentsvollstrecker ernannt. Ich nehme dieses Amt an. (Oder: Ich lehne dieses Amt ab).

Otto Gericke, Bahnhofstraße 10.

Gibt der zum Testamentsvollstrecker Ernannte eine Erklärung über die Annahme oder Ablehnung des Amtes nicht ab, so kann das Nachlaßgericht ihm auf Antrag eines Beteiligten zur Erklärung über die Annahme eine Frist bestimmen.

Muster 61.

§ 2202 Abs. 2 BGB., § 81 FGG.

Hannover, den ....
Weberstraße 10.

An das Amtsgericht in Hannover.

Der am 1. September 1936 verstorbene Ingenieur Franz Müller hat in seinem Testamente den Kaufmann Otto Gericke, Hannover, Bahnhofstr. 10 wohnhaft, zum Testamentsvollstrecker ernannt. Dieser hat eine Erklärung über die Annahme des Amtes bisher nicht abgegeben.

Ich bin nach dem Testament Miterbe und beantrage,

dem Kaufmann Otto Gericke eine Frist zur Erklärung über die Annahme des Amtes zu setzen.

Der Verstorbene hatte seinen letzten Wohnsitz in Hannover.

Otto Müller.

Gibt der als Testamentsvollstrecker Ernannte innerhalb der bestimmten Frist eine Erklärung nicht ab, so gilt die Übernahme des Amtes als abgelehnt.

Der Testamentsvollstrecker hat die letztwilligen Verfügungen des Erblassers zur Ausführung zu bringen. Hierbei sind die Bestimmungen der §§ 2042—2056 und 2204—2208 des Bürgerlichen Gesetzbuches zu beachten. Der Erbe kann über einen der Verwaltung des Testamentsvollstreckers unterliegenden Nachlaßgegenstand nicht verfügen. Ein der Verwaltung des Testamentsvollstreckers unterliegendes Recht kann nur vom Testamentsvollstrecker gerichtlich geltend gemacht werden, das heißt, der Testamentsvollstrecker muß selbst als Kläger auftreten, nicht die Erben.

Dagegen kann ein Anspruch, der sich gegen den Nachlaß richtet, sowohl gegen die Erben, als auch gegen den Testamentsvollstrecker gerichtlich geltend gemacht werden.

Der Testamentsvollstrecker hat den Erben unverzüglich und zwar unaufgefordert nach der Übernahme des Amtes ein Verzeichnis der seiner Verwaltung unterliegenden Nachlaßgegenstände und der bekannten Nachlaßverbindlichkeiten mitzuteilen. Im übrigen sind die Bestimmungen der §§ 2216—2224 des Bürgerlichen Gesetzbuches zu beachten.

Das Amt des Testamentsvollstreckers erlischt mit dem Tode oder wenn er geschäftsunfähig oder in der Geschäftsfähigkeit beschränkt wird.

Er kann das Amt jederzeit durch Erklärung gegenüber dem Nachlaßgerichte kündigen.

Muster 62.

§ 2226 BGB.

Hannover, den 20. Dezember 1936.
Bahnhofstr. 10.

An das Amtsgericht in Hannover.

Der in Wiesbaden am 1. September 1934 verstorbene Ingenieur Franz Müller hatte seinen letzten Wohnsitz in Hannover. Er hat mich zu seinem Testamentsvollstrecker ernannt. Das Amt, welches ich angenommen habe, kündige ich hiermit.

Otto Gericke.

Das Nachlaßgericht kann den Testamentsvollstrecker auf Antrag der Beteiligten entlassen, wenn ein wichtiger Grund, insbesondere grobe Pflichtvergessenheit oder Unfähigkeit zur ordnungsmäßigen Geschäftsführung vorliegt.

Muster 63.

§ 2227 BGB.

Hannover, den ....
Weberstraße 10.

An das Amtsgericht in Hannover.

Der Kaufmann Otto Gericke ist in dem beim Amtsgericht Hannover eröffneten Testamente des Ingenieurs Franz Müller, welcher seinen letzten Wohnsitz in Hannover hatte, zum Testamentsvollstrecker ernannt worden. Er hat das Amt angenommen. Gericke hat die im Nachlaß vorgefundenen 6000 RM. zur Bezahlung einer eigenen Wechselschuld verwendet und dies auch mir gegenüber zugegeben.

Diese Handlungsweise stellt eine grobe Pflichtverletzung dar, deshalb beantrage ich,

den Kaufmann Otto Gericke aus dem Amte als Testamentsvollstrecker zu entlassen.

Ich bin Miterbe.

Otto Müller.

Testamentsvollstreckerzeugnis.

§ 2368 BGB.

Das Nachlaßgericht hat dem Testamentsvollstrecker auf Antrag ein Zeugnis über die Ernennung zu erteilen.

Muster 64.

Königsberg, den ....
Sackheim 5.

An das Amtsgericht in Königsberg i. Pr.

Am 20. August 1934 verstarb in Königsberg i. Pr., seinem letzten Wohnsitz, der Apotheker Franz Müller. In seinem vor dem Amtsgericht Königsberg in den Akten 2 IV 100. 34 eröffneten Testamente hat er mich zu seinem Testamentsvollstrecker ernannt. Ich nehme dieses Amt an und beantrage

die Erteilung eines Testamentsvollstreckerzeugnisses.

Fritz Rabe.

Die Kosten für ein Testamentsvollstreckerzeugnis betragen in der Regel 27 RM. §§ 101^2, 99, 43^2 RKO. und § 45 UStG.

Das Testamentsvollstreckerzeugnis legitimiert den Testamentsvollstrecker dritten Personen gegenüber.

Eröffnung einer Verfügung von Todeswegen.

§ 2259 BGB.; §§ 72, 73, 83 FGG.

Wer ein Testament, das nicht in amtliche Verwahrung gebracht ist, im Besitze hat, ist **verpflichtet**, es unverzüglich, nachdem er von dem Tode des Erblassers Kenntnis erlangt hat, an das Nachlaßgericht — das ist das Amtsgericht des letzten Wohnsitzes des Erblassers — abzuliefern. Etwaige Bestimmungen des Erblassers, wie das Testament ist erst 6 Wochen nach seinem Tode zu eröffnen, sind ungültig. Das Testament ist dem Gericht mit folgendem Schreiben zu übersenden:

Muster 65.

Magdeburg, den ....
Hagenstr. 10.

An das Amtsgericht in Magdeburg.

Am 27. November 1936 verstarb im Krankenhause zu Berlin mein Vater, der Kaufmann Franz Müller. Sein letzter Wohnsitz war Magdeburg, Hagenstraße 10. Ich überreiche:

a) die Sterbeurkunde meines Vaters,

b) einen verschlossenen Briefumschlag, welcher das Testament des Verstorbenen enthält,

mit dem Antrage auf Testamentseröffnung.

Der Verstorbene war verheiratet in erster Ehe mit der verstorbenen Anna, geborenen Schultze. Aus dieser Ehe bin nur ich, der Unterzeichnete hervorgegangen. In zweiter, geschiedener Ehe war der Verstorbene mit der noch lebenden Emma Müller, geborenen Schwarz, verheiratet. Aus dieser Ehe sind folgende Kinder hervorgegangen:

1. der Buchdrucker Karl Müller, Berlin, Langestr. 10 wohnhaft,
2. die noch minderjährige Emma Müller, bei der Mutter in Magdeburg, Burgstraße 5 wohnhaft.

Der Nachlaß hat einen Wert von etwa 17200 RM.

Otto Müller.

Es empfiehlt sich, die gesetzlichen Erben, so wie im Muster geschehen, anzugeben, da diese zum Eröffnungstermin geladen werden sollen. Die Kosten für die Eröffnnng einer Verfügung von Todeswegen betragen ½ der Gebührentabelle B.

Die Nachlaßschulden sind vom Vermögen in Abzug zu bringen, zum Beispiel:

Nachlaßwert	20000.— RM.
Hiervon ab Nachlaßschulden	2800.— RM,
Nach dem Werte von	17200.— RM.

sind die Kosten zu berechnen. §§ 94, 95 RKO., § 39 UStG.

Erbausschlagung.

§§ 1944—1950, 1822 Ziff. 2 BGB.; §§ 72, 73 FGG.

Der Erbe kann die Erbschaft nicht mehr ausschlagen, wenn er sie angenommen hat, sei es durch ausdrückliche Erklärung oder durch irgendwelche Betätigung des Annahmewillens oder wenn die für die Ausschlagung vorgeschriebene Frist verstrichen ist. Die Ausschlagung kann nur binnen 6 Wochen erfolgen. Die Frist beginnt mit dem Zeitpunkt, in welchem der Erbe von dem Anfall und dem Grund der Berufung Kenntnis erlangt. Ist der Erbe durch Verfügung von Todes wegen berufen, so beginnt die Frist nicht vor Verkündung der Verfügung. Die Frist beträgt 6 Monate, wenn der Erblasser seinen letzten Wohnsitz **nur** im Auslande gehabt hat oder wenn sich der Erbe **zum Beginn** der Frist im Auslande aufhält. Die Erbschaft ausschlagen kann nur ein voll Geschäftsfähiger. Für Minderjährige oder beschränkt geschäftsfähige Volljährige oder Geschäftsunfähige kann die Ausschlagung nur durch den gesetzlichen Vertreter erfolgen.

Die Ausschlagung einer Erbschaft erfolgt durch Erklärung gegenüber dem Nachlaßgericht, das ist das Amtsgericht des letzten Wohnsitzes des Erblassers. **Die Ausschlagung eines angefallenen Erbhofes kann durch den Anerben nicht vor dem Nachlaßgericht, sondern vor dem Anerbengericht erfolgen.** § 29 REG. Die Erklärung ist in öffentlich beglaubigter Form abzugeben, d. h. die Unterschrift des Ausschlagenden muß durch einen Notar oder Gericht beglaubigt sein. Die Ausschlagungserklärung muß bis zum Ablaufe der Ausschlagungsfrist — 6 Wochen bzw. 6 Monate — beim Nachlaßgericht **eingegangen** sein, sonst gilt die Ausschlagung nicht.

Bei der Ausschlagung verfährt man wie folgt:

Wohnt der Ausschlagende am Orte des Nachlaßgerichts, so begibt er sich zu diesem, nimmt Ausweispapiere über seine Person mit und erklärt die Ausschlagung vor dem Nachlaßgericht. Dies Verfahren ist das billigste. Will er dies nicht tun oder kann er diesen Weg nicht beschreiten, weil er nicht am Orte des Nachlaßgerichtes wohnt, so verfährt er wie folgt:

Er fertigt folgendes Schreiben an:

Muster 66.

Am 1. Dezember 1936 verstarb mein Vater, der Kaufmann Franz Müller. Sein letzter Wohnsitz war Berlin, Langestraße 1. Eine Verfügung von Todes wegen hat er nicht hinterlassen, so daß meine Mutter, Anna Müller, in Berlin, Langestraße 1 wohnhaft, und ich seine gesetzlichen Erben geworden sind.

Ich schlage die mir angefallene Erbschaft aus.

Der Nachlaß ist überschuldet.

Frankfurt a. O., den ....

(Mit dem so gefertigten aber **nicht unterschriebenen** Schriftstück begibt sich der Ausschlagende zu einem Notar — Legitimationspapiere mitnehmen

— und läßt dort durch diesen seine Unterschrift beglaubigen. Alsdann wird die Erklärung dem Nachlaßgericht — im vorliegenden Falle dem Amtsgericht Berlin — durch eingeschriebenen Brief übersandt und zwar so rechtzeitig, daß sie innerhalb der Ausschlagungsfrist dort eingeht).

Muster 67.

Am 1. Dezember 1936 ist in Kassel, Hochbergstraße 17, seinem letzten Wohnsitz, mein Bruder, der Lehrer Franz Müller, verstorben. Er hat mich in seinem Testamente vom 3. Mai 1934 als Erben eingesetzt. Ich schlage die Erbschaft nach dem Testament aus. Den Wert gebe ich auf 20000 RM. an.

Berlin, den ....

(Alsdann ist zu verfahren wie beim Muster 67 angegeben und die Erklärung dem Amtsgericht Kassel, als Nachlaßgericht, zu übersenden.

Muster 68.

Am 1. November 1936 ist in Kiel, Schiffstraße 5, seinem letzten Wohnsitz, mein Vater, der Steuermann Franz Müller, verstorben.

Ich schlage die Erbschaft aus allen Berufungsgründen aus.

Berlin, den ....

(Alsdann ist zu verfahren wie beim Muster 67 angegeben und die Erklärung dem Amtsgericht Kiel, als Nachlaßgericht, zu übersenden).

Muster 67 stellt eine Ausschlagserklärung eines als gesetzlicher Erbe berufenen Erben dar.

Muster 68 stellt eine solche als durch Verfügung von Todeswegen berufener Erbe dar. Ist der Ausschlagende auch gesetzlicher Erbe, so gilt die Ausschlagung für diesen Fall nicht.

Muster 69. Der nach Muster 69 Ausschlagende wird weder gesetzlicher Erbe noch Erbe nach einer Verfügung von Todeswegen. Will ein Vater die Erbschaft oder ein Vermächtnis für sein minderjähriges Kind ausschlagen oder auf den Pflichtteil verzichten, so muß er hierzu vorher mit Ausnahme eines Falles (siehe S. 74) die Genehmigung des Vormundschaftsgerichts, das ist das Amtsgericht, in dessen Bezirk der Vater seinen Wohnsitz hat, einholen.

Muster 69.

§§ 1643 Abs. 2 BGB.

Charlottenburg, den ....
Bismarckstraße 9.

Antrag
des Schneidermeisters Franz Müller,
Charlottenburg, Bismarckstr. 10,
auf Genehmigung zur Erbausschlagung.

Am 15. Oktober 1936 verstarb in Crossen a. O. mein Schwiegervater, der frühere Landwirt Paul Schwarz, ohne eine Verfügung von Todes wegen zu hinterlassen. Seine gesetzlichen Erben sind geworden:

meine Schwiegermutter Anna Schwarz und
meine Ehefrau Emma.

Meine Ehefrau hat die Erbschaft nach ihrem Vater ausgeschlagen. Die Erbschaft ist infolgedessen ihrem aus der Ehe mit mir entsprossenen Kinde, dem am 5. Oktober 1930 geborenen Kurt Schwarz angefallen.

Der Nachlaß ist überschuldet. Mein Schwiegervater hat noch kurz vor seinem Tode den Offenbarungseid vor dem Amtsgericht Crossen geleistet.

Ich will die Erbschaft für meinen Sohn Kurt aus allen Berufungsgründen ausschlagen und beantrage mir hierzu die Genehmigung des Vormundschaftsgericht zu erteilen.

An
das Amtsgericht
Charlottenburg.

Franz Müller.

Ist die Genehmigung erteilt, so ist die Erbausschlagung vom gesetzlichen Vertreter des Kindes, wie vorstehende Muster zeigen, zu bewirken. Die Genehmigung des Vormundschaftsgerichts ist der Erklärung beizufügen. Auch in diesem Falle muß die Ausschlagungserklärung innerhalb 6 Wochen nach Kenntnis vom Anfalle der Erbschaft beim Nachlaßgericht eingegangen sein. Ist jedoch dem Sohn erst durch die Erbausschlagung des Vaters die Erbschaft angefallen, so ist die Genehmigung des Vormundschaftsgerichts **nicht** erforderlich.

Z. B.: Franz Müller stirbt, sein Erbe wird sein Sohn Ernst. Dieser schlägt die Erbschaft aus, wodurch sie dem minderjährigen Sohne des Ernst, namens Kurt anfällt. Hat jedoch Franz Müller in seinem Testament bestimmt: Mein Erbe soll mein Sohn Ernst und dessen Sohn Kurt sein, und Ernst schlägt die Erbschaft aus, so muß er zur Ausschlagung des Kurt sich vorher die Genehmigung des Vormundschaftsgerichts verschaffen.

Ein **Vormund** bedarf in **jedem** Falle der Genehmigung des Vormundschaftsgerichts zur Erbausschlagung. § 1822 Abs. 2 BGB.

Die Kosten für die Erbausschlagung werden nach dem Werte der Vermögensmasse, nach Abzug der Schulden berechnet. Sie betragen 1/4 der Gebührentabelle B. Ist der Nachlaß überschuldet, so ist die geringste Gebühr von 2.— RM. zu zahlen. Am Schlusse der Ausschlagungserklärung ist daher der Wert anzugeben, oder zu vermerken, daß der Nachlaß überschuldet ist. § 104 RKO.

Nachlaßverbindlichkeiten.[1])

§§ 1967 ff. BGB., §§ 2058 ff. BGB.

Der Erbe **haftet** für die Nachlaßverbindlichkeiten, d. h. **unbeschränkt** und **nicht nur** mit dem Nachlaß, sondern auch mit dem eigenen Vermögen. Zu den Nachlaßverbindlichkeiten gehören außer den von dem Erblasser herrührenden Schulden, die den Erben als solchen treffenden Verbindlichkeiten, insbesondere die Verbindlichkeiten aus Pflichtteilsrechten, Vermächtnissen und Auflagen. Der Erbe trägt die Kosten der standesgemäßen

[1]) Bezüglich des Erbhofes sind §§ 34, 35, 36 REG. und § 14 EHRV. zu beachten.

Beerdigung des Erblassers. Er ist ferner verpflichtet, Familienangehörige, die zur Zeit des Todes des Erblassers zu dessen Hausstand gehört **und** von ihm Unterhalt bezogen haben, in den ersten 30 Tagen nach dem Eintritt des Erbfalles in demselben Umfange, wie der Erblasser es getan hat, Unterhalt zu gewähren und die Benutzung der Wohnung und der Haushaltungsgegenstände zu gestatten, soweit der Erblasser nicht durch Verfügung von Todeswegen abweichende Anordnungen getroffen hat.

Das vorstehend Aufgeführte ist von allergrößter Wichtigkeit. Fast jeder Mensch kommt einmal in die Lage, einen Angehörigen zu beerben. Er muß sich also genau überlegen, ob er die Erbschaft annimmt oder ausschlägt. Hat er die Erbschaft angenommen, bzw. nicht innerhalb 6 Wochen, nach dem unter Erbausschlagung Gesagten ausgeschlagen, so **haftet** er für die Nachlaßverbindlichkeiten auch **mit seinem Vermögen.** Dies kann unter Umständen für den Erben zu großen Härten führen. Deshalb hat das Gesetz dem Erben drei Rechtsbehelfe gegeben, die ihm die Möglichkeit geben, auch **nach** der Annahme der Erbschaft von der Haftung mit seinem eigenen Vermögen freizukommen.

Die drei Rechtsbehelfe sind:

1. die Anordnung einer **Nachlaßverwaltung,** d. h. einer Nachlaßpflegschaft zum Zwecke der Befriedigung der Nachlaßgläubiger,
2. der **Nachlaßkonkurs,**
3. die **Herausgabe des Nachlasses** zum Zwecke der Befriedigung der Nachlaßgläubiger.

Die Anordnung einer Nachlaßverwaltung kann der Erbe **jederzeit** beantragen. Er wird dies tun, wenn er die Erbschaft und die darauf ruhenden Verbindlichkeiten nicht übersehen kann. Der Antrag auf Anordnung einer Nachlaßverwaltung ist an das Nachlaßgericht zu richten.

Muster 70.

§§ 1975, 2062 BGB.; §§ 72, 73, 76 FGG.

Breslau, den ....

Antrag
des Kaufmanns Otto Müller aus
Breslau, Oppelnerstr. 5
auf Anordnung der Nachlaßverwaltung über den Nachlaß des Fabrikbesitzers Franz Müller.

Wie aus anliegendem Erbschein ersichtlich, bin ich alleiniger Erbe des am 15. Oktober 1930 in Breslau, seinem letzten Wohnsitze, verstorbenen Fabrikbesitzers Franz Müller.

Ich beantrage, die Nachlaßverwaltung anzuordnen.

Otto Müller.

An
das Amtsgericht
in Breslau.

Sind mehrere Erben vorhanden, so können diese den Antrag auf Anordnung der Nachlaßverwaltung **nur** gemeinschaftlich stellen.

Muster 71.

Stettin, den ....

Antrag
der Müllerschen Erben
1. Otto Müller,
2. Franz Müller,
beide Stettin, Vulkanstraße 10 wohnhaft,
3. Karl Schwarz, Stettin, Rosengasse 15,

auf Anordnung der Nachlaßverwaltung.

Wir sind Erben des am 1. Juli 1930 in Stettin, seinem letzten Wohnsitze, verstorbenen Rentiers Franz Müller. Wir nehmen Bezug auf den in den Akten 6. VI. 124. 30 vom dortigen Gericht erteilten Erbschein und beantragen

die Anordnung der Nachlaßverwaltung. Der Nachlaß ist noch ungeteilt.

An
das Amtsgericht
Stettin.

Otto Müller, Franz Müller,
Karl Schwarz.

Kosten: Volle Gebühr der Gebührentabelle B nach dem Wert des von der Verwaltung oder Pflegschaft betreffenden Vermögens.
§ 98 RKO.

Hat der Erbe aber von der **Überschuldung** des Nachlasses Kenntnis, so muß er **unverzüglich** die Eröffnung des Nachlaßkonkurses beantragen, andernfalls er den Nachlaßgläubigern für den Schaden haftet.

Der Kenntnis der Überschuldung steht die auf **Fahrlässigkeit beruhende Unkenntnis** gleich. Als Fahrlässigkeit gilt insbesondere, wenn der Erbe das Aufgebot der Nachlaßgläubiger (siehe unter Nachlaßgläubiger) nicht beantragt, obwohl er Grund hatte, das Vorhandensein unbekannter Nachlaßverbindlichkeiten anzunehmen. Das Aufgebot ist nicht erforderlich, wenn die Kosten des Verfahrens dem Bestande des Nachlasses gegenüber unverhältnismäßig hoch sind.

Der Antrag auf Eröffnung des Nachlaßkonkurses ist an das Amtsgericht des Wohnsitzes des Erblassers zu richten.

Muster 72.

§§ 215 ff. KO., §§ 1975 BGB.

Charlottenburg, den ....

Antrag
des Kaufmanns Otto Müller aus Charlottenburg, Bismarckstraße 1,

auf Eröffnung des Nachlaßkonkurses.

Wie aus anliegend überreichtem Erbschein — oder dem in beglaubigter Abschrift beigefügtem Testamente

— ersichtlich, bin ich Erbe des am 15. Juni 1936 in Charlottenburg verstorbenen Kaufmanns Franz Müller geworden.

Ich überreiche anliegend eine Übersicht über den Nachlaß, aus welcher sich ergibt, daß der Nachlaß in Höhe von 5000 RM. überschuldet ist.

An das Amtsgericht Charlottenburg.

Ich beantrage

das Konkursverfahren über den Nachlaß des Kaufmanns Franz Müller zu eröffnen.

Otto Müller.

Ist die Anordnung der Nachlaßverwaltung oder die Eröffnung des Nachlaßkonkurses wegen Mangels einer den Kosten entsprechenden Masse nicht tunlich oder wird aus diesem Grunde die Nachlaßverwaltung aufgehoben, oder das Konkursverfahren eingestellt, so kann der Erbe die Befriedigung der Nachlaßgläubiger insoweit verweigern, als der Nachlaß nicht ausreicht. Der Erbe ist in diesem Falle verpflichtet, den Nachlaß zum Zwecke der Befriedigung der Gläubiger im Wege der Zwangsvollstreckung herauszugeben. Der Erbe darf aber keinesfalls die Verbindlichkeiten aus Pflichtteilsrechten und Vermächtnissen und Auflagen **vor** den übrigen Nachlaßverbindlichkeiten berichtigen. Sind diese berichtigt, so folgen die Pflichtteilsrechte, dann Vermächtnisse und zuletzt Auflagen.

Wie das Gesetz zum Schutz des Erben Vorsorge getroffen hat, so ist dies auch zum Schutze der Gläubiger geschehen.

Um zu verhindern, daß ein **zahlungsfähiger** Nachlaß mit dem **überschuldeten eigenen Vermögen** des Erben vermischt und zunächst zur Befriedigung von persönlichen Gläubigern des Erben in Anspruch genommen wird, gibt das Gesetz den Nachlaßgläubigern das Recht,

1. die Nachlaßverwaltung oder
2. den Nachlaßkonkurs zu beantragen.

Den Antrag auf Anordnung der Nachlaßverwaltung oder Eröffnung des Nachlaßkonkurses kann aber von den Nachlaßgläubigern **nur** binnen **2** Jahren nach erfolgter Annahme der Erbschaft durch den Erben gestellt werden. Der Antrag ist an das Nachlaßgericht zu richten.

Muster 73.

§§ 1975, 2062, 1951 Abs. 2 BGB.

Berlin-Lichtenberg, den ....

Antrag
des Kaufmanns Georg Schwarz, Berlin-Lichtenberg, Wagnerstraße 1
auf Anordnung der Nachlaßverwaltung.

Nach dem anliegend überreichten Erbschein — oder der beglaubigten Abschrift des Testaments — des am 15. Juli 1936 in Berlin-Schöneberg, seinem letzten Wohnsitze, verstorbenen Kaufmanns Franz Müller sind dessen Erbe seine Witwe Anna, geborene Schulze, und sein Sohn, der Buchdruckereibesitzer Otto Müller in Berlin, Langestr. 10, geworden. Ich habe eine Forderung aus anliegendem Wechsel in Höhe von 500 RM. gegen den Erblasser. Bei dem Miterben Otto Müller ist, wie aus anliegendem Pfändungsprotokoll ersichtlich, eine zum Nachlaß gehörende Herrenzimmereinrichtung von einem Privatgläubiger des Otto Müller gepfändet worden.

Hierdurch besteht Grund zu der Annahme, daß durch die ungünstige Vermögenslage des Otto Müller die Befriedigung der Nachlaßgläubiger aus dem Nachlasse gefährdet wird.

Ich beantrage daher

die Nachlaßverwaltung anzuordnen.

Georg Schwarz.

An
das Amtsgericht
Berlin-Schöneberg.

Zur Stellung des Antrages auf Eröffnung des Nachlaßkonkurses ist jeder Erbe, der Nachlaßverwalter, sowie ein anderer Nachlaßpfleger, ein Testamentsvollstrecker und jeder Nachlaßgläubiger berechtigt.

Der Antrag ist an das Amtsgericht zu richten, in dessen Bezirk der Erblasser zur Zeit des Todes seinen Wohnsitz hatte.

Muster 74.

§§ 215 ff. KO., § 1975 BGB.

Berlin-Lichtenberg, den ....

Antrag
auf Einleitung des Konkursverfahrens über den Nachlaß des am 15. Juli 1936 zu Berlin-Lichtenberg verstorbenen Kaufmanns Franz Müller.

Das Amtsgericht Berlin-Lichtenberg hat mich in den Akten 6. VI. 150. 24 zum Testamentsvollstrecker über den Nachlaß des am 15. Juli 1936 hier verstorbenen Kaufmanns Franz Müller bestellt. In dieser meiner Eigenschaft stelle ich den Antrag

auf Konkurseröffnung über den Nachlaß wegen Überschuldung.

Diese weise ich wie folgt nach:

Freies Vermögen ist nicht vorhanden. Der bewegliche Nachlaß ist bereits von mir veräußert und von dem Erlös die laufenden Ausgaben bestritten worden. Zum Nachlaß gehören die in der Anlage aufgeführten Parzellen, deren Wert auf 20000 RM. anzunehmen ist. Ein Barbestand ist nicht vorhanden. Die Gesamtsumme der Schulden beträgt 56350 RM. Diese Summe und die Namen der Gläubiger sind aus dem als Anlage beigefügten Gläubigerverzeichnis ersichtlich. Forderungen an Dritte bestehen nicht, so daß sich ein Schuldnerverzeichnis erübrigt. Es stehen also gegenüber:

Aktive 20000 RM.,
Passiva 56350 RM.

Geschäftsbücher sind nicht vorhanden.

An
das Amtsgericht
Berlin-Lichtenbg.

Georg Schwarz, Testamentsvollstrecker.

Aufgebot der Nachlaßgläubiger.

§§ 1970 ff. BGB., §§ 989 ff. ZPO., § 73 FGG.

Die Nachlaßgläubiger können im Wege des Aufgebotsverfahrens zur Anmeldung ihrer Forderungen aufgefordert werden.

Antragberechtigt ist

1. jeder Erbe,
2. ein Nachlaßpfleger,
3. ein Testamentsvollstrecker und
4. wenn der Erbe die Erbschaft verkauft hat, auch der Käufer der Erbschaft.

Der Erbe und der Testamentsvollstrecker können den Antrag erst nach der Annahme der Erbschaft stellen. Der Erbe jedoch nur, wenn er **nicht** unbeschränkt für die Nachlaßverbindlichkeiten haftet (siehe Nachlaßverbindlichkeiten). Dem Antrage ist ein Verzeichnis der bekannten Nachlaßgläubiger mit Angabe ihrer Wohnung beizufügen.

Muster 75.

Berlin-Lichtenberg, den ....

Antrag
des Tischlermeisters Otto Müller,
hier, Wagnerstraße 10,
auf Erlaß des Aufgebots der Nachlaßgläubiger.

Am 20. Oktober 1936 verstarb hier an seinem letzten Wohnsitze, mein Vater, der Tischlermeister Franz Müller. Seine Sterbeurkunde füge ich bei. Ein Testament hat der Verstorbene nicht hinterlassen. Mein Bruder, der Holzhändler Max Müller aus Rathenow und ich sind seine alleinigen gesetzlichen Erben geworden. Ich habe die Erbschaft angenommen und hafte für die Nachlaßverbindlichkeiten nicht unbeschränkt.

Unter Überreichung eines Verzeichnisses der mir bekannten Nachlaßgläubiger beantrage ich,

die Nachlaßgläubiger des Tischlermeisters Franz Müller im Aufgebotsverfahren zur Anmeldung ihrer Forderungen aufzufordern und im Aufgebotstermin das Ausschlußurteil zu erlassen.

An
das Amtsgericht
Berlin-Lichtenbg.

Otto Müller.

Kosten: $^5/_{12}$ der Gebührentabelle A, zu berechnen nach einem vom Gericht festzusetzenden Werte. § 33[6] d. GKG.

Auf das hierauf vom Amtsgericht angeordnete Aufgebot haben die Gläubiger ihre Forderungen innerhalb der im Aufgebot bestimmten Frist anzumelden. Die Anmeldung hat die Angabe des Gegenstandes und des Grundes der Forderung zu enthalten. Urkundliche Beweisstücke sind in Urschrift oder in Abschrift beizufügen.

Muster 76.

Berlin, den ....

An das Amtsgericht in Berlin-Lichtenberg.

Zu 2. F. 10. 99. 36.

Der am 20. Oktober 1936 zu Berlin-Lichtenberg verstorbene Tischlermeister Franz Müller schuldet mir für die auf anliegender Rechnung näher bezeichneten Hölzer den Betrag von 3000 RM. Sein Anerkenntnis über den Empfang der Hölzer füge ich in Abschrift bei.

Ich melde diese Forderung an auf Grund der in der Bekanntmachung vom 20. Dezember 1936 ergangenen Aufforderung, binnen 6 Monaten Forderungen gegen den Nachlaß des Franz Müller anzumelden.

Georg Schwarz.

Die ausgeschlossenen Gläubiger haben unbeschadet des Rechts, vor Pflichtteilsrechten, Vermächtnissen und Auflagen berücksichtigt zu werden, von den Erben nur insoweit Befriedigung zu verlangen, als sich nach Befriedigung der nicht ausgeschlossenen Gläubiger noch ein Überschuß ergibt.

Nachlaßsicherung.

§§ 1960 ff., 2012 BGB., § 74 FGG.

Ist der Erbe unbekannt oder ist es ungewiß, ob er die Erbschaft angenommen hat, so hat das Nachlaßgericht für die Sicherung des Nachlasses zu sorgen, falls ein Bedürfnis hierfür besteht. Auch jedes andere Amtsgericht ist zuständig, wenn in seinem Bezirke das Bedürfnis der Fürsorge hervortritt. Ob und welche Sicherungsmaßnahmen zu ergreifen sind, bestimmt das Nachlaßgericht nach den Umständen. Jede Privatperson hat das Recht, das amtliche Einschreiten anzuregen.

Muster 77.

Berlin-Lichtenberg, den ....

An das Amtsgericht in Berlin-Lichtenberg.

Am 15. Oktober 1936 verstarb hier im Krankenhause der Tischlermeister Fritz Müller. Seine Wohnung, hier, Wagnerstraße 10, steht unbeaufsichtigt. Gestern meldete sich bei mir ein unbekannter Mann, der behauptete, im Auftrage eines Bruders des Verstorbenen, Wäsche aus der Wohnung holen zu müssen. Da er sich nicht ausweisen konnte, wies ich ihn ab. Die Erben des Verstorbenen sind mir nicht bekannt. Ich bitte, Sicherungsmaßnahmen vorzunehmen.

Otto Schwarz, Hauswirt.

Kosten entstehen dem Antragsteller nicht, wohl aber den Erben, wenn Sicherungsmaßnahmen angeordnet werden.

Die am häufigsten vorkommende Sicherungsmaßnahme ist die Bestellung eines Pflegers.

Der Nachlaßpfleger hat die Erben zu ermitteln, den Nachlaß für sie zu erhalten und zu diesem Zwecke zu verwalten. Welche Maßnahmen er im einzelnen zu ergreifen hat, hängt von den Umständen ab. Eine diesbezügliche Belehrung erhält er vom Nachlaßgericht bei seiner Bestellung.

Diese Pflegschaft hat mit der zum Zwecke der Nachlaßverwaltung (siehe dort) angeordneten Pflegschaft nichts zu tun. Sie ist nur eine Sicherungspflegschaft, während jene dazu dient, die Nachlaßgläubiger zu befriedigen.

Will man jedoch, bevor der Erbe die Erbschaft angenommen hat, oder wenn der Erbe unbekannt, oder wenn ungewiß ist, ob er die Erbschaft angenommen hat, einen Anspruch an den Nachlaß geltend machen, so kann man zu diesem Zwecke die Bestellung eines Pflegers beantragen.

Muster 78.

§§ 1961, 2012 BGB.

Berlin-Lichtenberg, den ....

Antrag
des Kaufmanns Georg Schwarz,
hier, Wagnerstraße 10,
auf Bestellung eines Nachlaßpflegers gemäß § 1961 BGB.

Am 25. November 19..... verstarb hier, an seinem letzten Wohnsitz, der Privatier Franz Müller. Seine Erben sind unbekannt.

Ich habe gegen den Verstorbenen eine bereits am 1. Dezember fällig gewordene Darlehnsforderung von 1000 RM., wie der beigefügte Schuldschein vom 1. April 19..... ergibt.

Ich will diese Forderung gegen den Nachlaß gerichtlich geltend machen und beantrage

die Bestellung eines Nachlaßpflegers.

Sterbeurkunde füge ich bei.

Georg Schwarz.

An
das Amtsgericht
Berlin-Lichtenbg.

Wird der Erbe nicht innerhalb einer den Umständen nach entsprechenden Frist ermittelt, so hat das Nachlaßgericht festzustellen, daß ein anderer Erbe als der Fiskus nicht vorhanden ist. Diese Feststellung begründet die Vermutung, daß der Fiskus gesetzlicher Erbe ist.

Selbstverständlich kann der wahre Erbe die Vermutung durch Gegenbeweis jederzeit widerlegen und seine Ansprüche wider den Fiskus geltend machen. §§ 1964 ff. BGB., § 78 FGG.

Inventarerrichtung.

§§ 1993 ff. BGB., §§ 72, 73, 77 FGG.

Der Erbe ist berechtigt, jederzeit ein Verzeichnis des Nachlasses (Inventar) bei dem Nachlaßgericht einzureichen. Er wird zur Inventarerrichtung schreiten, wenn es zweifelhaft erscheint, ob der Nachlaß zur Deckung der Nachlaßverbindlichkeiten ausreicht.

Der Erbe **muß** zu der Aufnahme des Inventars eine zuständige Behörde oder einen zuständigen Beamten oder Notar zuziehen.

Muster 79.

§§ 1993, 2001, 2002 BGB.

Berlin-Lichtenberg, den ....

Antrag
des Schlächtermeisters Otto Müller,
hier, Wagnerstraße 10,
auf Errichtung eines Nachlaßinventars.

Am 1. Oktober 1936 ist beim Amtsgericht Berlin-Lichtenberg das Testament des am 15. August 1936 hier verstorbenen Schlächtermeisters Franz Müller eröffnet worden.

Danach bin ich dessen Erbe geworden.

Ich will ein Verzeichnis des Nachlasses dem Gericht einreichen und beantrage einen Gerichtsvollzieher mit der Aufnahme des Verzeichnisses zu beauftragen.

An
das Amtsgericht
Berlin-Lichtenbg.

Otto Müller, Schlächtermeister.

Kosten: ½ der Gebührentabelle B nach dem Nachlaßwert und Kosten des Gerichtsvollziehers. § 106 RKO.

Auf Antrag eines Nachlaßgläubigers hat das Nachlaßgericht den Erben eine Frist zur Errichtung des Inventars zu bestimmen. Der Antragsteller hat seine Forderung glaubhaft zu machen.

Muster 80.

§ 1994 BGB.

Berlin-Lichtenberg, den ....

Antrag
des Kaufmanns Georg Schwarz,
hier, Wagnerstraße 10,
auf Bestimmung einer Inventarfrist.

Am 15. August 1936 verstarb in Berlin-Lichtenberg der Fleischermeister Franz Müller. Nach dem beim dortigen Gericht eröffneten Testament ist seine Ehefrau Anna Müller, geborene Schulze, hier, Tasdorferstraße 10 wohnhaft, seine alleinige Erbin geworden.

An das Amtsgericht Berlin-Lichtenbg.

Der Verstorbene Franz Müller schuldet mir, wie aus der anliegenden Urteilsfertigung ersichtlich, einen Betrag von 300 RM. Ich beantrage,

der Witwe Anna Müller, geb. Schulze, eine Frist zur Errichtung des Inventars zu bestimmen.

Georg Schwarz.

Muster 81.

Berlin-Lichtenberg, den ....

Antrag
des Kaufmanns Georg Schwarz,
hier, Wagnerstraße 10,
auf Bestimmung einer Inventarfrist.

Am 15. August 1930 verstarb in Berlin-Lichtenberg, seinem letzten Wohnsitze, der Fleischermeister Franz Müller, ohne ein Testament zu hinterlassen. Seine gesetzlichen Erben sind seine Witwe Anna Müller, geb. Schulze, hier, Tasdorferstr. 10, sowie seine Kinder, deren Namen und Anschriften mir nicht bekannt sind, geworden. Der Verstorbene Franz Müller schuldet mir, wie aus der anliegend überreichten Urteilsausfertigung ersichtlich, den Betrag von 300 RM. Ich überreiche die Sterbeurkunde des Erblassers und beantrage,

der Witwe Anna Müller, geborene Schulze, eine Frist zur Errichtung des Inventars zu bestimmen.

Georg Schwarz.

Der Erbe hat nun auf Aufforderung des Gerichts unter Hinzuziehung der vorstehend bezeichneten Beamten ein Inventar innerhalb der gestellten Frist zu errichten, und zwar muß das Inventar innerhalb der Frist beim Nachlaßgericht eingegangen sein. Geschieht dies nicht, so haftet der Erbe für die Nachlaßverbindlichkeiten **unbeschränkt.** Er kann dann nicht mehr die unter dem Abschnitt Nachlaßverbindlichkeiten erwähnten Rechtsbehelfe geltend machen.

Das Gericht kann die Frist zur Inventarerrichtung auf Antrag des Erben verlängern.

Muster 82.

§ 1995 Abs. 3 BGB.

Potsdam, den ....

An das Amtsgericht Potsdam.

Durch Beschluß des Amtsgerichts Potsdam vom 15. November 1936 — 6. VI. 200. 36. — ist mir, als dem Erben des verstorbenen Kaufmanns Franz Müller, eine Frist von 6 Wochen zur Errichtung des Nachlaßinventars bestimmt worden.

Zum Nachlaß des Verstorbenen gehören außer einem Hauptgeschäft mehrere Filialen. Da für jedes dieser Geschäfte ein Inventar aufzunehmen ist, reicht die bestimmte Frist nicht aus.

Ich beantrage, die Frist um 2 Monate zu verlängern.

Otto Müller.

Ist der Erbe durch höhere Gewalt verhindert worden, das Inventar rechtzeitig zu errichten oder die nach den Umständen gerechtfertigte Verlängerung zu beantragen, so hat ihm das Nachlaßgericht eine neue Frist zu bestimmen. Das gleiche gilt, wenn der Erbe von der Zustellung des Beschlusses, durch den die Inventarfrist angeordnet ist, ohne sein Verschulden keine Kenntnis erlangt hat. Der Antrag muß binnen 2 Wochen nach der Beseitigung des Hindernisses und spätestens vor dem Ablaufe eines Jahres nach dem Ende der zuerst bestimmten Frist gestellt sein.

Muster 83.

§ 1996 BGB.

Neuruppin, den ....

Antrag
des Fabrikanten Otto Müller, von hier, Seestraße 5,
auf Bestimmung einer neuen Inventarfrist.

Durch Beschluß des Amtsgerichts vom 15. Juli 1936 ist mir, als dem Erben des Fabrikbesitzers Franz Müller, hier, eine Frist von 2 Monaten zur Errichtung des Nachlaßinventars bestimmt worden. Dieser Beschluß ist mir am 20. Juli 1936 zugestellt worden. Am 25. Juli erlitt ich durch einen Unfall eine Gehirnerschütterung, der sich eine Lungenentzündung zugesellte, so daß ich bis zum 30. Oktober 1936 im hiesigen Krankenhause verweilen mußte. Seit dem 1. November 1936 bin ich wieder arbeitsfähig. Ich überreiche dafür ein Zeugnis des amtierenden Arztes des hiesigen Krankenhauses.

Da ich hiernach durch höhere Gewalt an der Errichtung des Inventars verhindert war, beantrage ich, mir eine neue Inventarfrist zu bestimmen.

Otto Müller.

An
das Amtsgericht
Neuruppin.

Der Erbe hat auf Verlangen eines Nachlaßgläubigers vor dem Nachlaßgericht den Offenbarungseid dahin zu leisten,

daß er nach bestem Wissen die Nachlaßgegenstände so vollständig angegeben habe, als er dazu imstande ist.

Der Erbe kann vor der Leistung des Eides das Inventar vervollständigen.

Muster 84.

§ 79 FGG.

Perleberg, den ....

Antrag
des Kaufmanns Georg Schwarz aus
Perleberg, Kyritzerstraße 10,
auf Bestimmung eines Termins
zur Leistung des Offenbarungseides
gemäß § 2006 BGB.

Der Kaufmann Otto Müller in Perleberg, Kyritzerstraße 10, hat als Erbe seines verstorbenen Vaters, des Fuhrwerksbesitzers Franz Müller in Perleberg, auf meinen Antrag nach erfolgter Bestimmung einer Inventarfrist ein Verzeichnis des Nachlasses seines verstorbenen Vaters eingereicht. Ich verlange von dem Erben die Leistung des Offenbarungseides und beantrage,

einen Termin zur Eidesleistung zu bestimmen.

Georg Schwarz.

An
das Amtsgericht
Perleberg.

Auch der Erbe ist berechtigt, einen Antrag auf Bestimmung eines Termins zur Leistung des Offenbarungseides zu stellen.

Muster 85.

Königswusterhausen, den ....

Antrag
des Holzhändlers Max Müller, hier,
Mittenwalderstraße 15,
auf Bestimmung eines Termins zur
Leistung des Offenbarungseides
gemäß § 2006 BGB.

Unter Bezugnahme auf das von mir nach Bestimmung einer Inventarfrist dem Nachlaßgerichte eingereichte Verzeichnis des Nachlasses der am 24. Juni 1936 hier verstorbenen Witwe Anna Müller beantrage ich,

einen Termin zur Leistung des Offenbarungseides.

Der Kaufmann Arthur Franke aus Senzig hat eine Forderung von 300 RM. gegen die Erblasserin. Er fordert von mir die Leistung des Offenbarungseides, wie aus anliegend überreichtem Schreiben ersichtlich.

Georg Schwarz.

An
das Amtsgericht
Königswusterhausen.

Kosten: ½ der Gebührentabelle B nach dem Nachlaßwerte. § 115 RKO.

Verweigert der Erbe die Eidesleistung, so haftet er dem Gläubiger, der den Antrag zur Eidesleistung gestellt hat, unbeschränkt. Während er bei der Weigerung, das Inventar zu errichten, **allen** Gläubigern unbeschränkt haftet.

Ist eine Ehefrau die Erbin, und gehört die Erbschaft zum eingebrachten Gute oder zum Gesamtgute, so ist die Bestimmung der Inventarfrist nur wirksam, wenn sie auch dem Manne gegenüber erfolgt.

Der Antrag auf Bestimmung einer Inventarfrist muß in diesem Falle gegen **beide Eheleute** gerichtet werden.

Der Erbe ist berechtigt, die Berichtigung einer Nachlaßverbindlichkeit bis zum Ablaufe der ersten 3 Monate nach der Annahme der Erbschaft zu verweigern, jedoch nicht über die Errichtung des Inventars hinaus.

Hat der Erbe den Antrag auf Erlaß des Aufgebots der Nachlaßgläubiger innerhalb eines Jahres nach der Annahme der Erbschaft gestellt, und ist der Antrag zugelassen, so ist der Erbe berechtigt, die Berichtigung einer Nachlaßverbindlichkeit bis zur Beendigung des Aufgebotsverfahrens zu verweigern (also über 3 Monate hinaus).

Der Erbe kann von jedem, der auf Grund eines ihm in Wirklichkeit nicht zustehenden Erbrechts, z. B. auf Grund eines nichtigen Testaments, eines unrichtigen Erbscheins, etwas aus der Erbschaft erlangt hat, die Herausgabe des Erlangten zu verlangen. Er muß dann gegen den Erbschaftsbesitzer Klage erheben.

Rechtsverhältnis der Erben untereinander.

§§ 2032 ff. BGB.

Hinterläßt der Erblasser mehrere Erben, so wird der Nachlaß gemeinschaftliches Vermögen der Erben und zwar bis zur Auseinandersetzung.

Jeder Miterbe kann vor der Teilung über **seinen Anteil** an dem Nachlasse, **nicht aber** über seinen Anteil an einzelnen Nachlaßgegenständen verfügen.

Der Vertrag, durch den ein Miterbe über seinen Anteil verfügt, bedarf der gerichtlichen oder notariellen Beurkundung. Ein Muster hierzu ist deshalb nicht aufgeführt. Es kann also jeder Miterbe seinen Anteil verpfänden. Ebenso können die Gläubiger eines Erben dessen Anteil an der Erbschaft pfänden lassen (Muster siehe unter Zwangsvollstreckung).

Verkauft ein Miterbe seinen Anteil an einen Dritten, so sind die Miterben zum Vorkaufe berechtigt. Das Vorkaufsrecht ist nur innerhalb von 2 Monaten auszuüben.

Jeder Käufer eines Anteils an einer Erbschaft wird sich also vorher vergewissern müssen, ob die Miterben das Vorkaufsrecht ausüben wollen. Tut er dies nicht, so können die Miterben das Vorkaufsrecht gegen ihn geltend machen.

Jeder Miterbe kann jederzeit die Auseinandersetzung verlangen. Ist jedoch die Geburt eines Miterben zu erwarten, so ist die Teilung bis zu diesem Zeitpunkte ausgeschlossen.

Die Auseinandersetzung kann, wenn die Erben einig sind, ohne Mitwirkung des Gerichts oder Notars erfolgen, und zwar mündlich oder privatschriftlich. Gehören aber zum Nachlaß Grundstücke, so muß der Vertrag gerichtlich oder notariell beurkundet werden. Sollen auf Grund der Auseinandersetzung Eintragungen in das Grundbuch erfolgen, z. B. Hypotheken usw., so kann dies nur in öffentlich beglaubigter Form geschehen, d. h. die Unterschrift der Erben unter dem Eintragungsersuchen muß gerichtlich oder notariell beglaubigt sein.

Jeder Miterbe hat das Recht, bei dem zuständigen Nachlaßgerichte, den Antrag auf Vermittlung der Erbauseinandersetzung zu stellen. Ist ein Testamentsvollstrecker vorhanden, so kann der Antrag nicht gestellt werden, denn dann hat der Testamentsvollstrecker die Auseinandersetzung vorzunehmen.

In dem Antrage sollen die Beteiligten und die Teilungsmasse bezeichnet werden.

Muster 86.

§§ 86, 87 FGG.

Berlin-Lichtenberg, den ....

Antrag
des Ingenieurs Franz Müller, hier,
Wagnerstraße 10,
auf Vermittlung der Erbauseinandersetzung.

Am 30. Juni 1936 ist mein Vater, der Studienrat Max Müller, hier, an seinem letzten Wohnsitz, verstorben. Eine Verfügung von Todeswegen ist nicht vorhanden. Seine gesetzlichen Erben sind

1. seine Witwe Anna Müller, geb. Schulze, hier, Wagnerstr. 10,
2. sein Sohn, der Kaufmann Otto Müller aus Berlin, Langestr. 6,
3. ich, der Unterzeichnete,
4. seine Tochter Emma Franke, geb. Müller, Ehefrau des Studienrats Ernst Franke, Wilmersdorf, Nassauische Str. 7.

Ich beantrage
die Auseinandersetzung in den Nachlaß des Studienrats Max Müller zu vermitteln.

Ich überreiche
a) die Sterbeurkunde des Erblassers,
b) die Heiratsurkunde meiner Eltern,
c) die Geburtsurkunden der 3 Kinder,
d) die Heiratsurkunde meiner Schwester,
e) ein Nachlaßverzeichnis.

An
das Amtsgericht
Berlin-Lichtenbg.

Franz Müller.

Kosten: Das vierfache der Gebühr nach Gebührentabelle B. Zu berechnen nach dem Nachlaßwerte ohne Abzug der Schulden. Hierzu treten 1 vom Tausend Urkundensteuer und noch eventuell die Rechnungsgebühren. Also eine ziemlich teure Sache. § 108 RKO., §§ 45, 18 UStG.

Die Beteiligten werden zu einem Termine geladen, in welchem, wenn die Anwesenden sich einig werden, die Auseinandersetzung beurkundet wird. Sind alle Beteiligten zu diesem Termin erschienen, so wird die Auseinandersetzung bestätigt. Nach der Rechtskraft des Bestätigungsbeschlusses kann die Zwangsvollstreckung aus der Auseinandersetzung betrieben werden (siehe Abschnitt Zwangsvollstreckung).

Ist ein Beteiligter zu dem Termin nicht erschienen, ohne in einer öffentlich beglaubigten Urkunde seine Zustimmung zu den in diesem Termine zu treffenden Vereinbarungen zu erklären, so wird dem nichterschienenen Beteiligten der Inhalt der im Termin errichteten Urkunde, soweit er ihn betrifft, bekannt gemacht, unter gleichzeitigem Hinweis darauf, daß er die Urkunde auf der Geschäftsstelle einsehen und eine Abschrift der Urkunde fordern könne. Ferner wird ihm eine Frist bestimmt, innerhalb welcher er die Anberaumung eines neuen Termins beantragen kann und mitgeteilt, daß, falls er in dem neuen Termine nicht erscheint, sein Einverständnis angenommen würde. Beantragt er rechtzeitig einen neuen Termin und erscheint in diesem, so wird die Verhandlung fortgesetzt. Andernfalls wird die Vereinbarung bestätigt. Er muß das Vereinbarte dann gegen sich gelten lassen.

Kommt eine Einigung unter den Beteiligten nicht zustande, so bleibt nur der Klageweg übrig. Zuständig für die Erhebung der Klage ist das Gericht des letzten Wohnsitzes des Erblassers.

Erbverzicht.

§§ 2346 ff. BGB.

Verwandte, sowie der Ehegatte des Erblassers, können durch Vertrag auf ihr gesetzliches Erbrecht verzichten. Der Verzichtende ist von der gesetzlichen Erbfolge ausgeschlossen, wie wenn er z. Zt. des Erbfalls nicht mehr lebte. Der Verzicht kann sich auch nur auf den Pflichtteil beschränken. Der Vertrag bedarf der gerichtlichen oder notariellen Beurkundung. Daher ist ein Muster hier nicht aufgeführt.

Erbschein.

§§ 2253 ff. BGB., § 792 ZPO., §§ 72, 73 FGG.

Der Erbschein ist ein amtliches Zeugnis über das Erbrecht des Erben und über die Größe seines Anteils an der Erbschaft.

Das Nachlaßgericht hat dem Erben und zum Zwecke der Zwangsvollstreckung auch einem Gläubiger auf Antrag einen Erbschein zu erteilen.

Muster 87.

Hannover, den ....

Antrag
der Witwe Anna Müller, geborene Schulze, aus Hannover, Bahnhofstraße 17,
auf Erteilung eines Erbscheins.

Am 15. Juli 1936 verstarb in Hannover, seinem letzten Wohnsitz, der Kaufmann Franz Müller, ohne eine Verfügung von Todeswegen zu hinterlassen. Seine gesetzlichen Erben sind geworden:

1. seine Witwe, die Unterzeichnete,
2. seine Kinder
   a) Emma Vogel, geb. Müller, hier, Osnabrückerstraße 10 wohnhaft,
   b) Ernst Müller, geb. 10. Oktober 1916.

Außer diesen Kindern war noch vorhanden ein im Alter von 3 Jahren verstorbener Sohn Hans. Andere Personen, durch welche die erwähnten Erben ausgeschlossen werden würden, sind und waren nicht vorhanden. Ein Rechtsstreit über das Erbrecht eines dieser Erben ist nicht anhängig. Ich überreiche:
1. die Sterbeurkunde des Erblassers,
2. die Heiratsurkunde des Erblassers,
3. die Geburtsurkunden der 3 Kinder,
4. die Heiratsurkunde der Tochter Emma,
5. die Sterbeurkunde des Hans,

und beantrage

die Anberaumung eines Termins zwecks Erteilung eines Erbscheins.

Anna Müller, geb. Schulze.

An
das Amtsgericht
Hannover.

Muster 88.

Berlin-Lichterfelde, den ....

Antrag
des Möbelfabrikanten Arthur Müller,
aus Berlin-Lichterfelde, Enkestr. 13,
auf Erteilung eines Erbscheins.

Am 10. August 1936 verstarb in Berlin-Lichterfelde, seinem letzten Wohnsitz, der Rentier Franz Müller. Er hat ein Testament hinterlassen, welches in den Akten 6. VI. 50. 36 des dortigen Gerichts eröffnet worden ist. In diesem Testament bin ich, der Unterzeichnete und meine Mutter Anna, geborene Schulze, zu alleinigen Erben eingesetzt. Meine Mutter ist, wie die anliegend überreichte Sterbeurkunde ausweist, am 1. Juli 1936, also vor dem Erblasser verstorben. Mein Bruder Ernst Müller, wohnhaft in Berlin, Brückenstr. 10, ist auf den Pflichtteil gesetzt.

Andere Personen, durch welche ich in der Erbfolge ausgeschlossen werden könnte, sind und waren nicht vorhanden.

Ein Rechtsstreit über das Erbrecht ist nicht anhängig. Andere Verfügungen des Erblassers von Todeswegen sind nicht vorhanden. Ich beantrage

die Anberaumung eines Termins zwecks Erteilung des Erbscheins.

Arthur Müller.

An
das Amtsgericht
Berlin-Lichterfelde.

Den Antrag auf Erteilung des Erbscheins wird der Erbe in der Regel nur dann stellen, wenn er über Nachlaßgegenstände verfügen will, die ein Dritter in Besitz hat, z. B. der Erblasser hat ein Depot bei der Bank hinterlassen, oder wenn Eintragungen in das Grundbuch eines zum Nachlaß gehörenden Grundstücks vorzunehmen sind, oder wenn zum Nachlasse Hypothekenforderungen gehören.

Beruht die Erbfolge auf einem gerichtlichen oder notariellen Testamente, so kann das Grundbuchamt von der Beibringung eines Erbscheines absehen.

Es empfiehlt sich, vorher mit dem Besitzer von Erbschaftsgegenständen wegen deren Herausgabe in Verbindung zu treten. Gibt er das Verlangte heraus, so spart der Erbe die Kosten für den Erbschein.

Die Kosten für den Erbschein werden nach dem Nachlaßwerte abzüglich der Nachlaßschulden berechnet. Sie betragen für den Erbschein die volle Gebühr, für die Abgabe der im Erbscheinsverfahren erforderliche eidesstattliche Versicherung die Hälfte der vollen Gebühr der Gebührentabelle B und 3 RM. Urkundensteuer. §§ 99, 43^2 RKO. und § 45 UStG.

Zivilprozeß.

Klagen und Anträge.

Allgemeines.

Die Rechtsprechung wird im Deutschen Reiche durch unabhängige, nur dem Gesetz unterworfene Gerichte ausgeübt. Vor die ordentlichen Gerichte, das sind die Amtsgerichte, die Landgerichte, die Oberlandesgerichte und das Reichsgericht, gehören alle bürgerlichen Rechtsstreitigkeiten und Strafsachen, für welche nicht entweder die Zuständigkeit von Verwaltungsbehörden begründet ist oder reichsgesetzlich besondere Gerichte bestellt oder zugelassen sind.

Gliederung der Gerichte.

Den Amtsgerichten stehen Einzelrichter vor. Für gewisse Strafsachen werden Schöffengerichte gebildet. Sie bestehen aus dem Amtsrichter als Vorsitzenden und 2 Schöffen, die während der Hauptverhandlung das Richteramt in vollem Umfange und mit gleichem Stimmrecht wie der Amtsrichter ausüben.

Bei den Landgerichten werden Zivil- und Strafkammern gebildet.

Die Zivilkammern sind mit 3 Richtern einschließlich des Vorsitzenden besetzt.

Auch beim Landgericht finden gewisse Prozeßhandlungen vor dem Einzelrichter statt. Soweit ein Bedürfnis vorhanden ist, werden Kammern für Handelssachen gebildet. Sie entscheiden in der Besetzung mit einem Richter und zwei Handelsrichtern.

Die Strafkammern sind in der Hauptverhandlung besetzt:

a) mit dem Vorsitzenden und 2 Schöffen (kleine Strafkammer), wenn über die Berufung gegen das Urteil eines Amtsrichters entschieden werden soll,

b) mit 3 Richtern und 2 Schöffen (große Strafkammer), wenn gegen ein Urteil der Schöffengerichte entschieden werden soll.

Die Befugnisse der Schöffen bei den Strafkammern sind die gleichen wie bei den Schöffengerichten.

Zur Verhandlung und Entscheidung über Verbrechen, welche nicht vor das Reichsgericht oder vor das Amtsgericht gehören, treten beim Landgericht nach Bedarf Schwurgerichte zusammen. Sie sind besetzt mit 3 Richtern und 6 Geschworenen und entscheiden gemeinschaftlich während der Hauptverhandlung über die Schuld- und Straffrage. Während der Hauptverhandlung üben die Geschworenen das Richteramt im gleichen Umfange wie die Schöffen aus.

Bei den Oberlandesgerichten und beim Reichsgericht werden Zivil- und Strafsenate gebildet, die nur mit Richtern besetzt sind.

Bei jedem Gericht soll eine Staatsanwaltschaft bestehen. Das Amt der Staatsanwaltschaft wird ausgeübt: beim Reichsgericht durch den Oberreichsanwalt und mehrere Reichsanwälte; bei den Oberlandesgerichten, Landgerichten und Schwurgerichten durch Staatsanwälte; bei den Amtsgerichten und den Schöffengerichten durch Staatsanwälte oder Amtsanwälte.

Durch Gesetz vom 24. April 1934, RGBl. I S. 344 ff., ist zur Aburteilung von Hochverrats- und Landesverratssachen der Volksgerichtshof gebildet worden. Er entscheidet in der Besetzung von drei Mitgliedern, in der Hauptverhandlung von fünf Mitgliedern. Der Vorsitzende und ein weiteres Mitglied müssen die Befähigung zum Richteramte besitzen.

Zivil- und Strafprozeß.

Das von den Gerichten geübte Verfahren gliedert sich in den Zivilprozeß und den Strafprozeß. Im Strafprozeß haben es die Gerichte mit der Untersuchung und Entscheidung über Verbrechen, Vergehen und Übertretungen zu tun.

Zivilprozeß.

Unter Zivilprozeß ist ein Verfahren zu verstehen, das

a) zwischen zwei Parteien bestehende Streitigkeiten über bürgerliche Privatrechtsansprüche zur gerichtlichen Entscheidung bringt — streitiges Gerichtsverfahren — (die Vorschriften über dieses Verfahren enthält die Zivilprozeßordnung),

b) ohne daß ein Streit zwischen den beteiligten Personen besteht, die richterliche Tätigkeit aus dem Grunde in Anspruch nimmt, um Rechte zu sichern und Rechtsverhältnisse klarzustellen, z. B. Grundbuchsachen, Vormundschaftssachen, Testamentserrichtung, -hinterlegung und -eröffnung. — Freiwillige Gerichtsbarkeit — (die Vorschriften über dieses Verfahren enthält das Reichsgesetz über die Angelegenheiten der freiwilligen Gerichtsbarkeit).

Ist über Streitigkeiten zu entscheiden, bei denen es sich nicht um Privatrechtsachen handelt, sondern wo ein öffentliches Interesse vorliegt, wo es sich also um die Interessen der Gesamtheit des Staates handelt, z. B. bei Streitigkeiten über die Benutzung einer öffentlichen Straße, so haben nicht dic ordentlichen Gerichte, sondern die Verwaltungsbehörden bzw. die Verwaltungsgerichte zu entscheiden.

Wer kann klagen und wer kann verklagt werden?

Klagen und verklagt werden kann nur, wer parteifähig, d. h. wer rechtsfähig ist. Unter Rechtsfähigkeit versteht man die Fähigkeit, Träger von Rechten und Pflichten zu sein. Die Rechtsfähigkeit erwirbt der Mensch mit der Vollendung der Geburt. Er verliert sie mit dem Tode. Rechtsfähig sind auch sogenannte juristische Personen, das sind Personenvereinigungen und Vermögensmassen, denen das Gesetz Rechtsfähigkeit beilegt, z. B. Vereine, die in das Vereinsregister eingetragen sind, offene Handelsgesellschaften, Kommanditgesellschaften, Aktiengesellschaften, sowie der Fiskus, Körperschaften des öffentlichen Rechts, z. B. Stadt- und Landgemeinden. Ein Verein, der nicht rechtsfähig ist, kann verklagt werden. In dem Rechtsstreit hat der Verein die Stellung eines rechtsfähigen Vereins. Will jedoch ein solcher Verein selbst klagen, so müssen alle Mitglieder die Klage erheben.

Wer einen Prozeß selbst führen will, muß **prozeßfähig** sein. Prozeßfähig ist eine Person insoweit, als sie sich durch Verträge verpflichten kann, d. h., insoweit sie **geschäftsfähig** ist.

Geschäftsunfähig sind Kinder unter 7 Jahren und solche Personen, die durch krankhafte Störung der Geistestätigkeit in der freien Willensbestimmung gehindert sind, sowie die wegen Geisteskrankheit entmündigten Personen. Die Willenserklärungen geschäftsunfähiger Personen sind ungültig. Für sie müssen ihre gesetzlichen Vertreter handeln (Vater, Vormund, Pfleger).

In der Geschäftsfähigkeit beschränkt, und zwar in der Weise, daß sie zu allen Willenserklärungen, durch welche sie nicht lediglich einen rechtlichen Vorteil erlangen, der Einwilligung ihres gesetzlichen Vertreters (Vater, Vormund, Pfleger) bedürfen, sind folgende Personen:

Minderjährige, die das 7. Lebensjahr vollendet haben, ferner diejenigen Personen, die wegen Geistesschwäche, Verschwendung oder Trunksucht entmündigt sind, sowie solche Personen, die unter vorläufige Vormundschaft gestellt sind.

Eine Ausnahme hiervon bilden Minderjährige, die der gesetzliche Vertreter mit Genehmigung des Vormundschaftsgerichts zur Führung eines selbständigen Erwerbsgeschäfts ermächtigt hat. Sie sind für solche Rechtsgeschäfte, welche der Geschäftsbetrieb mit sich bringt, unbeschränkt geschäftsfähig und damit prozeßfähig. Ausgenommen sind solche Rechtsgeschäfte, zu denen der gesetzliche Vertreter der Genehmigung des Vormundschaftsgerichts bedarf (siehe dort).

Minderjährige, die der gesetzliche Vertreter ermächtigt hat, in Dienst oder in Arbeit zu treten, sind für solche Geschäfte unbeschränkt geschäftsfähig und damit prozeßfähig, welche die Eingehung oder Aufhebung eines Dienst- oder Arbeitsverhältnisses der gestatteten Art, oder die Erfüllung der sich aus einem solchen Verhältnis ergebenden Verpflichtungen betreffen. Ausgenommen sind Verträge, zu denen der gesetzliche Vertreter der Genehmigung des Vormundschaftsgerichts bedarf (siehe dort).

In **Ehesachen** ist ein in der Geschäftsfähigkeit beschränkter Gatte **prozeßfähig**. § 612 ZPO.

Wird in einem Rechtsstreit eine prozeßfähige Person durch einen Pfleger vertreten, so steht sie für diesen Rechtsstreit einer nicht prozeßfähigen Person gleich, z. B. einer volljährigen Person ist, weil sie taub ist, auf ihren Antrag ein Pfleger bestellt worden. § 57 ZPO.

Zusammenfassend.

Klagen und verklagt werden kann nur, wer parteifähig ist. Wer den Prozeß selbst führen will, muß prozeßfähig sein. Ist er dies nicht, so muß sein gesetzlicher Vertreter für ihn handeln.

Wer also eine geschäftsunfähige oder in der Geschäftsfähigkeit beschränkte Person verklagen will, muß die Klage gegen die Person vertreten durch ihren gesetzlichen Vertreter, den .... richten.

Ist einer solchen Person ein gesetzlicher Vertreter (Pfleger, Vormund) noch nicht bestellt worden, so muß der Kläger die Bestellung eines solchen beantragen (siehe Abschnitt Familienangelegenheiten).

Wo ist eine Klage zu erheben?

Die Klage ist bei dem zuständigen Gericht zu erheben, andernfalls wird sie auf Kosten des Klägers zurückgewiesen.

Man unterscheidet:

die **sachliche** Zuständigkeit der Gerichte (das ist, welches der Gerichte — Amtsgericht, Landgericht, Oberlandesgericht oder Reichsgericht — zuständig ist), §§ 23, 71, 72, 95, 119, 133 GVG.

die örtliche Zuständigkeit der Gerichte (das ist, welches Amtsgericht usw. von vielen zuständig ist). §§ 12—40 ZPO.

I. Die **Amtsgerichte** sind **sachlich** zuständig:

1. bei Streitigkeiten über vermögensrechtliche Ansprüche, deren Gegenstand an Geld oder Geldeswert den Betrag von 500 RM. **nicht** übersteigt;
2. **ohne Rücksicht auf den Wert des Streitgegenstandes**
   a) bei Streitigkeiten zwischen dem Vermieter und dem Mieter oder Untermieter von Wohnräumen oder anderen Räumen oder zwischen dem Mieter oder dem Untermieter solcher Räume wegen Überlassung, Benutzung oder Räumung, sowie wegen Zurückhaltung der von dem Mieter oder dem Untermieter in die Mietsräume eingebrachten Sachen;
   b)[1]) **bei** Streitigkeiten zwischen Arbeitgebern und Arbeitern hinsichtlich des Dienst- oder Arbeitsverhältnisses, sofern sie während der Dauer des Dienst-, Arbeits- oder Lehrverhältnisses entstehen;
   c) bei Streitigkeiten zwischen Reisenden und Wirten, Fuhrleuten, Schiffern, Flößern oder Auswanderungsexpedienten in den Einschiffungshäfen, welche über Wirtszechen, Fuhrlohn, Überfahrtsgelder, Beförderung der Reisenden und ihrer Habe und über den Verlust und Beschädigung der letzteren, sowie wegen Streitigkeiten zwischen Reisenden und Handwerker, welche aus Anlaß der Reise entstanden sind;
   d) bei Streitigkeiten wegen Viehmängel;
   e) bei Streitigkeiten wegen Wildschadens;
   f) bei allen Ansprüchen auf Erfüllung der durch Ehe- oder Verwandtschaft begründeten gesetzlichen Unterhaltspflicht;
   g) bei Ansprüchen aus einem außerehelichen Beischlaf;
   h) bei Ansprüchen aus einem, mit der Überlassung eines Grundstücks in Verbindung stehenden Leibgedings-, Leibzuchts-, Altenteils- oder Auszugsvertrag;
   i) und ferner das Aufgebotsverfahren.

---

[1]) Diese Streitigkeiten gehören jetzt zur Zuständigkeit der Arbeitsgerichte, siehe dort.

II. Die **Landgerichte** sind **sachlich** zuständig:

1. bei Streitigkeiten, wie unter I 1 aufgeführt, wenn die Summe 500 RM. **übersteigt;**
2. bei Ehesachen (Ehescheidung, Anfechtung der Ehe);
3. bei Feststellung des Rechtsverhältnisses zwischen Eltern und Kindern;
4. bei Ansprüchen, welche auf Grund des Reichsbeamtengesetzes gegen den Reichsfiskus erhoben werden;
5. bei Ansprüchen gegen Reichsbeamte wegen Überschreitung ihrer amtlichen Befugnisse oder wegen pflichtwidriger Unterlassung von Amtshandlungen;
6. zur Entscheidung über die gegen Entscheidungen der Amtsgerichte eingelegten Rechtsmittel der Berufung und Beschwerde.

III. Die **Oberlandesgerichte** sind **sachlich** zuständig zur Entscheidung über die Rechtsmittel

1. der Berufung gegen die Endurteile der Landgerichte;
2. der Beschwerde gegen Entscheidungen der Landgerichte.

IV. Das **Reichsgericht** ist zuständig

1. zur Verhandlung und Entscheidung über das Rechtsmittel der Revision gegen die Endurteile der Oberlandesgerichte und gegen die Endurteile der Landgerichte, wenn beide Parteien sich darüber einig sind, die Berufungsinstanz zu übergehen;
2. sowie gegen Entscheidungen der Oberlandesgerichte in bestimmten Fällen.

V. Das **Arbeitsgericht** ist gemäß § 2 des ArbGG. zuständig:

1. für bürgerliche Rechtsstreitigkeiten zwischen Unternehmern und Beschäftigten, d. h. Arbeitgebern und Arbeitnehmern, aus dem Arbeits- oder Lehrverhältnis, über das Bestehen oder Nichtbestehen eines Arbeits- oder Lehrverhältnisses, aus Verhandlungen über die Eingehung eines Arbeits- oder Lehrverhältnisses und aus dessen Nachwirkungen sowie für bürgerliche Rechtsstreitigkeiten aus unerlaubten Handlungen, soweit diese mit dem Arbeits- oder Lehrverhältnis im Zusammenhange stehen; ausgenommen sind Streitigkeiten, deren Gegenstand die Erfindung eines Beschäftigten bildet, soweit es sich nicht nur um Ansprüche auf eine Vergütung oder Entschädigung für die Erfindung handelt, und Streitigkeiten der nach § 481 HGB. zur Schiffsbesatzung gehörenden Personen;
2. für bürgerliche Rechtsstreitigkeiten zwischen Beschäftigten aus gemeinsamer Arbeit und aus unerlaubten Handlungen, soweit diese mit dem Arbeits- oder Lehrverhältnis im Zusammenhange stehen.

Anwaltszwang.

Bei den Landgerichten, Oberlandesgerichten und dem Reichsgericht müssen die Parteien durch bei diesen Gerichten zugelassene Rechtsanwälte vertreten sein.

Örtliche Zuständigkeit der Gerichte.

Örtlich zuständig für die Erhebung der Klage ist in der Regel dasjenige Gericht, bei welchem die Person, **welche verklagt werden soll**, ihren Gerichtsstand hat.

Unter Gerichtsstand versteht man die rechtliche Verpflichtung vor einem **bestimmten** Gerichte Recht zu nehmen und dementsprechend die Einlassung auf Rechtsstreitigkeiten bei einem anderen Gerichte zu verweigern (prozeßhindernde Einrede). Sie muß von dem Beklagten in der mündlichen Verhandlung **vor** der Einlassung zur Hauptsache geltend gemacht werden.

Die Klage ist in der Regel bei dem Gericht zu erheben, in dessen Bezirk die Person, welche verklagt werden soll, z. Zt. der Klageerhebung ihren Wohnsitz hat (allgemeiner Gerichtsstand) — einen Wohnsitz gründet, wer sich an einem Orte niederläßt, mit der Absicht, dort zu bleiben —. § 7 BGB. (§ 14 ZPO. für volljährige Berufssoldaten Standort).

Für Klagen, durch welche das Eigentum, eine dingliche Belastung oder die Freiheit von einer solchen geltend gemacht wird, für Grenzscheidungs-, Teilungs- und Besitzklagen ist, sofern es sich um **unbewegliche** Sachen handelt, das Gericht **allein** zuständig, in dessen Bezirk die Sache belegen ist. Klagen der vorbezeichneten Art können also **nur** bei diesem Gericht erhoben werden, **nicht** auch bei dem Gerichte, wo der Beklagte seinen allgemeinen Gerichtsstand (Wohnsitz) hat.

Dagegen können andere Klagen sowohl bei dem Gericht des allgemeinen Gerichtsstandes, als auch bei dem Gericht erhoben werden, wo die nachstehenden besonderen Gerichtsstände begründet sind.

a) **Gerichtsstand des Beschäftigungsortes:**
Dienstboten, Hand- und Fabrikarbeiter, Gewerbegehilfen, Studierende, Schüler oder Lehrlinge oder andere Personen, welche sich an einem Orte unter Verhältnissen aufhalten, die auf eine längere Dauer hinweisen, können auch bei dem Gericht verklagt werden, zu dessen Bezirk ihr Aufenthaltsort gehört, **wenn** die Klage gegen sie wegen **vermögensrechtlicher** Ansprüche erhoben werden soll.

b) **Gerichtsstand der Niederlassung:**
Hat jemand zum Betriebe einer Fabrik, einer Handlung oder eines anderen Gewerbes eine Niederlassung, von welcher aus unmittelbar Geschäfte geschlossen werden, so können gegen ihn alle Klagen, welche auf den Geschäftsbetrieb der Niederlassung Bezug haben, bei dem Gerichte des Ortes erhoben werden, wo die Niederlassung sich befindet.

Es ist nicht erforderlich, daß der Beklagte z. Zt. der Klageerhebung sich am Orte der Niederlassung aufhält; er muß nur an dem Orte eine Niederlassung der vorgeschriebenen Art besitzen.

c) **Gerichtsstand der Verwaltung:**
Das Gericht, bei welchem Gemeinden, Korporationen, Gesellschaften, Genossenschaften oder andere Vereine den allgemeinen Gerichtsstand haben, ist für die Klage zuständig, welche von ihnen gegen ihre Mitglieder als solche oder von den Mitgliedern in dieser Eigenschaft gegeneinander erhoben werden.

Will z. B. ein in das Vereinsregister eingetragener Verein, der in Charlottenburg seinen Sitz hat, ein Mitglied des Vereins, das in Schöneberg seinen Wohnsitz hat, wegen Zahlung rückständiger Beiträge verklagen, so kann der Verein die Klage beim Amtsgericht Charlottenburg erheben. Er braucht nicht beim Amtsgericht Schöneberg zu klagen.

d) **Gerichtsstand der Erbschaft:**
Klagen, welche die Feststellung des Erbrechts, Ansprüche des Erben gegen einen Erbschaftsbesitzer, Ansprüche aus Vermächtnissen oder sonstigen Verfügungen von Todeswegen, Pflichtteilsansprüche oder die Teilung der Erbschaft zum Gegenstande haben, können vor dem Gericht erhoben werden, bei welchem der Erblasser z. Zt. seines Todes den allgemeinen Gerichtsstand gehabt hat. Auch Klagen wegen anderer Nachlaßverbindlichkeiten können bei diesem Gericht erhoben werden, solange sich der Nachlaß noch ganz oder teilweise im Bezirke des Gerichts befindet, oder die vorhandenen mehreren Erben noch als Gesamtschuldner haften.

e) **Gerichtsstand des Vertrages:**
Für Klagen auf Feststellung des Bestehens oder Nichtbestehens eines Vertrages, auf Erfüllung oder Aufhebung eines solchen, sowie auf Entschädigung wegen Nichterfüllung oder nicht gehöriger Erfüllung ist das Gericht des Ortes zuständig, wo die streitige Verpflichtung zu erfüllen ist.

Welcher Ort als Erfüllungsort anzusehen ist, richtet sich nach dem bürgerlichen Recht oder nach der getroffenen Vereinbarung.

f) **Gerichtsstand des Meß- oder Marktortes:**
Für Klagen aus den auf Messen und Märkten, mit Ausnahme der auf Jahr- und Wochenmärkten geschlossenen Handelsgeschäfte ist das Gericht des Meß- oder Marktortes zuständig, wenn die Erhebung der Klage erfolgt, während der Beklagte oder sein zur Prozeßführung berechtigter Vertreter am Orte oder Bezirke des Gerichts sich aufhält.

Voraussetzung ist, daß der Vertrag während der Messe oder des Marktes, das ist ein dem kaufmännischen Großverkehr dienender Markt — nicht gewöhnlicher Jahr- und Wochenmarkt — im Meß- und Marktverkehr abgeschlossen ist.

g) **Gerichtsstand der Vermögensverwaltung:**
Für Klagen, welche aus einer Vermögensverwaltung von dem Geschäftsherrn gegen den Verwalter, oder von dem Verwalter gegen den Geschäftsherrn erhoben werden, ist das Gericht des Ortes zuständig, wo die Verwaltung geführt ist.

h) **Gerichtsstand der unerlaubten Handlung:**
Für Klagen der unerlaubten Handlung ist das Gericht zuständig, in dessen Bezirke die Handlung begangen ist.

Es handelt sich hierbei um die Einklagung von Schadensersatzansprüchen, die der Kläger gegen den Beklagten auf Grund der von diesem vorgenommenen unerlaubten Handlungen — siehe §§ 823 ff.

Bürgerliches Gesetzbuches —, aus dem Urheber-, Patent- usw. Recht und anderem mehr — geltend machen will.

i) **Vereinbarter Gerichtsstand:**
Die Parteien können vereinbaren, Streitigkeiten wegen **vermögensrechtlicher** Ansprüche bei einem bestimmten Gericht zum Austrag zu bringen.
Ist für die Erhebung der Klage sowohl der allgemeine Gerichtsstand als auch einer der unter a—h aufgeführten Gerichtsstände zuständig, so hat der **Kläger** die Wahl, bei welchem Gerichte er die Klage erheben will.

k) **Gerichtsstand der Widerklage:**
Bei dem Gerichte der Klage kann eine Widerklage erhoben werden, wenn der Gegenanspruch mit dem in der Klage geltend gemachten Anspruch oder mit dem gegen dieselben vorgebrachten Verteidigungsmittel in Zusammenhang steht.

Verfahren vor den Amtsgerichten.

In Zivilprozeßsachen finden folgende Verfahren vor den Amtsgerichten statt:

a) das Mahnverfahren,
b) das Güteverfahren,
c) das ordentliche — oder Streitverfahren.

Das Mahnverfahren.

§§ 688—703 ZPO.

Wegen eines Anspruchs, welcher die Zahlung einer bestimmten Geldsumme oder die Leistung einer bestimmten Quantität anderer vertretbarer Sachen — d. s. bewegliche Sachen, die im Verkehr nach Zahl, Maß oder Gewicht bestimmt zu werden pflegen, z. B. börsengängige Wertpapiere, Holz, Bier, Getreide, Kartoffeln usw. — oder Wertpapiere zum Gegenstande hat, ist auf Gesuch des Gläubigers ein Zahlungsbefehl zu erlassen. Als ein Anspruch, welcher die Zahlung einer Geldsumme zum Gegenstande hat, gilt auch der Anspruch aus einer Hypothek, einer Rentenschuld oder einer Grundschuld.

Das Mahnverfahren findet **nicht** statt,

1. wenn die Zustellung des Zahlungsbefehls an den Schuldner im Auslande erfolgen muß;
2. wenn der Aufenthalt des Schuldners unbekannt ist;
3. wenn die Geltendmachung des Anspruchs von einer noch nicht erfolgten Gegenleistung abhängig ist.

Das Gesuch

des Gläubigers auf Erlaß eines Zahlungsbefehls ist an das Amtsgericht zu richten, welches für die im ordentlichen Verfahren erhobene Klage zuständig sein würde — siehe unter „Wo ist eine Klage zu erheben?" —, wenn die Amtsgerichte in erster Instanz sachlich unbeschränkt zuständig sein würden. Im allgemeinen also bei dem Amtsgericht in dessen Bezirk der Schuldner seinen allgemeinen Gerichtsstand hat. Liegt ein vereinbarter oder besonderer Gerichtsstand vor, so kann das Gesuch auch an das dafür zuständige Gericht gerichtet werden.

Das Gesuch ist formlos, es **muß** aber nach § 690 Zivilprozeßordnung enthalten:

1. die Bezeichnung der Parteien nach Namen, Stand oder Gewerbe und Wohnort;
2. die Bezeichnung des Gerichts;
3. die bestimmte Angabe des Betrages oder Gegenstandes und des Grundes des Anspruchs;
4. das Gesuch um Erlassung des Zahlungsbefehls (s. Muster 89 und 90).

Wird das Gesuch nicht an das für den allgemeinen Gerichtsstand des Schuldners zuständige Amtsgericht gerichtet, so muß darin angegeben werden, weshalb das angerufene Gericht zuständig ist.

Entspricht das Gesuch nicht den vorstehenden Bestimmungen, und zwar nicht nur formell, sondern auch inhaltlich, so wird es zurückgewiesen.

Auf Grund des nachstehend beschriebenen Gesuches erläßt das Amtsgericht einen Zahlungsbefehl an den Schuldner, in welchem diesem aufgegeben wird, binnen einer vom Tage der Zustellung ab laufenden Frist von einer Woche bei Vermeidung sofortiger Zwangsvollstreckung den Gläubiger wegen des Anspruchs nebst den dem Betrage nach bestimmten Kosten des Verfahrens und den geforderten Zinsen zu befriedigen, oder, wenn er Einwendungen gegen den Anspruch hat, bei dem Gerichte Widerspruch zu erheben.

Der Zahlungsbefehl wird dem Schuldner von Amts wegen zugestellt.

Der Gläubiger erhält von der erfolgten Zustellung des Zahlungsbefehls oder von der Nichtausführbarkeit der Zustellung vom Gericht Nachricht.

Muster für Zahlungsbefehle: Muster 89—91.

Erhebt der Schuldner gegen den Zahlungsbefehl rechtzeitig, d. h. so lange bis der Vollstreckungsbefehl vom Gericht nicht verfügt ist, Widerspruch, so ist auf Antrag einer Partei vor dem Amtsgerichte ein Termin anzuberaumen. Der Antrag auf Anberaumung eines Termins kann von dem Gläubiger schon im Gesuch auf Erlaß des Zahlungsbefehls gestellt werden — siehe Muster 90 —. Muster 92.

Will der Schuldner gegen den Anspruch oder einen Teil desselben Widerspruch erheben, so empfiehlt es sich, dies so rechtzeitig zu tun, daß der Widerspruch innerhalb der im Zahlungsbefehl festgesetzten Frist bei Gericht eingeht, da der Gläubiger sogleich nach Ablauf dieser Frist den Vollstreckungsbefehl beantragen kann — siehe Muster 94 —.

Der nach Erhebung des Widerspruchs vom Gericht zu bestimmende Termin ist zur Güteverhandlung anzuberaumen, falls nicht die Voraussetzungen des § 495a ZPO. nachgewiesen werden — siehe Güteverfahren. Werden diese Voraussetzungen nachgewiesen, so findet ein Güteverfahren nicht statt, sondern es wird sogleich Termin im Streitverfahren anberaumt. Letzteres geschieht auch, wenn der Anspruch zur Zuständigkeit der Landgerichte gehört.

Verweisung an das Landgericht.

Ist im Mahnverfahren ein Anspruch geltend gemacht, der zur Zuständigkeit der Landgerichte gehört — über 500 RM. —, so hat das Amtsgericht, nachdem Widerspruch gegen den Zahlungsbefehl erhoben ist, sofern eine Partei vor der Verhandlung zur Hauptsache darauf anträgt, durch Beschluß sich für unzuständig zu erklären und den Rechtsstreit an das Landgericht zu verweisen. Der Antrag auf Verweisung an das Landgericht kann schon in dem Gesuch auf Erlassung des Zahlungsbefehls gestellt oder mit dem Widerspruche verbunden werden — siehe Muster 97 —.

Vollstreckungsbefehl.

Zahlt der Schuldner innerhalb der im Zahlungsbefehl bestimmten Frist nicht und erhebt er innerhalb dieser Zeit beim Gericht keinen Widerspruch, so kann der Gläubiger nach Ablauf der Widerspruchsfrist den Erlaß des Vollstreckungsbefehls beantragen. Der Vollstreckungsbefehl wird auf den Zahlungsbefehl gesetzt. Die Zustellung des Vollstreckungsbefehls erfolgt auf Betreiben des Gläubigers. Der Urkundsbeamte der Geschäftsstelle hat die Zustellung zu vermitteln, sofern der Gläubiger nicht beantragt hat, die Zustellung durch einen Gerichtsvollzieher selbst vornehmen zu lassen.

Hat der Schuldner einen Teil der Klagesumme gezahlt, z. B.: Es ist ein Zahlungsbefehl wegen 300 RM. nebst 5% Zinsen seit 1. Januar 1926 erlassen worden und Schuldner hat nach Erlaß des Zahlungsbefehls 100 RM. gezahlt, so hat der Antrag auf Erlaß des Vollstreckungsbefehls wie Muster 95 zu lauten.

Einspruch gegen den Vollstreckungsbefehl

kann der Schuldner binnen einer Frist von einer Woche, die mit Zustellung des Vollstreckungsbefehls zu laufen beginnt, beim Amtsgericht einlegen — siehe Muster 96 —.

Geschieht dies nicht innerhalb der vorbezeichneten Frist, so wird der Vollstreckungsbefehl rechtskräftig und der Einspruch ist nicht mehr zulässig.

Hat der Gläubiger den Vollstreckungsbefehl erwirkt, so kann er die Zwangsvollstreckung gegen den Schuldner betreiben — siehe Abschnitt „Zwangsvollstreckung" —.

Über Urkunden- und Wechselzahlungsbefehle siehe das unter Urkunden- und Wechselprozeß Gesagte.

Wirkungen des Zahlungsbefehls.

§ 693 ZPO.; §§ 209 Ziff. 1, 284 Abs. 1 BGB.

Soll durch die Zustellung des Zahlungsbefehls eine Frist gewahrt oder die Verjährung unterbrochen werden, so tritt die Wirkung, wenn die Zustellung des Zahlungsbefehls demnächst erfolgt, bereits mit der Einreichung des Gesuchs um Erlaß des Zahlungsbefehls ein. Z. B. Der Anspruch des A an B verjährt am 31. Dezember 1936. Am 31. Dezember 1936 geht beim zuständigen Amtsgericht ein Gesuch des A auf Erlaß eines

Zahlungsbefehls gegen B ein. Der auf dieses Gesuch erlassene Zahlungsbefehl wird dem B am 10. Januar 1937 zugestellt. Die Verjährung ist unterbrochen. Wird aber das Gesuch des A zurückgewiesen, z. B. weil es nicht den Anforderungen des § 690 der Zivilprozeßordnung entspricht, so tritt die Verjährung des Anspruchs ein. Der Zahlungsbefehl wird wirkungslos, wenn im Falle, daß Widerspruch nicht erhoben ist, die Erlassung des Vollstreckungsbefehls nicht binnen einer 6monatigen Frist, welche mit dem Ablaufe der im Zahlungsbefehl bestimmten Frist beginnt, nachgesucht ist. § 701 ZPO.

Will man den Erlaß eines Zahlungsbefehls beantragen, so kann man einen geeigneten Vordruck — in einschlägigen Buchhandlungen erhältlich — ausfüllen und ihn mit Anschreiben wie Muster 89 an das zuständige Amtsgericht einsenden, und zwar in mehreren Exemplaren, 1 Stück für das Gericht, 1 Stück für den Vollstreckungsbefehl und für jeden Schuldner ein weiteres Stück, oder man fertigt ein Gesuch an entsprechend der Muster 90, 91.

Muster 89.

Berlin, den ....

An das Amtsgericht Charlottenburg.

Ich beantrage den Erlaß des anliegenden[1]) Zahlungsbefehls.
Falls Widerspruch erhoben wird, beantrage ich Terminsanberaumung.

Max Schulze, Berlin, Wagnerstr. 10.

Muster 90.

Berlin-Lichtenberg, den ....

Gesuch
des Hauseigentümers Franz Müller, Berlin-Lichtenberg, Wagnerstraße 10,
Gläubigers,
um Erlaß eines Zahlungsbefehl gegen den Kaufmann Georg Schwarz, Berlin-Lichtenberg, Wagnerstraße 10,
Schuldners,
wegen 90.50 RM.

Der Kaufmann Georg Schwarz ist Mieter in meinem Hause und schuldet mir für November 19.... die Miete mit 90.50 RM. Zahlung ist in Güte nicht zu erlangen.

Ich beantrage,

gegen den Schuldner einen Zahlungsbefehl wegen 90.50 RM. rückständiger Miete nebst 4 vom Hundert Zinsen vom Tage der Zustellung des Zahlungsbefehls ab, zu erlassen.

---

[1]) An Stelle „anliegenden" ist „nachstehenden" zu setzen, wenn der Antrag auf den Zahlungsbefehl geschrieben wird.

Sollte der Schuldner gegen den Zahlungsbefehl Widerspruch erheben, so bitte ich um Anberaumung eines Termins.

An
das Amtsgericht
Berlin-Lichtenberg.

Franz Müller.

Kosten ½ der Gebührentabelle A nach einem Wert von 90.50 RM.

Muster 91.

Berlin-Lichtenberg, den ....

Gesuch
des Hauseigentümers Fritz Schulze,
Berlin-Lichtenberg, Wagnerstr. 10,
Gläubigers,
um Erlaß eines Zahlungsbefehls
gegen
1. den Kaufmann Franz Müller,
2. dessen Ehefrau, Anna Müller,
geb. Schwarz,
beide wohnhaft in Berlin-Lichtenberg, Wagnerstraße 10.

Der Kaufmann Franz Müller und seine Ehefrau Anna Müller, geborene Schwarz, sind Mieter in meinem Hause und schulden mir die Wohnungsmiete für Dezember 19.... mit 90.50 RM. Zahlung ist in Güte nicht zu erlangen.

Ich beantrage

gegen die Schuldner als Gesamtschuldner einen Zahlungsbefehl wegen 90.50 RM. rückständiger Miete nebst 4% Zinsen vom Tage der Zustellung des Zahlungsbefehls ab, sowie —.50 RM. Portokosten und der Kosten des Zahlungsbefehls zu erlassen und dem Ehemann ferner aufzugeben, wegen des vorbezeichneten Anspruchs die Zwangsvollstreckung in das eingebrachte Gut der Ehefrau zu dulden.

An
das Amtsgericht
Berlin-Lichtenberg.

Fritz Schulze.

Kosten wie bei Muster 90.

Muster 92.

Berlin-Lichtenberg, den ....

An das Amtsgericht Berlin-Lichtenberg.

Gegen den auf Antrag des Hauseigentümers Franz Müller gegen mich am 18. Dezember 19.... erlassenen Zahlungsbefehl — 2. B 200. 36 — erhebe ich Widerspruch.

Georg Schwarz.

Muster 93.

Berlin-Lichtenberg, den ....

An das Amtsgericht Berlin-Lichtenberg.

Zu 2. B 900. 36.

Wir erheben gegen den gegen uns erlassenen Zahlungsbefehl Widerspruch.

Franz Müller, Anna Müller, geb. Schwarz.

Muster 94.

Berlin-Lichtenberg, den ....

An das Amtsgericht Berlin-Lichtenberg.

In der Mahnsache Müller gegen Schwarz — 2. B 950. 36 — beantrage ich, den am 19. Dezember 1936 erlassenen Zahlungsbefehl für vorläufig vollstreckbar zu erklären.

Ich beantrage, den Vollstreckungsbefehl dem Gerichtsvollzieher zur Zustellung und Zwangsvollstreckung zu übergeben.

Franz Müller.

Muster 95.

Berlin-Lichtenberg, den 30. Januar 1937.

An das Amtsgericht Berlin-Lichtenberg.

In der Mahnsache Schulz gegen Müller — 2. B 10. 36 — beantrage ich, den am 12. Januar 1937 erlassenen Zahlungsbefehl wegen der darin angegebenen Beträge abzüglich der am 20. Januar gezahlten 100 RM. für vorläufig vollstreckbar zu erklären.

Muster 96.

Berlin-Lichtenberg, den 5. Januar 1937.

An das Amtsgericht Berlin-Lichtenberg.

In der Mahnsache des Hauseigentümers Franz Müller gegen mich — 2. B 950. 36 — lege ich gegen den am 30. Dezember erlassenen Vollstreckungsbefehl Einspruch ein.

Zugleich beantrage ich die Zwangsvollstreckung aus dem Vollstreckungsbefehl einstweilen einzustellen.

Zur Vorbereitung der Verhandlung bemerke ich folgendes:

Der Gläubiger Müller hat mir die Zahlung der Novembermiete in der Weise gestundet, daß ich am 15. Januar 1937 50 RM. und den Rest am 1. Februar 1937 zahlen sollte.

Beweismittel: Zeugnis meiner Ehefrau Anna, geborenen Schulze.

Georg Schwarz.

Muster 97.

Berlin-Lichtenberg, den ....

An das Amtsgericht Berlin-Lichtenberg.

In der Mahnsache des Kaufmanns Franz Müller gegen mich erhebe ich gegen den am 10. November 19.... erlassenen Zahlungsbefehl — 6. B 750. 36 — Widerspruch und beantrage Verweisung an das Landgericht.

Georg Krause.

Güteverfahren.

§§ 495a ff. ZPO.

Das Güteverfahren verdankt seine Einführung der Verordnung zur Beschleunigung des Verfahrens in bürgerlichen Rechtsstreitigkeiten. Es bezweckt, einen schleunigen und billigen Weg zur schiedlichen Austragung der Streitigkeiten zu eröffnen. Es ist als notwendiges Verfahren bestimmt worden, um die Parteien zu zwingen, sich auf eine gütliche Einigung einzulassen.

Der Erhebung der Klage **muß** ein Güteverfahren vorangehen, **außer**, wenn es sich um einen Anspruch handelt, der zur Zuständigkeit der Landgerichte gehört.

Ein Güteverfahren findet nach § 495a der Zivilprozeßordnung nicht statt:

1. wenn wegen des Anspruchs innerhalb des letzten Jahres vor einer durch die Landesjustizverwaltung eingerichteten oder anerkannten Gütestelle ein Ausgleich unter den Parteien erfolglos versucht worden ist;
2. wenn wegen des Anspruchs bereits ein Güteantrag wegen Aussichtslosigkeit des Antrages zurückgewiesen ist;
3. in Urkunden- und Wechselprozessen;
4. für Widerklagen;
5. wenn die Zustellung an den Gegner im Ausland oder durch öffentliche Bekanntmachung erfolgen muß;
6. wenn nach dem Ermessen des Gerichts die alsbaldige Klageerhebung durch einen sonstigen wichtigen Grund gerechtfertigt wird, insbesondere, wenn mit Rücksicht auf die Art des Anspruchs, die Verhältnisse der Beteiligten oder besondere Umstände der Versuch einer gütlichen Beilegung aussichtslos erscheint.

Ist nach erfolgloser Beendigung eines Güteverfahrens ein Jahr verstrichen, so bedarf es zur Erhebung der Klage eines erneuten Güteverfahrens.

Der Güteantrag

ist an das Amtsgericht zu richten, welches für eine im ordentlichen Verfahren zu erhebende Klage zuständig sein würde — siehe das über die sachliche und örtliche Zuständigkeit Gesagte —.

Der Güteantrag ist formlos, er muß aber enthalten

a) die Bezeichnung der Parteien,
b) die Ansprüche, die gegen den Gegner erhoben werden, sowie die Tatsache, auf welche sie gestützt werden.

Er **soll** noch enthalten

c) die Beweismittel für die angegebenen Tatsachen, sowie

d) die Gründe, aus denen der Gegner den Anspruch bestreitet, soweit sie dem Antragsteller bekannt sind.

Besitzt der Antragsteller auf die Sache bezügliche Urkunden, so soll er sie in Urschrift oder Abschrift beifügen.

Dem Antrag sind so viele Abschriften zur Zustellung beizufügen, als Gegner vorhanden sind.

Erscheint der Anspruch des Antragstellers von vornherein aussichtlos, so kann der Antrag durch Beschluß zurückgewiesen werden — ein Rechtsmittel gegen diesen Beschluß gibt es nicht —. Andernfalls beraumt das Gericht einen Termin an, sobald der Antragsteller nachgewiesen hat, daß er eine halbe Prozeßgebühr an das Gericht gezahlt hat — das ist ½ der Gebührentabelle A —.

Findet das Güteverfahren nach vorausgegangenem Mahnverfahren statt, so ist keine Gebühr als Vorschuß zu zahlen.

Dem Antragsgegner wird der Güteantrag mit der Ladung zum Termin unter Hinweis auf die Versäumnisfolgen zugestellt oder mittels eingeschriebenen Briefes übersandt.

In der Güteverhandlung sucht das Gericht einen Ausgleich zwischen den Parteien herbeizuführen. Einigen sich die Parteien in der Güteverhandlung nicht, so wird der Rechtsstreit auf den in der Verhandlung von einer Partei mündlich zu stellenden Antrag möglichst sofort, sonst in einem alsbald anzuberaumenden Termin nach Zahlung einer weiteren halben Prozeßgebühr streitig verhandelt.

Wird bei Erfolglosigkeit des Einigungsversuches weder der Güteantrag zurückgenommen, noch der Antrag auf Eintritt in das Streitverfahren gestellt, so erteilt das Gericht beiden Parteien eine Bescheinigung darüber, daß das Güteverfahren erfolglos geblieben ist.

Will der Gläubiger nunmehr seine Ansprüche weiter verfolgen, so muß er Klage gegen den Schuldner erheben und der Klage diese Bescheinigung beifügen (siehe Muster 101).

Bleiben im Gütetermin beide Parteien aus, so erklärt das Gericht durch Beschluß den Güteantrag für zurückgenommen. Will der Gläubiger in diesem Falle seine Ansprüche gegen den Schuldner weiterverfolgen, so muß er erneut einen Antrag auf Vornahme des Güteverfahrens stellen.

Bleibt nur eine Partei aus, so wird auf **Antrag** der erschienenen Partei sofort in das Streitverfahren eingetreten. Das Güteverfahren ist damit endgültig erledigt.

Der Güteantrag wahrt Fristen und unterbricht die Verjährung, sofern der Antrag nicht zurückgenommen wird.

Ordentliches oder streitiges Verfahren.

Soll das Streitverfahren vor dem Amtsgericht unmittelbar durch Klage eingeleitet werden, so hat der Kläger bei der Einreichung der Klage eine gerichtliche Bescheinigung darüber beizubringen, daß innerhalb des letzten Jahres über den Anspruch ein Güteverfahren erfolglos beendigt worden ist oder, erforderlichenfalls unter Glaubhaftmachung darzulegen, daß einer der Fälle vorliegt, in denen es eines Güteverfahrens nicht bedarf.

Eine Klage, die dieser Vorschrift nicht genügt, gilt als Güteantrag.

Form der Klage.

Die Erhebung der Klage geschieht durch Zustellung eines Schriftsatzes. Dieser **muß** enthalten:

1. die Bezeichnung der Parteien,
2. die bestimmte Angabe des Gegenstandes und des Grundes des erhobenen Anspruchs unter Bezeichnung der Beweismittel, sowie
3. einen bestimmten Antrag.

Die Klageschrift **soll** enthalten:

4. die Angabe des Wertes des Streitgegenstandes, wenn hiervon die Zuständigkeit des Gerichts abhängt und der Streitgegenstand nicht in einer bestimmten Geldsumme besteht.

Der Kläger hat einen solchen Schriftsatz anzufertigen und ihn bei dem sachlich und örtlich zuständigen Amtsgericht unter Beifügung von so viel Abschriften, als Gegner vorhanden sind, einzureichen, und einen vollen Prozeßkostenvorschuß — volle Gebühr der Gebührentabelle A — beim Gericht einzuzahlen.

Das Amtsgericht beraumt hierauf einen Termin an, wenn die Voraussetzungen zur Klage gegeben sind, und stellt die Abschrift der Klage mit der Ladung zum Termin dem Beklagten zu, mit der Aufforderung, etwaige gegen die Behauptung des Klägers vorzubringende Beweismittel unter genauer Bezeichnung der zu beweisenden Tatsachen unverzüglich dem Gericht mitzuteilen. Der Kläger wird zum Termin geladen.

Versäumnisverfahren.

Erscheint der Kläger im Termin zur mündlichen Verhandlung nicht, so ist **auf Antrag** des anwesenden Beklagten das Versäumnisurteil dahin zu erlassen, daß der Kläger mit der Klage abgewiesen wird.

Erscheint der Beklagte im Termin zur mündlichen Verhandlung nicht, so ist auf Antrag des anwesenden Klägers das Versäumnisurteil gegen den Beklagten zu erlassen.

Beim Ausbleiben einer Partei im Termin zur mündlichen Verhandlung kann der erschienene Gegner statt des Versäumnisurteils, eine Entscheidung nach der Lage der Akten beantragen.

Einspruch gegen das Versäumnisurteil

steht der Partei zu, gegen welche das Versäumnisurteil erlassen ist.

Die Einlegung des Einspruchs erfolgt durch Einreichung einer Einspruchsschrift beim Prozeßgericht. Sie muß enthalten:

1. die Bezeichnung des Urteils, gegen welches der Einspruch gerichtet wird;
2. die Erklärung, daß gegen dieses Urteil der Einspruch eingelegt werde;

die Einspruchsschrift soll

3. zugleich dasjenige enthalten, was zur Vorbereitung der Verhandlung über die Hauptsache erforderlich ist.

Der Einspruch muß binnen einer Frist von 1 Woche beim Prozeßgericht eingegangen sein. Die Frist beginnt zu laufen mit der Zustellung des Versäumnisurteils. Der Einspruch kann auch schon vor Zustellung des Urteils eingelegt werden.

Muster 98.

Berlin, den ....

In Sachen
des Kaufmanns Franz Müller, Berlin,
Langestraße 10, Klägers,
gegen
den Kaufmann Georg Schwarz in
Berlin-Lichtenberg, Wagnerstraße 10,
Beklagten,
Aktenzeichen: 4. C 1000. 36,

lege ich gegen das Versäumnisurteil vom 15. Dezember 1936 Einspruch ein.

Zur Vorbereitung der Verhandlung führe ich folgendes an:

(hier ist anzugeben, wenn der Einspruch vom Beklagten eingelegt wird, alles das, was zur Entkräftung der Klagebehauptung dienen kann; wenn der Einspruch vom Kläger eingelegt wird, alles das was zur Stützung der Klage noch vorgebracht werden kann).

An
das Amtsgericht
Berlin-Lichtenberg.

Georg Schwarz.

Ist das Versäumnisurteil in gesetzlicher Weise ergangen, so sind die durch die Versäumnis entstandenen Kosten von der säumigen Partei zu tragen.

Ist die Einspruchsfrist abgelaufen, ohne daß Einspruch eingelegt ist, so ist das Versäumnisurteil rechtskräftig und das Verfahren zu Ende.

Die Zustellung des Versäumnisurteils erfolgt durch Vermittelung der Geschäftsstelle, sofern nicht die Partei, welche das Urteil erwirkt hat, erklärt hat, selbst einen Gerichtsvollzieher beauftragen zu wollen.

Erscheint die Partei, welche den Einspruch eingelegt hat, in der auf den Einspruch hin anberaumten Verhandlung, oder in derjenigen Sitzung, auf welche die Verhandlung vertagt ist, nicht, oder verhandelt sie nicht zur Hauptsache, so wird auf Antrag des Gegners der Einspruch durch Versäumnisurteil verworfen. Gegen dieses Versäumnisurteil gibt es keinen weiteren Einspruch. Es kann nur mit der Berufung — falls solche wegen des Hauptanspruchs zulässig ist — angefochten werden. Die Berufung ist nur insoweit zulässig, als sie sich darauf stützt, daß der Fall der Versäumung nicht vorgelegen hat.

Aus einem für vorläufig vollstreckbaren Versäumnisurteil kann die Zwangsvollstreckung betrieben werden (siehe Abschnitt Zwangsvollstreckung).

Armenrecht.

§§ 114 ff. ZPO.

Wer außerstande ist, ohne Beeinträchtigung des für ihn und seine Familie notwendigen Unterhalts die Kosten des Prozesses zu bestreiten, hat auf die Bewilligung des Armenrechts Anspruch, wenn die beabsichtigte Rechtsverfolgung oder Rechtsverteidigung nicht mutwillig oder aussichtslos erscheint.

Das Gesuch um Bewilligung des Armenrechts ist bei dem Gericht anzubringen, bei dem der Prozeß geführt wird oder geführt werden soll. Es kann vom Kläger gleichzeitig mit Einreichung der Klage gestellt werden. Dem Gesuch ist ein von der obrigkeitlichen Behörde der Partei ausgestelltes Armutszeugnis beizufügen. Für Personen, welche unter Vormundschaft usw. stehen, kann das Zeugnis auch vom Vormundschaftsgericht erteilt werden (siehe Muster 104, 125).

Wirkung des Armenrechts.

Die Partei wird einstweilig von der Berichtigung der rückständigen und künftig erwachsenden Gerichtskosten, einschließlich der Auslagen und der Kosten für Zustellungen und Vollstreckungshandlungen durch den Gerichtsvollzieher, befreit, nicht aber von der Erstattung der dem Gegner entstandenen Kosten.

Nachstehend folgen Muster zu den am häufigsten vorkommenden Klagen.

Es empfiehlt sich, den Antrag auf Vornahme des Güteverfahrens schon in Klageform zu fassen, wie die Muster zeigen.

Kaufklage.

§§ 433—514, 651 BGB.

Muster 99.

Berlin, den ....

Klage
des Kaufmanns Franz Müller in Berlin, Langestraße 10, Klägers,
gegen
den Kolonialwarenhändler Georg Schwarz in Berlin-Lichtenberg, Wagnerstraße 10, Beklagten,
wegen 450 RM.

Ich erhebe gegen den Kolonialwarenhändler Georg Schwarz bei dem Amtsgericht Berlin-Lichtenberg folgende Klage:

Der Beklagte hat von dem Kläger die in anliegender Rechnungsabschrift verzeichneten Waren zu der daselbst angegebenen Zeit und den angesetzten, vereinbarten und auch angemessenen Preisen im Gesamtbetrage von 450 RM. gekauft und geliefert erhalten.

Beweismittel: meine kaufmännisch richtig geführten Bücher und Zeugnis meines Vertreters Max Weise und über die Angemessenheit der Preise das Gutachten des gerichtlichen Sachverständigen.

Der Beklagte hat die Ware sowie die ihm mit dieser gleichzeitig zugestellte, mit der Klagerechnung übereinstimmende Rechnung ohne begründete Einwendungen zu erheben angenommen, die Ware verbraucht bzw. weiterveräußert und somit Preis und Beschaffenheit derselben tatsächlich anerkannt.

Beweis: Eideszuschiebung und Vorlegung der dem Beklagten vorher zugestellten Rechnung unter Eideszwang.

Der Beklagte haftet mithin auch aus dem Gesichtspunkte der ungerechtfertigten Bereicherung.

Ein Zahlungsziel ist nicht vereinbart. Der Beklagte hat trotz wiederholter Mahnung nicht gezahlt.

Ich beantrage zu erkennen:

1. Der Beklagte wird verurteilt, an den Kläger 450 RM. nebst 5 vom Hundert Zinsen vom Tage der Klagezustellung ab zu zahlen und die Kosten des Rechtsstreits zu tragen,
2. das Urteil ist vorläufig vollstreckbar.

Berlin. Franz Müller.

An
das Amtsgericht
Berlin-Lichtenberg.

Der in vorstehender Klage geltend gemachte Anspruch kann zunächst im Mahnverfahren geltend gemacht werden. Es empfiehlt sich aber, bei Schuldnern, von welchen man annimmt, daß sie gegen den Zahlungsbefehl Widerspruch erheben werden, die Klage anzufertigen und sie mit folgendem Anschreiben dem Amtsgericht einzusenden.

Muster 100.

Berlin-Lichtenberg, den ....

An das Amtsgericht Berlin-Lichtenberg.

Anliegend überreiche ich eine Klage nebst Anschrift mit dem Gesuch auf Grund der Klage wegen des darin genannten Betrages einen Zahlungsbefehl zu erlassen.

Falls der Schuldner Widerspruch erhebt, beantrage ich die Anberaumung eines Termins im Güteverfahren.

Franz Müller.

Kosten: ½ der Gebührentabelle A nach einem Werte von 450 RM.

Darlehensklage.

§§ 607—610 BGB.

Muster 101.

Berlin-Lichtenberg, den ....

Klage
des Kaufmanns Franz Müller,
Berlin, Langestraße 10, Klägers,
gegen
den Kaufmann Georg Schwarz in
Berlin-Lichtenberg, Wagnerstraße 10,
Beklagten,
wegen 500 RM.

Ich erhebe gegen den Kaufmann Georg Schwarz beim Amtsgericht Berlin-Lichtenberg folgende Klage:

Der Beklagte hat von mir am 1. April 19.... ein Darlehen von 500 RM. erhalten, welches mit 4 vom Hundert zu verzinsen ist.

Beweis: Zeugnis des Kaufmanns N. N.

Die Kündigung des Darlehns ist am 25. Juni 19.... zum 1. Oktober 19.... mittels eingeschriebenen Briefes erfolgt.

Beweis: der Postschein und das vom Beklagten unter Eideszwang vorzulegende Schreiben vom 25. Juni 19....

Der Beklagte hat Zahlung nicht geleistet.

Ich überreiche eine Bescheinigung gemäß § 495 a Ziff. 1 Zivilprozeßordnung über die Erfolglosigkeit des Güteverfahrens.

Ich beantrage zu erkennen:

Der Beklagte wird verurteilt, an den Kläger 500 RM. nebst 4 vom Hundert Zinsen seit dem 1. Oktober 19.... zu zahlen und die Kosten des Rechtsstreits zu tragen.

Das Urteil ist vorläufig vollstreckbar.

Franz Müller.

An
das Amtsgericht
Berlin-Lichtenberg.

Kosten: Volle Gebühr der Tabelle A nach einem Werte von 500 RM.

Ist über das Darlehn ein Schuldschein ausgestellt, so ist Klage im Urkundenprozeß möglich. Die Kündigung des Darlehns ist nicht erforderlich, wenn ein bestimmter Rückzahlungstermin vereinbart ist. Ist dies nicht der Fall, so beträgt die Kündigungsfrist bei Darlehn von mehr als 300 RM. 3 Monate, bei Darlehn von geringerem Betrage einen Monat.

Ist das Darlehn zinslos gegeben, so kann der Schuldner das Darlehn ohne Kündigung jederzeit zurückerstatten.

Hat ein Güteverfahren noch nicht stattgefunden, so kann statt der Klage ein Gesuch auf Erlaß des Zahlungsbefehls gestellt oder wie Muster 100 angegeben, verfahren werden.

Schadenersatzklage.

§§ 249 ff., 31, 122, 160, 179, 228 f., 231, 280 ff., 292, 307 ff., 325, 338, 286 f., 289, 326, 338 ff., 340 ff., 347, 374, 384, 391, 440, 447, 463, 477, 479 f., 490, 498, 523 f., 538, 557, 571, 579, 600, 618, 628, 635, 671, 676, 678, 682, 694, 701 ff., 723, 795, 823—852, 835, 867, 902, 904, 951, 989, 992 f., 1298 ff., 1787, 1833 BGB.

Muster 102.

Berlin-Lichtenberg, den ....

Klage
des Restaurateurs Franz Müller,
Berlin, Langestraße 10, Klägers,
gegen
den Kaufmann Georg Schwarz,
Berlin-Lichtenberg, Wagnerstr. 10,
Beklagten,
wegen 110 RM.

Ich erhebe gegen den Kaufmann Georg Schwarz bei dem Amtsgericht Berlin-Lichtenberg folgende Klage mit dem Antrage, das Güteverfahren stattfinden zu lassen:

Ich kaufte vom Beklagten laut Bestätigungsschreiben vom 1. Oktober 19.... 200 Flaschen Rum zum Preise von 500 RM., welche am 1. November 19.... geliefert werden sollten. Der Beklagte lieferte am 1. November 19.... nicht. Ich habe dem Beklagten mit Schreiben vom 2. Dezember 19...., welches in Abschrift beigefügt ist und über dessen Empfang dem Beklagten der Eid zugeschoben wird, eine Nachfrist von zwei Wochen zur Lieferung gesetzt, andernfalls ich die Abnahme des bestellten Rums verweigere.

Nach fruchtlosem Ablauf der Frist habe ich mich bei der Firma .... zum Preise von 610 RM. eingedeckt.

Ich habe also einen Schaden von 110 RM. gehabt, dessen Ersatz ich mit der Klage verlange.

Beweis: die abschriftlich beigefügte Rechnung der Firma ....

Falls im Güteverfahren eine Einigung nicht zustande kommt, beantrage ich den Eintritt in das Streitverfahren, in welchem ich beantrage zu erkennen:

Der Beklagte wird verurteilt, an den Kläger 110 RM. nebst 5 Prozent Zinsen seit dem Tage der Klagezustellung zu zahlen und die Kosten des Rechtsstreits zu tragen.

Das Urteil ist vorläufig vollstreckbar.

Franz Müller.

An
das Amtsgericht
Berlin-Lichtenberg.

Abschrift.

Muster 103.

An Herrn Georg Schwarz, Berlin-Lichtenberg.

Ich fordere Sie hiermit auf, die von mir bei Ihnen am 1. Oktober 19.... mit Lieferungsfrist bis zum 1. November 19.... bestellten 200 Flaschen Rum binnen zwei Wochen zu liefern, andernfalls ich die Annahme des Rums ablehne.

Franz Müller.

Das vorstehende Schreiben ist dem Beklagten mittels eingeschriebenen Briefes zu übersenden.

Diese ausdrückliche Androhung des Rücktritts ist unbedingt erforderliche Voraussetzung für Schadenersatzansprüche.

Auch der vorstehende Anspruch kann zunächst im Mahnverfahren geltend gemacht werden.

Kosten: $\frac{1}{2}$ der Gebührentabelle A von einem Werte von 110 RM.

Klage eines ehelichen Kindes auf Unterhalt gegen seinen Vater.

§§ 1601—1603, 1703, 1739, 1765 BGB.

Muster 104.

Berlin-Lichtenberg, den ....

Klage

des minderjährigen Otto Schwarz, vertreten durch seinen Pfleger, den Kaufmann Franz Müller, Berlin-Lichtenberg, Wagnerstraße, Klägers,

gegen

den Werkmeister Georg Schwarz, Berlin-Lichtenberg, Wagnerstraße, Beklagten,

wegen Unterhalts.

Ich erhebe gegen den Werkmeister Georg Schwarz bei dem Amtsgericht in Berlin-Lichtenberg folgende Klage mit dem Antrage, das Güteverfahren stattfinden zu lassen:

Der Beklagte ist der eheliche Vater des Klägers. Er lebt von seiner Ehefrau getrennt. Der Kläger befindet sich bei der Mutter. Da der Beklagte seiner Unterhaltspflicht nicht nachkommt, trotzdem er monatlich 250 RM. verdient, so verlangt der Kläger eine monatliche Unterhaltsrente von 50 RM. als angemessen.

Falls im Güteverfahren eine Einigung nicht zustande kommt, beantrage ich den Eintritt in das Streitverfahren, in welchem ich beantragen werde zu erkennen:

der Beklagte wird verurteilt, an den Kläger vom 1. Dezember 19.... ab eine monatliche Unterhaltsrente von 50 RM. zu zahlen, und die Kosten des Rechtsstreits zu tragen.

Das Urteil ist vorläufig vollstreckbar.

Auf Grund anliegenden Armutszeugnisses beantrage ich die Bewilligung des Armenrechts.

Meine Bestallung als Pfleger füge ich mit der Bitte um Rückgabe bei.

Franz Müller.

An
das Amtsgericht
Berlin-Lichtenberg.

Klage eines unehelichen Kindes gegen seinen Erzeuger.

§ 1708 BGB.

Muster 105.

Berlin-Lichtenberg, den ....

Klage
des minderjährigen Ernst Schulze,
vertreten durch seinen Vormund,
das Jugendamt in Berlin-Lichtenberg
Klägers,

gegen
den Schlosser Georg Schwarz aus
Berlin-Lichtenberg, Wagnerstraße,
Beklagten,

wegen Feststellung der Vaterschaft
und Zahlung von Unterhalt.

Das Jugendamt als Vormund des Ernst Schulze erhebt beim Amtsgericht Berlin-Lichtenberg folgende Klage, mit dem Antrage, das Güteverfahren stattfinden zu lassen.

Der Kläger ist am 1. Januar 19.... von der unverehelichten Anna Schulze in Berlin-Lichtenberg geboren worden.

Das Kind wird vom Jugendamt Berlin-Lichtenberg bevormundet.

Beweis: Die Vormundschaftsakten 6 Li. VII 8000 des Amtsgerichts Berlin-Lichtenberg und die im Termin vorzulegende Bescheinigung.

Der Beklagte wird als Erzeuger des Kindes in Anspruch genommen. Er hat während der gesetzlichen Empfängniszeit, das ist in der Zeit vom .... bis .... mit der Mündelmutter geschlechtlich verkehrt.

Beweis: Zeugnis der Mündelmutter Anna Schulze, in Berlin-Lichtenberg, Wagnerstraße, wohnhaft.

Verlangt wird die Feststellung, daß der Beklagte der Vater des Klägers ist und dieses Feststellungsbegehren ist begründet durch die heutige Ariergesetzgebung.

Verlangt wird ferner eine Unterhaltsrente von 99 RM. vierteljährlich. Dieser Betrag stellt den in Berlin geltenden Mindestunterhaltssatz für uneheliche Kinder von Müttern in einfachster Lebensstellung dar.

Beweis: ein zu erforderndes Gutachten des Magistrats Berlin.

Der Erzeuger bestreitet die Vaterschaft. Es wird beantragt, zu erkennen:

1. Es wird festgestellt, daß der Beklagte der Vater des Klägers ist.
2. Der Beklagte wird verurteilt, an Kläger von der Geburt bis zur Vollendung des 16. Lebensjahres eine Unterhaltsrente von vierteljährlich 99 RM. zu zahlen.
3. Die Kosten des Rechtsstreits trägt der Beklagte.
4. Das Urteil ist vorläufig vollstreckbar.

Der Mündel ist arm.

Es wird ferner beantragt,

dem Kläger für die erste Instanz einschließlich der Zwangsvollstreckung das Armenrecht zu bewilligen.

Für das Jugendamt Berlin-Lichtenberg der Stadtvormund.

An
das Amtsgericht
Berlin-Lichtenberg.

Klage auf Erhöhung einer Unterhaltsrente.

§ 323 ZPO.

Muster 106.

Berlin-Lichtenberg, den ....

Klage
des minderjährigen Otto Schwarz, vertreten durch seinen Pfleger, den Kaufmann Franz Müller, Berlin-Lichtenberg, Wagnerstraße, Klägers,
gegen
den Werkmeister Georg Schwarz, Berlin-Lichtenberg, Wagnerstraße, Beklagten,
wegen Erhöhung des Unterhalts.

Ich erhebe gegen den Werkmeister Georg Schwarz beim Amtsgericht Berlin-Lichtenberg folgende Klage mit dem Antrage, das Güteverfahren stattfinden zu lassen:

Der Beklagte ist nach dem Urteile des Amtsgerichts in Berlin-Lichtenberg vom 15. Januar 19.... — 4. C 1000. 23 — verpflichtet, an den Kläger eine monatliche Unterhaltsrente von 20 RM. zu zahlen.

Dieser Betrag ist bei den heutigen Teuerungsverhältnissen nicht ausreichend.

Der Kläger verlangt daher eine Erhöhung dieser Unterhaltsrente auf 50 RM. als angemessen.

Der Beklagte verdient etwa 300 RM. monatlich.

Falls im Güteverfahren eine Einigung nicht zustande kommt, beantrage ich, sofort in das Streitverfahren einzutreten, in welchem ich beantragen werde zu erkennen:

Der Beklagte wird verurteilt, an den Kläger an Stelle der monatlichen Unterhaltsrente, welche er nach dem Urteil des Amtsgerichts Berlin-Lichtenberg vom 15. Januar 19.... zu zahlen hat, eine Unterhaltsrente von monatlich 50 RM. vom 1. Januar 19.... zu zahlen und die Kosten des Rechtsstreits zu tragen.

Das Urteil ist vorläufig vollstreckbar.

Auf Grund anliegenden Armutszeugnisses beantrage ich die Bewilligung des Armenrechts.

Meine Bestallung als Pfleger füge ich mit der Bitte um Rückgabe bei.

Franz Müller.

An
das Amtsgericht
Berlin-Lichtenberg.

Die Erhöhung der Unterhaltsrente darf **nur** für die Zeit **nach** Erhebung der Klage gefordert werden.

Der § 323 ZPO., auf welchen sich die vorstehende Klage stützt, ist von wesentlicher Bedeutung für jeden, der künftig fällig werdende Leistungen gewähren muß, oder solche Leistungen zu empfangen hat. Er gewährt die Möglichkeit, eine Abänderung des auf künftig fällig werdende, wiederkehrende Leistungen erkannte rechtskräftige gewordene Urteil mittels Klage herbeizuführen.

Klage eines Elternteils auf Unterhalt gegen ein eheliches Kind.

§§ 1601—1615 BGB.

Muster 107.

Berlin-Lichtenberg, den ....

Klage
der Witwe Anna Müller geb. Schulze, in Berlin-Lichtenberg, Wagnerstraße, Klägerin,

gegen
den Kaufmann Franz Müller in Berlin-Lichtenberg, Wagnerstraße, Beklagten,

wegen Unterhalts.

Ich erhebe gegen den Kaufmann Franz Müller bei dem Amtsgericht in Berlin-Lichtenberg folgende

Klage mit dem Antrage, das Güteverfahren stattfinden zu lassen.

Der Beklagte ist der eheliche Sohn der Klägerin. Die Klägerin ist infolge hohen Alters — 74 Jahre — unfähig, ihren Unterhalt selbst zu verdienen. Der Beklagte ist daher verpflichtet, sie zu unterhalten. Er ist auch dazu nach seinen Einkommensverhältnissen in der Lage. Er verdient monatlich 300 RM. Ich beanspruche eine monatliche Unterhaltsrente von 50 RM. als angemessen.

Falls im Güteverfahren eine Einigung nicht zustande kommt, beantrage ich, sofort in das Streitverfahren einzutreten, in welchem ich beantragen werde, zu erkennen:

> Der Beklagte wird verurteilt, vom 1. Januar 19.... ab eine monatliche Unterhaltsrente von 50 RM. an die Klägerin zu zahlen und die Kosten des Rechtsstreits zu tragen.
>
> Das Urteil ist vorläufig vollstreckbar.

Auf Grund des anliegenden Armutszeugnisses beantrage ich Bewilligung des Armenrechts.

Anna Müller, geb. Schulze.

An
das Amtsgericht
Berlin-Lichtenberg.

Klage einer schuldlos geschiedenen Frau auf Unterhalt.

§ 1578 BGB.

Muster 108.

Berlin-Lichtenberg, den ....

Klage
der Frau Anna Müller, geborenen Schulze, Berlin, Langestr., Klägerin,
gegen
ihren früheren Ehemann, den Kaufmann Franz Müller, Berlin-Lichtenberg, Wagnerstraße, Beklagten,
wegen Unterhalts.

Ich erhebe gegen den Kaufmann Franz Müller bei dem Amtsgericht in Berlin-Lichtenberg folgende Klage mit dem Antrage, das Güteverfahren stattfinden zu lassen.

Durch Urteil des Landgerichts Berlin vom 1. Oktober 19.... ist meine Ehe mit dem Beklagten rechtskräftig geschieden und der Beklagte für den allein schuldigen Teil erklärt worden.

Beweis: das anliegende Scheidungsurteil.

Aus der Ehe sind keine Kinder hervorgegangen.

Ich verlange den standesgemäßen Unterhalt, da ich infolge von Krankheit erwerbsunfähig bin. Vermögen besitze ich nicht.

Beweis: der anliegende Krankenschein.

Der Beklagte ist bei der Firma N. N. in Berlin beschäftigt und verdient monatlich 300 RM.

Ich beanspruche eine monatliche Unterhaltsrente von 100 RM.

Der Beklagte weigert sich, Unterhalt zu zahlen.

Falls im Güteverfahren eine Einigung nicht zustande kommt, beantrage ich, sofort in das Streitverfahren einzutreten, in welchem ich beantragen werde zu erkennen:

Der Beklagte wird verurteilt, an die Klägerin vom 1. Januar 19.... ab eine monatliche Unterhaltsrente von 100 RM. am Ersten eines jeden Monats im voraus zu zahlen und die Kosten des Rechtsstreits zu tragen.

Das Urteil ist vorläufig vollstreckbar.

Anna Müller, geb. Schulze.

An
das Amtsgericht
Berlin-Lichtenberg.

Kosten: 1/2 der Gebührentabelle A. Streitwert 1200 RM.

Soll im Armenrecht geklagt werden, so ist der Schlußsatz von Muster 107 der obigen Klage hinzuzufügen.

Widerspruchsklage eines Dritten gegen die Zwangsvollstreckung nebst Einstellungsantrag (Interventionsklage).

§§ 771, 769 ZPO.

Muster 109.

Berlin-Lichtenberg, den ....

Klage
der Frau Anna Müller, geb. Schulze,
Berlin-Lichtenberg, Wagnerstraße,
Klägerin,

gegen

den Kaufmann Georg Schwarz in
Berlin, Langestr. 10, Beklagten.

Ich erhebe gegen den Kaufmann Georg Schwarz bei dem Amtsgericht in Berlin-Lichtenberg folgende Klage mit dem Antrage, das Güteverfahren stattfinden zu lassen.

Im Auftrage des Beklagten Georg Schwarz sind durch den Gerichtsvollzieher N. N. am 8. Dezember 19.. ausweislich des hiermit überreichten Pfändungsprotokolls bei meinem Ehemann, dem Kaufmann Franz Müller, hier, Wagnerstraße, die im Klageantrage bezeichneten Gegenstände gepfändet worden.

An diesen Sachen steht mir ein die Veräußerung hinderndes Recht zu, denn ich habe diese Gegenstände mit in die Ehe gebracht.

Beweis: die anliegende über den Kauf der Sachen auf den Namen meines Vaters von der Firma N. N. ausgestellte Rechnung und Zeugnis meines Vaters, des Schlächtermeisters Georg Schulze, Berlin, Friedensstraße.

Dafür, daß die gepfändeten Gegenstände dieselben sind, wie die von meinem Vater gekauften und mir als Aussteuer mitgegebenen Sachen, berufe ich mich auf das Zeugnis meines Vaters.

Ich beantrage zu erkennen:

die im Auftrage des Beklagten vorgenommene Zwangsvollstreckung in folgende Gegenstände:

ein Büfett, dunkeleiche gebeizt,
eine Anrichte, dunkeleiche gebeizt,

wird für unzulässig erklärt.

Die Kosten des Rechtsstreits werden dem Beklagten auferlegt.

Das Urteil ist gegen Sicherheitsleistung vorläufig vollstreckbar.

Den Wert des Streitgegenstandes gebe ich auf 500 RM. an.

Ferner beantrage ich anzuordnen,

daß die Zwangsvollstreckung eingestellt werde.

Zur Sicherheitsleistung bin ich nicht imstande. Zur Glaubhaftmachung der tatsächlichen Angaben versichere ich die Richtigkeit meiner vorstehenden Angaben an Eidesstatt.

Anna Müller, geb. Schulze.

An
das Amtsgericht
Berlin-Lichtenberg.

Die Klage ist bei dem Gericht geltend zu machen, in dessen Bezirk die Zwangsvollstreckung erfolgt ist.

Zwangsvollstreckungsgegenklage.

§§ 767, 769 ZPO.

Muster 110.

Berlin-Lichtenberg, den ....

Klage

des Kaufmanns Franz Müller,
Berlin-Lichtenberg, Wagnerstraße,
Klägers,

gegen

den Kaufmann Georg Schwarz,
Berlin-Lichtenberg, Wagnerstraße,
Beklagten.

Ich erhebe gegen den Kaufmann Georg Schwarz beim Amtsgericht Berlin-Lichtenberg folgende Klage mit dem Antrage, das Güteverfahren stattfinden zu lassen.

Durch vollstreckbares Urteil des Amtsgerichts Berlin-Lichtenberg vom 1. Oktober 19.... bin ich verurteilt worden, an den Kläger 300 RM. nebst 5 Prozent Zinsen zu zahlen.

Diesen Betrag habe ich nebst Zinsen am 1. Dezember 19.... dem Beklagten durch die Post übersandt.

Beweis: der anliegend überreichte Postschein.

Der Beklagte hat trotzdem aus dem vorbezeichneten Urteil am 10. Dezember 19.... die Zwangsvollstreckung vornehmen lassen.

Beweis: das anliegend überreichte Pfändungsprotokoll des Gerichtsvollziehers N. N.

Falls im Güteverfahren eine Einigung nicht zustande kommt, beantrage ich, sofort in das Streitverfahren einzutreten, in welchem ich beantragen werde zu erkennen:

die Zwangsvollstreckung aus dem am 1. Oktober 19.... verkündeten Urteile des Amtsgerichts Berlin-Lichtenberg wird für unzulässig erklärt.

Das Urteil ist vorläufig vollstreckbar.

Die Kosten des Rechtsstreits trägt der Beklagte.

Ferner beantrage ich,

daß die Zwangsvollstreckung eingestellt werde.

Zur Sicherheitsleistung bin ich nicht imstande.

Ich versichere die Richtigkeit meiner Angaben an Eidesstatt.

Franz Müller.

An
das Amtsgericht
Berlin-Lichtenberg.

Für Erhebung der vorstehenden Klage ist das Gericht **allein** zuständig, von welchem das Urteil oder der Beschluß erlassen oder der Vergleich geschlossen ist, auf Grund dessen die Zwangsvollstreckung vorgenommen ist.

Räumungsklagen.

Die in den §§ 535 ff. BGB. befindlichen Bestimmungen über Miete reichten zum Schutze der Mieter nicht aus, als die durch den Krieg verursachte Wohnungsknappheit immer fühlbarer wurde. Sie veranlaßte gesetzgeberische Maßnahmen, die ihren Niederschlag im Mieterschutzgesetz und im Reichsmietengesetz gefunden haben. Beide Gesetze und die zu ihrer Durchführung erlassenen Verordnungen sind wiederholt geändert worden, zuletzt 1936.

Das Reichsmietengesetz und das Mieterschutzgesetz gelten grundsätzlich für die billigen Altbauwohnungen. Sie gelten nicht für Neubauten, Umbauten und geteilte Wohnungen, die nach dem 1. Juli 1918 errichtet worden sind. Sie gelten ferner u. a. nicht für Untermietverhältnisse, reine Geschäftsräume.

Die dem Mieterschutzgesetz unterstehenden Räume können nur unter den Voraussetzungen gekündigt werden, unter denen nach den §§ 2—4a des Mieterschutzgesetzes auf Aufhebung eines Mietverhältnisses geklagt werden kann. Die §§ 2—4a des Mieterschutzgesetzes lauten:

§ 2.

Der Vermieter kann auf Aufhebung des Mietverhältnisses klagen, wenn der Mieter oder eine Person, die zu seinem Hausstand oder Geschäftsbetriebe gehört, oder der er den Gebrauch des Mietraums überlassen hat, sich einer erheblichen Belästigung des Vermieters oder eines Hausbewohners schuldig macht oder durch unangemessenen Gebrauch des Mietraums oder Vernachlässigung der gebotenen Sorgfalt den Mietraum oder das Gebäude erheblich gefährdet, oder wenn der Mieter einem Dritten den Gebrauch des Mietraums beläßt, obwohl er zur Überlassung nicht befugt ist.

Die Aufhebung ist nur zulässig, wenn der Mieter ungeachtet einer Abmahnung des Vermieters das Verhalten fortsetzt oder es unterläßt, eine ihm mögliche Abhilfe zu schaffen, oder wenn das Verhalten des Mieters oder einer der im Abs. 1 bezeichneten Personen ein solches war, daß dem Vermieter die Fortsetzung des Mietverhältnisses nicht zugemutet werden kann. Hatte der Vermieter oder eine zu seinem Hausstand oder Geschäftsbetriebe gehörige oder mit seiner Vertretung in Mietangelegenheiten betraute Person die Belästigung (Abs. 1) durch eigenes Verschulden veranlaßt, so findet eine Aufhebung nicht statt.

Der Vermieter muß die Klage binnen sechs Monaten von dem Zeitpunkt an erheben, in dem er von dem Aufhebungsgrunde Kenntnis erlangt hat. Die Klage ist ausgeschlossen, wenn seit dem Entstehen des Aufhebungsgrundes ein Jahr verstrichen ist.

§ 3.

Der Vermieter kann auf Aufhebung des Mietverhältnisses klagen, wenn der Mieter, welcher den Mietzins in kürzeren als vierteljährigen Zeitabschnitten zu entrichten hat, mit einem Betrag im Verzug ist, welcher den für die Dauer eines Monats zu entrichtenden Mietzins übersteigt; bei einem den Betrag für zwei Monate nicht erreichenden Rückstand ist die Erhebung der Klage erst zwei Wochen nach der Fälligkeit zulässig. Ist der Mietzins in vierteljährigen oder längeren Zeitabschnitten zu entrichten, so kann die Aufhebungsklage erhoben werden, wenn der Mieter mit einem Betrag im Verzug ist, welcher den für die Dauer eines Vierteljahres zu entrichtenden Mietzins erreicht; bei nur einmaligem Rückstand ist die Erhebung der Klage erst zwei Wochen nach der Fälligkeit zulässig. Bezieht sich der Rückstand auf mehrere Zeitabschnitte, so ist für die Berechnung des nach Satz 1, 2 maßgebenden Betrags der Mietzins des Zeitabschnitts zugrunde zu legen, hinsichtlich dessen der Mieter zuerst in Verzug geraten ist.

Der Anspruch besteht nicht, wenn der Verzug auf Unkenntnis des Mieters über den Betrag oder den Zeitpunkt der Fälligkeit des Mietzinses oder auf irrige Annahme eines Aufrechnungs-, Minderungs- oder Zurückbehaltungsrechts zurückzuführen ist, es sei denn, daß die Unkenntnis oder der Irrtum auf Fahrlässigkeit beruht.

Die Aufhebung ist nicht mehr zulässig, wenn bis zum Ablauf von zwei Wochen seit Erhebung der Klage der Mieter den Vermieter befriedigt oder eine gegenüber der Mietzinsforderung zulässige Aufrechnung erklärt. Geht innerhalb der Frist dem Gerichte die Erklärung der Fürsorgebehörde (§ 10 Abs. 2) zu, daß sie zur Befriedigung des Vermieters bereit sei, so verlängert sich die Frist um weitere zwei Wochen. Beantragt in diesen Fällen der Vermieter alsbald, den Rechtsstreit in der Hauptsache für erledigt zu erklären, so hat der Mieter die Kosten des Rechtsstreits zu tragen.

§ 4.

Der Vermieter kann auf Aufhebung des Mietverhältnisses klagen, wenn für ihn aus besonderen Gründen ein so dringendes Interesse an der Erlangung des Mietraums besteht, daß auch bei Berücksichtigung der Verhältnisse des Mieters die Vorenthaltung eine schwere Unbilligkeit für den Vermieter darstellen würde. Zugunsten des Mieters ist dabei der Umstand mit zu berücksichtigen, daß der Mieter im Einverständins mit dem Vermieter in dem Mietraum bauliche, mit einem erheblichen Kostenaufwande verbundene Arbeiten hat vornehmen lassen. Bei gewerblichen Räumen ist es zugunsten eines Mieters, der keine weitere Betriebsstätte als den herauszugebenden Raum besitzt, mit zu berücksichtigen, wenn der Vermieter außer einer Hauptbetriebsstätte mehrere Zweigstellen in demselben Gemeindebezirk inne hat und den Mietraum lediglich zur Vergrößerung seines Betriebes verwenden will. Bei der Abwägung der beiderseitigen Interessen sind zugunsten des Vermieters die Zahl und das Lebensalter der zu seinem Hausstande gehörigen Abkömmlinge sowie der Umstand mit zu berücksichtigen, daß der Vermieter den Mietraum aus beruflichen Gründen dringend braucht.

Liegen die im Abs. 1 bezeichneten Gründe nur für einen Teil des Mietraums vor, so kann die Aufhebung hinsichtlich dieses Teiles, insbesondere auch eines Hausgartens, verlangt werden. Auch kann das Gericht die Aufhebung auf einen Teil des Mietraums beschränken, insbesondere, wenn der Vermieter Nebenräume, welche nicht Wohnräume sind, oder entbehrliche Teile des Mietraums zur Herstellung selbständigen Wohnraums braucht. Bei teilweiser Aufhebung des Mietverhältnisses ist, sofern ein vereinbarter Mietzins zu zahlen ist, auf Antrag in der Urteilsformel auszusprechen, um welchen Betrag sich der Mietzins für den verbleibenden Teil des Mietraums mindert; gilt die gesetzliche Miete, so wird der verbleibende Teil des Mietzinses nach § 2 Abs. 4 des Reichsmietengesetzes von dem Mieteinigungsamte festgesetzt.

Wird das Mietverhältnis lediglich auf Grund des Abs. 1 aufgehoben, so kann das Gericht auf Antrag des Mieters den Vermieter verpflichten, dem Mieter die für den Umzug innerhalb des Gemeindebezirkes erforderlichen Kosten ganz oder teilweise zu ersetzen, wenn dies nach Lage der Sache, insbesondere nach den Vermögens- und Erwerbsverhältnissen der Vertragsteile, der Billigkeit entspricht. Die oberste Landesbehörde kann bestimmen, daß benachbarte Gemeinden als eine Gemeinde im Sinne dieser Vorschrift anzusehen sind. Für Gemeinden, die verschiedenen Ländern angehören, kann auf Antrag der beteiligten obersten Landesbehörden der Reichsarbeitsminister die Bestimmung treffen.

Soweit die Ersatzpflicht ausgesprochen wird, ist auf Antrag des Mieters die Zwangsvollstreckung von der Hinterlegung eines in der Urteilsformel zu bezeichnenden, die Umzugskosten oder den zugebilligten Teil mutmaßlich deckenden Geldbetrages abhängig zu machen.

Der Mieter ist über die Zulässigkeit der in den Abs. 3, 4 bezeichneten Anträge zu belehren. Wird das Urteil nur wegen der Umzugskosten angefochten, so erfolgt die Anfechtung durch sofortige Beschwerde.

Auf Antrag des Mieters kann durch einstweilige Verfügung die Hinterlegung des im Abs. 4 bezeichneten Betrages angeordnet werden, wenn der Mieter einen Ersatzraum gemietet hat. Zum Erlasse der einstweiligen Verfügung ist nicht erforderlich, daß eine Gefährdung des Anspruchs glaubhaft gemacht wird.

§ 4a.

Gehört das Mietgrundstück dem Vermieter seit mindestens drei Jahren und hat er darin keine selbständige Wohnung inne, so kann er die Aufhebung des Mietverhältnisses über eine Wohnung verlangen, wenn er selbst den Raum zu Wohnzwecken benutzen will. Der Anspruch besteht nicht, wenn der Vermieter bereits in einem anderen ihm gehörigen Hause eine selbständige Wohnung inne hat; dem Angehörigen eines fremden Staates steht der Anspruch nur zu, wenn in diesem Staate Deutschen mindestens die gleichen Rechte gewährt werden.

Der Anspruch erlischt, wenn der Vermieter von einem seiner Mieter die Herausgabe des Mietraums verlangt hatte, aber gegen Gewährung oder Zusicherung eines Vermögensvorteils von dem Verlangen Abstand nimmt.

Unterläßt es der Vermieter ohne wichtigen Grund, die Wohnung binnen angemessener Frist in Gebrauch zu nehmen, so kann der Mieter den Ersatz der Kosten verlangen, die er für den Umzug und die Unterkunftsbeschaffung aufgewendet hat.

Miteigentümer können den Anspruch auf die Herausgabe nur einer Wohnung richten. Hat einer von ihnen eine Wohnung erlangt, so erlischt der Anspruch der übrigen auf eine Wohnung in diesem Hause.

Will der Vermieter das Mietverhältnis auf Grund der §§ 2—4a lösen, so kann er entweder von dem in den §§ 1b—1m des Mieterschutzgesetzes beschriebenen Kündigungsverfahren Gebrauch machen, oder er kann sogleich die Klage auf Aufhebung des Mietverhältnisses erheben.

Es empfiehlt sich, stets den Klageweg zu beschreiten, wenn zu erwarten ist, daß der Mieter auf das Kündigungsschreiben nicht räumen, sondern Widerspruch erheben wird.

Im folgenden werden Antragsmuster für

A. **das Kündigungsverfahren,**

B. **den Klageweg**

gebracht.

A. Kündigungsverfahren.

Wie bereits erwähnt, empfiehlt es sich, von dem Kündigungsverfahren nur dann Gebrauch zu machen, wenn zu erwarten ist, daß der Mieter gegen das Kündigungsschreiben keinen Widerspruch erheben wird.

Von dem in den §§ 1b—1m beschriebenen Kündigungsverfahren kann **nur Gebrauch** gemacht werden, wenn das Mietverhältnis aus den in den §§ 2—4a angegebenen Gründen gelöst werden soll. Soll das Mietverhältnis aus einem anderen Grunde, als aus den in den §§ 2—4a angegebenen, durch Kündigung gelöst werden, so findet das in den §§ 1b—1m beschriebene Kündigungsverfahren keine Anwendung. Solche Kündigung hat in der durch Mietvertrag oder Gesetz vorgeschriebenen Form zu erfolgen. Sie ist nur zulässig, in den Fällen, in denen es nach den §§ 19—26, 32—33 für die Beendigung des Mietverhältnisses der Erhebung einer Aufhebungsklage nicht bedarf, z. B. bei Tod des Mieters, Kündigung des Mietverhältnisses gegenüber den Erben (siehe § 19 MSchG.).

Will der Vermieter das Mietverhältnis beim Vorliegen der Voraussetzungen der §§ 2—4a kündigen, so hat er ein Kündigungsschreiben, **für welches der amtliche Vordruck zu verwenden ist,** zu fertigen. Diese Vordrucke sind in jeder einschlägigen Schreibwarenhandlung zu haben.

Das Kündigungsschreiben ist dem **Amtsgericht einzusenden, in dessen Bezirk der Mietraum liegt.** Es sind so viele Abschriften beizufügen, als für die Zustellung an die Beteiligten erforderlich sind. — Für jeden Beklagten eine Abschrift und eine Abschrift für die Fürsorgebehörde, wenn die Kündigung auf Zahlungsverzug gestützt wird —.

Die Zustellung des vorbezeichneten Kündigungsschreibens geschieht durch das Amtsgericht. Mit dem Kündigungsschreiben wird dem Mieter folgende Rechtsbelehrung übersandt.

Muster 111.

Geschäftsstelle des Amtsgerichts. ...., den .... 19....

Geschäftsnummer: ....

Rechtsbelehrung.

Beiliegendes Kündigungsschreiben wird Ihnen auf Gesuch des Vermieters hierdurch zugestellt.

Wenn Sie eine **gütliche Erledigung** der Sache für möglich halten, so empfiehlt es sich, daß Sie sich **schleunigst** an den Vermieter wenden und versuchen, mit ihm zu einer Einigung zu gelangen.

Halten Sie einen solchen Versuch für zwecklos oder hat der Einigungsversuch zu keinem Erfolg geführt, so müssen Sie **binnen zwei Wochen seit der Zustellung dieses Kündigungsschreibens gegen die Kündigung**

Widerspruch

erheben. Bei Unterlassung des Widerspruchs müssen Sie damit rechnen, daß das Gericht auf das Gesuch des Vermieters einen Räumungsbefehl gegen Sie erläßt und daß Sie gezwungen werden, die Mieträume zu dem angegebenen Zeitpunkt zu verlassen.

Der Widerspruch wird erhoben

entweder schriftlich bei dem oben bezeichneten Amtsgericht (wobei sich die Angabe der oben vermerkten Geschäftsnummer empfiehlt),

oder mündlich zu Protokoll der Geschäftsstelle dieses Amtsgerichts, werktags zwischen .... und .... Uhr.

Zum **schriftlichen Widerspruch** genügt es, daß Sie **auf die Rückseite dieses Blattes** den Vermerk setzen: „Ich erhebe Widerspruch", diesen mit Ihrer Unterschrift versehen und das Blatt frankiert **so frühzeitig** an das oben bezeichnete Amtsgericht zurücksenden, daß der Widerspruch binnen zwei Wochen seit Zustellung des Kündigungsschreibens beim Amtsgericht eingeht.

Wollen Sie **mündlich** Widerspruch erheben, so nehmen Sie zweckmäßig das Kündigungsschreiben zur Geschäftsstelle mit. Ein Beamter der Geschäftsstelle wird Ihre Erklärungen entgegennehmen.

Der Widerspruch kann für Sie **auch von einem andern** (z. B. von Ihrem Ehegatten oder einem Angehörigen oder Bekannten) erhoben werden; eine schriftliche Vollmacht braucht dieser nicht vorzulegen.

Eine Kündigung wegen **Mietrückstandes** wird **hinfällig, wenn Sie den Vermieter binnen zwei Wochen seit Zustellung dieses Kündigungsschreibens befriedigen.** Fehlen Ihnen hierzu die Mittel, so wenden Sie sich **schleunigst** mit der Bitte um Unterstützung an die Fürsorgebehörde.

.... Straße—Platz Nr. ....

Sind Sie bereit zu räumen, aber erst zu einem späteren Zeitpunkt, als es der Vermieter verlangt, so müssen Sie binnen zwei Wochen seit der Zustellung dieses Kündigungsschreibens eine

Räumungsfrist von bestimmter Dauer

beantragen. Der Antrag kann entweder schriftlich — z. B. **auf der Rückseite dieses Blattes** — oder mündlich zu Protokoll der Geschäftsstelle des Amtsgerichts gestellt werden. Ist der Vermieter, der von der Geschäftsstelle Nachricht erhält, mit der Frist einverstanden, so wird der Räumungsbefehl für den beantragten späteren Zeitpunkt erlassen; andernfalls beraumt das Gericht einen Verhandlungstermin an.

Der oder **die** Mieter **(Eheleute)** müssen also binnen einer Frist von **zwei Wochen** vom Tage der Zustellung ab, wenn sie Gründe gegen eine Räumung haben, Widerspruch erheben und zwar in der Weise, wie es in der Rechtsbelehrung angegeben ist. Sind die Mieter zur Räumung bereit, und paßt ihnen nur der im Kündigungsschreiben angegebene Zeitpunkt nicht, so senden sie die Rechtsbelehrung mit folgenden Schreiben an das Amtsgericht zurück und zwar so, daß das Schreiben innerhalb der vorbezeichneten Frist dort eingeht.

Muster 112.

Berlin, den ....

Wir sind zur Räumung der Mieträume bereit, beantragen jedoch die Räumung erst zum .... auszusprechen. Wir erhalten erst zu diesem Tage eine Wohnung im Neubau ....straße Nr. ....

Karl Müller.

Helene Müller, geb. Schulze.

Das weitere Verfahren ist in der vorstehenden Rechtsbelehrung Muster 111 angegeben.

Der Vermieter erhält von der Zustellung des Kündigungsschreibens vom Gericht Nachricht.

Ist der Vermieter mit der beantragten Räumungsfrist einverstanden, so teilt er dies dem Gericht mit und zwar **binnen zwei Wochen.**

Muster 113.

Berlin, den ....

An
das Amtsgericht
in ....

In der Kündigungssache Müller/Schulze, Aktenzeichen ...., bin ich mit der von Schulze beantragten Räumungsfrist einverstanden.

Gustav Müller.

Das Gericht erläßt hierauf den Räumungsbefehl mit der Maßgabe, daß die Vollstreckung von dem Ablaufe der beantragten Räumungsfrist abhängig gemacht wird.

Verweigert der Vermieter innerhalb der Frist die Zustimmung oder gibt er keine Erklärung ab, so wird der Antrag des Mieters auf Gewährung einer Räumungsfrist als Widerspruch gegen das Kündigungsschreiben angesehen. Das Gericht beraumt in diesem Falle von Amtswegen einen Termin zur Güteverhandlung an. **Das gleiche geschieht,** wenn der Mieter **eine Räumungsfrist ohne Bestimmung ihrer Dauer beantragt** oder wenn er erklärt hat, nur bei Sicherung eines Ersatzraumes räumen zu wollen.

Hat der Mieter Widerspruch gegen das Kündigungsschreiben erhoben, so wird dies dem Vermieter durch das Gericht mitgeteilt.

Binnen zwei Wochen nach Zustellung dieser Mitteilung kann der Vermieter Güteverhandlung beantragen.

Muster 114.

Berlin, den ....

An
das Amtsgericht
in ....

In der Kündigungssache Müller/Schulze, Aktenzeichen ...., hat der Mieter Schulze Widerspruch erhoben. Ich beantrage die Anberaumung eines Termins zur Güteverhandlung.

Gustav Müller.

Geht dieser Antrag nicht innerhalb der vorstehend bezeichneten Frist beim Amtsgericht ein, so verliert das Kündigungsschreiben seine Kraft.

Erhebt der Mieter nicht rechtzeitig Widerspruch, so wird auf Gesuch[1]) des Vermieters der Räumungsbefehl erlassen. In dem Räumungsbefehl wird dem Mieter aufgegeben, den Mietraum zu dem im Kündigungsschreiben bezeichneten Zeitpunkt an den Vermieter herauszugeben, auch die Kosten des Verfahrens zu tragen.

Die Zustellung des Räumungsbefehls geschieht **nicht** vom Amtswegen, sondern auf Betreiben des Vermieters.

Ist das Kündigungsschreiben auf Zahlungsverzug gestützt, so erläßt das Amtsgericht den Räumungsbefehl nicht vor Ablauf der im § 3 Abs. 3 des Mieterschutzgesetzes bezeichneten Fristen.

Muster 115.

[2]) Berlin, den ....

In der Kündigungssache Müller/Schulze, Aktenzeichen ...., beantrage ich den Erlaß des Räumungsbefehls.

Die Zustellung desselben bitte ich zu vermitteln (oder wenn man selbst einen Gerichtsvollzieher mit der Zustellung beauftragen will: „Die Zustellung veranlasse ich selbst").

Gustav Schulze.

Der auf dieses Gesuch hin erlassene Räumungsbefehl steht einem auf eine Aufhebungsklage ergangenen Versäumnisurteile gleich. Der Mieter kann gegen diesen Räumungsbefehl binnen **einer Woche nach Zustellung** desselben schriftlich oder zu Protokoll der Geschäftsstelle **Einspruch** einlegen.

Muster 116.

Berlin, den ....

In der Kündigungssache Müller/Schulze, Aktenzeichen .... erhebe ich gegen den Räumungsbefehl vom .... Einspruch.

Emil Schulze.
Elisa Schulze.

An
das Amtsgericht
in ....

Das Gericht beraumt auf diesen Einspruch hin einen Termin im Streitverfahren an.

B. Klageweg.

Will der Vermieter in den Fällen der §§ 2—4a von dem unter A beschriebenen Kündigungsverfahren keinen Gebrauch machen, so erhebt er die Klage. In den Fällen der §§ 19—22 und 32—33 MSchG. muß er die Klage erheben. Ein Kündigungsverfahren wie unter A beschrieben, gibt es für diese Fälle nicht.

---

[1]) **Dieses Gesuch muß der Vermieter binnen einer einmonatigen Frist,** die mit dem Ablauf der Widerspruchsfrist beginnt, stellen, da sonst das **Kündigungsverfahren seine Kraft verliert.**

[2]) Die Klage ist bei dem Amtsgerichte einzureichen, in dessen Bezirk sich der Mietraum befindet. Es sind so viele Abschriften beizufügen, als Beklagte vorhanden sind, und ferner eine weitere Abschrift für die Fürsorgebehörde.

Der Vermieter kann in der gleichen Klage auch andere Ansprüche erheben, sofern sie das gleiche Mietverhältnis betreffen (z. B. Anspruch auf Zahlung rückständiger Miete, oder auf Zahlung eines vom Mieter bewilligten Zuschusses zur Anlegung elektrischen Lichtes). Solche Ansprüche kann er in dem unter A beschriebenen Kündigungsverfahren nicht geltend machen.

Der Mieter kann eine Widerklage (Gegenklage) nur erheben, sofern sein Gegenanspruch das gleiche Mietverhältnis betrifft.

Muster 117.

Berlin, den ....

Klage

des Hauseigentümers Karl Schwarz
in Berlin, ...straße Nr. ....

gegen

1. den Kaufmann Gustav Müller,
2. dessen Ehefrau Anna Müller, geb. Schulze,

beide in Berlin, ...straße Nr. .....

Ich erhebe gegen die Eheleute Kaufmann Gustav Müller und Anna Müller bei dem Amtsgericht in[1]) .... folgende Klage.

Die Beklagten sind Mieter der unten bezeichneten Räume, für welche die gesetzliche Miete mit 45 RM. monatlich am 1. jedes Monats im voraus zu zahlen ist.

Die Beklagten sind für Monat September und für Monat Oktober die Miete mit zusammen 90 RM. schuldig geblieben.

Ich verlange daher gemäß § 3 des Mieterschutzgesetzes die Aufhebung des Mietverhältnisses und Zahlung der rückständigen Miete.

Falls der Güteversuch fruchtlos ausfällt, beantrage ich im Streitverfahren zu erkennen:

1. Das zwischen den Parteien über die im Hause Berlin, ...straße Nr. ..... im 3. Stockwerk belegene Wohnung bestehende Mietverhältnis wird mit sofortiger Wirkung aufgehoben.
2. Die Beklagten werden als Gesamtschuldner verurteilt, diesen Mietraum sofort an den Kläger herauszugeben.
3. Die Beklagten werden als Gesamtschuldner verurteilt, an den Kläger 90 RM. nebst 6 Prozent Zinsen seit dem 1. Oktober 19.... zu zahlen.

---

[1]) Mit diesem Antrag ist ein Stück des Kündigungsschreibens und, falls die Zustellung des Räumungsbefehls an den oder die Mieter durch Vermittlung des Urkundsbeamten der Geschäftsstelle erfolgen soll, je ein weiteres Stück für jeden Mieter einzureichen.

4. Der beklagte Ehemann wird ferner verurteilt, die Zwangsvollstreckung in das eingebrachte Gut seiner Ehefrau zu dulden.
5. Die Kosten des Rechtsstreites werden den Beklagten auferlegt.
6. Das Urteil ist wegen des Zahlungsanspruchs vorläufig vollstreckbar.

Die Beklagten werden darauf hingewiesen, daß gegen sie Versäumnisurteil ergehen kann, wenn sie im Termine nicht erscheinen oder sich nicht ordnungsmäßig vertreten lassen.

Karl Schwarz.

Muster 118.

Berlin, den ....

Klage
des Hauseigentümers Karl Schwarz
in Berlin, ...straße Nr. .....,
gegen
1. den Kaufmann Gustav Müller,
2. dessen Ehefrau Anna Müller, geb. Schulze,
beide in Berlin, ...straße Nr. ....

Ich erhebe gegen die Eheleute Kaufmann Gustav Müller und Anna Müller bei dem Amtsgericht in [1]....... folgende Klage mit dem Antrage, das Güteverfahren stattfinden zu lassen.

Die Beklagten haben in meinem Hause, ...straße Nr. .... im 2. Stockwerk eine Wohnung von 2 Zimmern, Küche, Bad und Nebengelaß inne, für welche ein monatlicher Mietzins von 45 RM. zu entrichten ist. Sie haben ihrem Sohne Max Müller und dessen Ehefrau Marie Müller die von ihnen gemieteten Räumlichkeiten zur Mitbenutzung überlassen. Ein Mietvertrag zwischen mir und den Eheleuten Max und Marie Müller besteht nicht.

Der zwischen mir und den Beklagten bestehende Mietvertrag schreibt im § 9 Ziff. 3 vor, daß die Reinigung und das Trocknen der großen wie auch der kleinen Wäsche niemals in der Wohnung vorgenommen werden darf, sondern ausschließlich in der Waschküche bzw. im Trockenboden erfolgen muß.

Beweismittel: Der im Termin vorzulegende Mietvertrag.

Diese Vorschrift wird von den Beklagten seit einigen Monaten nicht beachtet. Die Beklagte zu 2 wäscht die Wäsche, ob groß ob klein, in der Wohnung.

[1]) Siehe Fußnote zu Muster 117.

Trotz Abmahnung (am 10. August mündlich und am 15. September durch Einschreibebrief) ist dieses Verhalten bis in die letzte Zeit fortgesetzt worden, und zwar am 10. Oktober und am 4. November 19.....
Beweismittel: Zeugnis der Frauen Anna Meyer und Charlotte Krüger, beide in Berlin, ...straße Nr. ..... wohnhaft.

Am 4. November 19.... war infolge Wäschewaschens in den Räumen der Beklagten (Badezimmer) das Wasser durch die Decke der darunter gelegenen Wohnung gelaufen.

Beweismittel: Zeugnis der Frau Anna Meyer in Berlin, ...straße und des Malermeisters Franz Weiß in Berlin, ...straße Nr. .....

Das Verhalten der Beklagten und der bei ihnen einwohnenden Schwiegertochter rechtfertigt die Erhebung der Klage nach § 2 des Mieterschutzgesetzes.

Falls der Güteversuch fruchtlos ausfällt, beantrage ich im Streitverfahren zu erkennen:

1. Das Mietverhältnis zwischen den Parteien über die im Hause Berlin, ...straße Nr. ...., im 2. Stockwerk belegene Wohnung wird mit sofortiger Wirkung aufgehoben.
2. Die Beklagten werden als Gesamtschuldner verurteilt, diese Mieträume sofort an den Kläger herauszugeben.
3. Die Kosten des Rechtsstreits tragen die Beklagten als Gesamtschuldner.

Die Beklagten werden darauf hingewiesen, daß gegen sie Versäumnisurteil ergehen kann, wenn sie im Termine nicht erscheinen oder sich vertreten lassen.

Karl Schwarz.

Muster 119.

Berlin, den ....

Klage
des Hauseigentümers Karl Schwarz
in Berlin, ...straße Nr. ....,
gegen
1. den Kaufmann Gustav Müller,
2. dessen Ehefrau Anna Müller, geb. Schulze,

beide in Berlin, ...straße Nr...

Ich erhebe gegen die Eheleute Kaufmann Gustav Müller und Anna Müller bei dem Amtsgericht in[1]) .... folgende Klage mit dem Antrage, das Güteverfahren stattfinden zu lassen.

[1]) Siehe Fußnote zu Muster 117.

Ich habe vor einem Jahre das in der ....straße Nr. .... liegende Landhaus von dem Kaufmann Franz Weiß, Berlin, ...straße gekauft. Das Landhaus besitzt im Erdgeschoß eine Wohnung von 4 Zimmern, Kammer und Küche und im Obergeschoß eine Wohnung von 3 Zimmern und Küche. Der Vorbesitzer bewohnte die im Erdgeschoß liegende Wohnung und hatte von dieser an die beklagten Eheleute Müller 1 Zimmer und die Kammer abvermietet. Ein schriftlicher Mietvertrag ist nicht abgeschlossen. Der Mietpreis beträgt monatlich 25 RM. Die Eheleute Müller haben sich die Kammer als Küche ausbauen lassen. Als ich das Haus kaufte, übernahm ich die Wohnung des früheren Besitzers Weiß. Meine Familie besteht aus meiner Ehefrau, einer Tochter von 16 Jahren und 2 Söhnen im Alter von 15 und 12 Jahren. Ich brauche daher dringend die von den Eheleuten Müller bewohnten Räume für meine Familie. Die von den Eheleuten Müller bewohnten Räume haben keinen besonderen Zugang. Auch dadurch fühle ich mich in der freien Benutzung meiner Wohnung behindert.

Falls der Güteversuch fruchtlos ausfällt, beantrage ich im Streitverfahren zu erkennen:

1. Das Mietverhältnis zwischen den Parteien über die von den Beklagten im Hause Berlin, ...straße Nr. .... bewohnten Mieträume wird mit Wirkung zum 1. Januar 19.... aufgehoben.
2. Die Beklagten werden als Gesamtschuldner verurteilt, diese Mieträume am 1. Januar 19.... zu räumen.
3. Die Kosten des Rechtsstreits werden den Beklagten auferlegt.

Die Beklagten werden darauf hingewiesen, daß gegen sie Versäumnisurteil ergehen kann, wenn sie im Termine nicht erscheinen oder sich vertreten lassen.

Gustav Schwarz.

Auf Grund der vorstehenden Klagen, Muster 117—119, wird vom Amtsgericht ein Termin anberaumt, zu welchem die Parteien geladen werden. Erscheint eine Partei im Termine nicht, so kann auf Antrag der erschienenen Partei das Versäumnisurteil gegen die nicht erschienene Partei erlassen werden — siehe Versäumnisverfahren —. Erscheinen beide Parteien und es kommt ein Vergleich nicht zustande, so hat der Amtsrichter die Entscheidung zu erlassen, wenn sie sofort erfolgen kann und **beide Parteien es beantragen.** Andernfalls wird ein neuer Verhandlungstermin anberaumt, zu welchem zwei Beisitzer zuzuziehen sind. Dieser Termin wird sofort verkündet. Die Parteien werden hierzu **nicht besonders** schriftlich **geladen. Jede Partei muß sich also Terminstag und Stunde merken.**

Die Beklagten können auf die Klage auch schriftlich erwidern. **Vom Erscheinen in den Terminen entbindet diese Klageerwiderung aber nicht.**

Das Mietverhältnis wird für den Zeitpunkt aufgehoben, für den eine zur Zeit der Klageerhebung erfolgende Kündigung nach dem Vertrag zulässig sein würde. Bei Mangel einer Vertragsbestimmung wird das Mietverhältnis für den Schluß des Kalendervierteljahres oder, wenn der Mietzins nach Monaten bemessen ist, am Schlusse eines Kalendermonats oder, wenn der Mietzins nach Wochen bemessen ist, am Schlusse einer Kalenderwoche aufgehoben. **Stützt sich die Klage auf §§ 2, 3 des Mieterschutzgesetzes,** so kann das Mietverhältnis **mit sofortiger Wirkung aufgehoben** werden.

Ist der Mieter auf Grund des § 3 verklagt worden, und ist er zur Zahlung der Miete außerstande, so empfiehlt es sich für ihn, sich unverzüglich mit der Fürsorgebehörde seines Bezirks in Verbindung zu setzen, die evtl. die Miete für ihn auslegt. Siehe Abs. 3 des § 3 des Mieterschutzgesetzes.

Der Zeitpunkt, zu welchem der Mietraum zu räumen ist, wird in der Urteilsformel festgestellt.

Die Räumungsfrist kann auf **Antrag des Mieters** einmal verlängert werden, es sei denn, daß dies eine unbillige Härte für den Vermieter bedeuten würde. Der Antrag ist an das Amtsgericht zu richten, welches das Urteil gefällt hat und zwar **spätestens zwei Wochen vor Ablauf der Räumungsfrist.**

Muster 120.

Berlin, den ....

In der Prozeßsache Schwarz/Müller, Aktenzeichen .... bin ich zur Räumung der Mieträume im Hause ...., ...straße Nr. .... zum 1. Januar verurteilt worden. Meine Ehefrau erwartet Ende Dezember ihre Niederkunft. Sie würde Schaden an ihrer Gesundheit erleiden, wenn ich zum 1. Januar 19.... die Mieträume räumen müßte.

Beweismittel: Anliegendes Zeugnis der Hebeamme N. N.

Ich bitte die Räumungsfrist bis zum 1. März zu verlängern.

An
das Amtsgericht
in ....

Otto Müller.

Über diesen Antrag entscheidet das Amtsgericht durch Beschluß. Dieser Beschluß ist mit der sofortigen Beschwerde anfechtbar, wenn eine oder beide Parteien damit nicht zufrieden sind.

Die sofortige Beschwerde ist **binnen zwei Wochen** nach Zustellung des Beschlusses beim Prozeßgericht oder bei dem diesen übergeordneten Landgericht einzulegen. Geht sie später ein, so wird sie zurückgewiesen und der erlassene Beschluß ist rechtskräftig.

Muster 121.

Berlin, den ....

An
das Amtsgericht
in ....

In der Prozeßsache Schwarz/Müller Aktenzeichen ...., erhebe ich gegen den Beschluß des Amtsgerichts vom .... sofortige Beschwerde und begründe sie wie folgt.

Hier sind die Gründe anzuführen, weshalb man den erlassenen Beschluß aufgehoben oder geändert haben will.

Gustav Schwarz.

Urkunden- und Wechselprozeß.

§§ 592—605, 495a Abs. 3 ZPO.

Das Verfahren im Urkunden- und Wechselprozeß gibt dem Kläger die Möglichkeit, schneller zu einem vollstreckbaren Titel zu gelangen, als im ordentlichen Verfahren, weil die Beweismittel nur Urkunden oder Eideszuschiebung sein können und Zeugenbeweis, welcher Zeit erfordert, ausgeschlossen ist.

Wer einen Anspruch geltend machen will, der die Zahlung einer bestimmten Geldsumme oder die Leistung einer bestimmten Quantität anderer vertretbarer Sachen oder Wertpapiere zum Gegenstande hat, kann dies im Urkundenprozeß tun, wenn **alle** zur Begründung des Anspruchs erforderlichen Tatsachen durch Urkunden bewiesen werden können.

Die Klageschrift muß die Erklärung enthalten, daß im Urkundenprozeß geklagt wird. Der Klageschrift müssen die als Beweismittel dienenden Urkunden in Urschrift oder Abschrift beigefügt sein. Bezüglich der Echtheit oder Unechtheit der Urkunden ist nur Eideszuschiebung zulässig (siehe Muster 122).

Der Kläger kann ohne Einwilligung des Beklagten bis zum Schlusse der mündlichen Verhandlung vom Urkundenprozesse Abstand nehmen und den Prozeß im ordentlichen Verfahren weiterführen. Dies wird er in der Regel tun, wenn er mit dem Urkundenbeweismaterial nicht durchdringt, so daß Zeugen vernommen werden müssen. Die Einwendungen des Beklagten werden, wenn der ihm obliegende Beweis mit Urkunden- oder Eideszuschiebung nicht vollständig geführt werden kann, zurückgewiesen.

Hat der Beklagte dem geltend gemachten Anspruch widersprochen, so wird ihm in allen Fällen, in denen er verurteilt wird, die Ausführung seiner Rechte im ordentlichen Verfahren vorbehalten.

Werden im Urkundenprozesse Ansprüche aus Wechseln im Sinne der Wechselordnung geltend gemacht, so kann die Klage sowohl beim Gericht des Zahlungsorts oder bei dem Gerichte geltend gemacht werden, in dessen Bezirk der Beklagte seinen Wohnsitz hat.

Die Klage muß die Erklärung enthalten, daß im Wechselprozeß geklagt werde (siehe Muster 123).

Ein Güteverfahren gibt es im Urkunden- und Wechselprozeß nicht, jedoch kann der Erlaß eines Urkunden- bzw. Wechselzahlungsbefehls beantragt werden. Zum Antrag ist Muster 90 zu benutzen, nur ist zu schreiben: Gesuch des usw. auf Erlaß eines Urkunden-, Wechsel-Zahlungsbefehl und im Antrage: Ich beantrage gegen den Schuldner einen Urkunden-, Wechsel-Zahlungsbefehl usw.

Im übrigen gilt das unter Mahnverfahren Gesagte. Wird gegen den Zahlungsbefehl Widerspruch erhoben, so hat dies die Wirkung, daß das streitige Verfahren im Urkunden- oder Wechselprozeß anhängig wird.

Muster 122.

Berlin, den ....

Klage
im Urkundenprozeß des Kaufmanns Franz Müller, Berlin, Langestr. 10, Klägers,

gegen

den Kaufmann Georg Schwarz, Berlin-Lichtenberg, Wagnerstr. 10, Beklagten,

wegen 400 RM.

Ich erhebe gegen den Kaufmann Georg Schwarz bei dem Amtsgericht Berlin-Lichtenberg folgende Klage im Urkundenprozeß:

Der Beklagte schuldet mir auf Grund des abschriftlich anliegenden Schecks vom 5. Dezember 19.... auf die Dresdener Bank, Wechselstube und Depositenkasse D 2, Frankfurter Allee — D II N 10500 — 400 RM.

Beweis: der Scheck und über die Echtheit der Unterschrift: Eideszuschiebung.

Der Scheck ist der Dresdener Bank vorgelegt, aber nicht eingelöst worden.

Beweis: der Scheck.

Trotz Aufforderung hat der Beklagte den Scheck nicht eingelöst.

Ich beantrage zu erkennen:
der Beklagte wird verurteilt,
an den Kläger 400 RM. nebst 6% Zinsen seit dem .... 19.... zu zahlen und die Kosten des Rechtsstreits zu tragen.

Das Urteil ist vorläufig vollstreckbar.

Franz Müller.

An
das Amtsgericht
Berlin-Lichtenberg.

Abschrift.

D II N 10500. RM. 400.—.

Die Dresdener Bank, Wechselstube und Depositenkasse D II, Frankfurter Allee, wolle zahlen gegen diesen Scheck aus meinem Guthaben an den Kaufmann Franz Müller oder Überbringer, Reichsmark vierhundert.

Berlin, den ....

gez.: Georg Schwarz.

Durch die Abrechnungsstelle vorgelegt und nicht bezahlt.

Berlin, den ....

Dresdener Bank, Wechselstuben-Zentrale.

gez.: Unterschrift.

Muster 123.

Klage im Wechselprozeß
des Kaufmanns Franz Müller,
Berlin-Lichtenberg, Wagnerstr. 10,
Klägers,

gegen

den Kaufmann Georg Schwarz,
Berlin, Langestr. 10, Beklagten,
wegen 300 RM.

Ich erhebe gegen den Kaufmann Georg Schwarz beim Amtsgericht folgende Klage im Wechselprozeß:

Der Beklagte Georg Schwarz schuldet mir aus dem in Abschrift beigefügten, von ihm akzeptierten Wechsel vom 1. November 19...., fällig am 1. Dezember 19.... und dem mit dem Wechsel verbundenen, mangels Zahlung aufgenommenen Protest vom 2. Dezember 19...., die Wechselsumme von 300 RM. und 15.60 RM. Wechselunkosten, einschließlich Protestkosten.

Beweis: Der Wechsel mit Protest und für die Echtheit der Wechselunterschrift, Eid.

Ich beantrage zu erkennen:

der Beklagte wird verurteilt, an den Kläger 300 RM. nebst 6 Prozent Zinsen seit dem 1. Dezember 19...., sowie 15.60 RM. Wechselunkosten zu zahlen und die Kosten des Rechtsstreits zu tragen.

Das Urteil ist vorläufig vollstreckbar.

Franz Müller.

An
das Amtsgericht
Berlin-Mitte.

Die Klage kann sowohl bei dem Gericht, in dessen Bezirk der Beklagte seinen allgemeinen Gerichtsstand hat, als auch bei dem Gericht des Zahlungsorts erhoben werden.

Der Wechsel nebst Protest ist in Urschrift oder Abschrift der Klage beizufügen.

Rechtsmittel.

§§ 511—544 ZPO.

Ein Rechtsstreit endet

a) durch Zurücknahme der Klage,

b) durch Vergleich,

c) durch Urteil (über Versäumnisurteile siehe Versäumnisverfahren).

Gegen Endurteile erster Instanz kann Berufung eingelegt werden.

In Rechtsstreitigkeiten über vermögensrechtliche Ansprüche ist die Berufung unzulässig, wenn der Wert des Beschwerdegegenstandes 100 RM. **nicht** übersteigt, d. h. solche Urteile sind sofort rechtskräftig.

Die Berufung ist bei dem dem Amtsgericht übergeordneten Landgericht innerhalb einer Frist von einem Monat durch Einreichung einer Berufungsschrift einzulegen. Die Frist beginnt mit Zustellung des Urteils zu laufen. Die Zustellung des Urteils geschieht auf Betreiben der Parteien, nicht von Amtswegen. Um die Berufungsfrist in Gang zu setzen, ist folgendes zu tun:

Muster 124.

Berlin, den ....

An das Amtsgericht in ....

In der Prozeßsache Müller gegen Schulze, Aktenzeichen ...., beantrage ich die Erteilung einer einfachen und einer vollstreckbaren Ausfertigung des am .... ergangenen Urteils und Weitergabe an den zuständigen Gerichtsvollzieher zur Zustellung.

Franz Müller.

Will man den Gerichtsvollzieher selbst mit der Zustellung beauftragen, so läßt man das auf die Weitergabe an den Gerichtsvollzieher Bezügliche fort.

Da die Berufung beim Landgericht verhandelt wird, **müssen** die Parteien durch Rechtsanwälte vertreten sein. **Schon die Berufung muß durch einen Rechtsanwalt eingelegt werden.**

Wird einer verurteilten Partei das Urteil 1. Instanz zugestellt und beabsichtigt sie gegen das Urteil Berufung einzulegen, so muß sie sich so rechtzeitig mit einem Rechtsanwalt in Verbindung setzen, daß dieser noch vor Ablauf der Berufungsfrist die Berufung einlegen kann. Treffen für diese Partei die Voraussetzungen für die Bewilligung des Armenrechts zu, so muß sie schleunigst sich ein Armutsattest von der obrigkeitlichen Behörde verschaffen und einen Antrag auf Bewilligung des Armenrechts für die 2. Instanz nach folgendem Muster stellen:

Muster 125.

Berlin-Lichtenberg, den ....

Antrag
des Kaufmanns Franz Müller, hier,
Wagnerstraße,
auf Bewilligung des Armenrechts.

Ich beabsichtige gegen das anliegende, vom Amtsgericht Berlin-Lichtenberg am 1. Dezember 19.... verkündete und mir am 15. Dezember 19.... zugestellte Urteil Berufung einzulegen und beantrage:

mir das Armenrecht für die Berufungsinstanz zu bewilligen und einen Rechtsanwalt beizuordnen.

Ein Armutszeugnis füge ich bei.

Die Berufung will ich wie folgt begründen:

(hier sind die Gründe für die Einlegung der Berufung anzugeben)

An das Landgericht Berlin.

Franz Müller.

Das Gesuch ist an das Landgericht zu richten, in dessen Bezirk das Amtsgericht belegen ist, gegen dessen Entscheidung Berufung eingelegt werden soll. Wird das Gesuch um Bewilligung des Armenrechts **abgelehnt,** so findet dagegen die Beschwerde statt. Dies gilt nicht, wenn das Berufungsgericht das Armenrecht abgelehnt hat. Wenn also im Falle des Musters 125 das Landgericht die Bewilligung des Armenrechts ablehnt, so gibt es gegen diesen Beschluß keine Beschwerde.

Kosten.

Für die im vorstehenden Abschnitt aufgeführten Geschäfte werden die Gerichtsgebühren nach dem Werte des Streitgegenstandes berechnet. Dabei bleiben Früchte, Nutzungen, Zinsen und Kosten außer Ansatz, wenn sie als Nebenforderung geltend gemacht werden, z. B.: A klagt gegen B auf Zahlung von 500 RM. nebst 5 Prozent Zinsen seit dem 1. April 1924. Die 500 RM. sind Hauptforderung, die Zinsen Nebenforderung. Die Kosten sind also nach einem Streitgegenstande von 500 RM. zu berechnen.

Wird dagegen die Klage nur wegen Zinsen erhoben, so sind diese Hauptanspruch und danach die Kosten zu berechnen.

Der Wert des Streitgegenstandes für die Berechnung der Kosten wird bestimmt

a) durch den Wert einer Sache,

b) durch den Betrag der Forderung.

Bei Unterhaltsansprüchen ist als Wert der Betrag des einjährigen Bezuges und, falls Unterhalt nur für eine kürzere Dauer als ein Jahr gefordert wird, dieser Betrag maßgebend.

Ist für die Dauer des Rechtsstreits, welcher eine Ehesache betrifft, über die Unterhaltspflicht der Ehegatten zu entscheiden, so ist als Wert der Betrag des halbjährigen Bezuges anzusetzen.

Handelt es sich um einen nicht vermögensrechtlichen Anspruch, so setzt das Gericht den Wert des Streitgegenstandes fest. Die zu den Mustern im vorstehenden Abschnitte angegebenen Kosten stellen denjenigen Teil der Gebühren dar, den der Antragsteller bezahlen muß, bevor das Gericht seinem Antrage stattgibt.

Für ein im vorstehenden Abschnitte aufgeführtes Verfahren können im Höchstfalle drei volle Gebühren der Gebührentabelle A in Ansatz kommen. Hinzu treten noch etwaige Zeugen- und Sachverständigengebühren und geringe Schreibgebühren.

Schuldner der Gebühren ist der Antragsteller. Werden dem Antragsgegner die Kosten auferlegt, so werden die Gebühren mit Ausnahme der Vorschüsse vom Antragsteller erst dann eingezogen, wenn der Antragsgegner an die Gerichtskasse nicht zahlt und die Zwangsvollstreckung in das bewegliche Vermögen erfolglos geblieben ist.

Kostenfestsetzung.

§§ 103—107 ZPO.

Ist eine Partei zur Tragung der Prozeßkosten verurteilt worden, so kann sich die Gegenpartei die ihr durch den Prozeß und die Zwangsvollstreckung erwachsenen Kosten durch das Prozeßgericht festsetzen lassen. Zu diesem Zwecke ist folgender Antrag an die Geschäftsstelle des Gerichts erster Instanz zu richten.

Muster 126.

Berlin-Lichtenberg, den ....

In Sachen
Müller gegen Schwarz,
Aktenzeichen ....,

beantrage ich die von dem Beklagten nach dem vollstreckbaren Urteil des Amtsgerichts Berlin-Lichtenberg vom 15. Dezember 19.... mir zu erstattenden Kosten, wie in der Anlage berechnet, festzusetzen.

An
die Geschäftsstelle
des Amtsgerichts
Berlin-Lichtenberg.

Franz Müller.

Anlage.

1.	Gerichtskosten	RM.
2.	Für Schaden, der mir durch Zeitversäumnis bei Wahrnehmung der Termine entstanden ist	RM.
3.	Fahrgelder	RM.
4.	Zustellungskosten für das Urteil	RM.
5.	Kosten der Zwangsvollstreckung	RM.
	zusammen:	RM.

Sämtliche Ansätze sind zu belegen.

Die Anlage ist in zweifacher Ausfertigung dem obigen Antrage beizufügen.

Der Urkundsbeamte der Geschäftsstelle erläßt hierauf einen Kostenfestsetzungsbeschluß und stellt diesen nebst Abschrift der Kostenberechnung dem Gegner zu. Alsdann erhält der Antragsteller den mit Zustellungsvermerk versehenen Kostenfestsetzungsbeschluß. Aus diesem Beschluß kann die Zwangsvollstreckung ebenso betrieben werden, wie aus einem Urteil — siehe Abschnitt Zwangsvollstreckung —.

Arreste und einstweilige Verfügungen.

§§ 916 ff. ZPO.

Der Arrest findet statt zur Sicherung der Zwangsvollstreckung in das bewegliche oder unbewegliche Vermögen des Schuldners und zwar wegen einer Geldforderung oder wegen eines Anspruchs, der sich in eine Geldforderung verwandeln kann.

Der Arrest kann **dinglich** oder **persönlich** sein.

Der **dingliche** Arrest wird in das Vermögen erlassen, wenn zu besorgen ist, daß ohne dessen Verhängung die Vollstreckung des Urteils vereitelt oder wesentlich erschwert wird.

Der **persönliche** Sicherheitsarrest findet nur statt, wenn er erforderlich ist, um die gefährdete Zwangsvollstreckung in das Vermögen des Schuldners zu sichern.

Danach sind also Voraussetzungen für den Arrest

1. der Anspruch muß in einer Geldforderung bestehen oder in eine solche übergehen können,
2. Arrestgrund.

   Es muß die Gefahr bestehen, daß ohne den Arrest die Vollstreckung des Anspruchs vereitelt oder erschwert würde, also Umstände eintreten, die das Vermögen des Schuldners zu vermindern drohen, z. B. Verschleuderung, Veräußerung oder Verschleppung vorhandener Vermögenswerte. Ein Arrestgrund kann z. B. auch häufiger Wechsel der Wohnung sein.

   Ein unbedingter Arrestgrund liegt nur dann vor, wenn das Urteil ohne den Arrest im Auslande vollstreckt werden müßte. Z. B.: A hat gegen B eine Forderung auf Rückzahlung eines Darlehns. B trifft Anstalten, seinen Wohnsitz hier aufzugeben, um sich im Auslande niederzulassen.

Für die Anordnung des **persönlichen** Arrestes kommt außer dem unter 1 bezeichneten Anspruch und dem unter 2 bezeichneten Arrestgrund noch hinzu, daß die Zwangsvollstreckung in das Vermögen des Schuldners gefährdet ist. Es muß also die Gefahr bestehen, daß der Schuldner sein im Inlande befindliches Vermögen verschieben, verschenken oder vergeuden werde. Ein Hauptfall für die Anordnung des persönlichen Arrestes ist der, daß der Schuldner sein Vermögen versteckt hält, so daß eine Pfändung nicht möglich ist. Der persönliche Sicherheitsarrest findet aber nicht statt, um den Schuldner etwa zu veranlassen, Deckungsmittel herbeizuschaffen.

Das Arrestgesuch

soll enthalten:

die Bezeichnung des Anspruchs unter Angabe des Geldbetrages oder des Geldwertes sowie die Bezeichnung des Arrestgrundes. Anspruch und Arrestgrund sind glaubhaft zu machen.

Muster 127.

§§ 919, 920 ZPO.

Berlin, den ....

Gesuch
des Kaufmanns Franz Müller,
Berlin, Langestr. 10, Antragstellers,
gegen
den Restaurateur Georg Schwarz in
Berlin-Lichtenberg, Wagnerstr. 10,
Antragsgegner,
auf Anordnung des dinglichen
Arrestes wegen 300 RM.

Der Restaurateur Georg Schwarz schuldet mir aus einem am 2. Januar 19.... fälligen Wechsel 300 RM. Der Schuldner hat die Absicht geäußert, auszuwandern. Er hat bereits begonnen, einen Teil seiner beweglichen Habe zu veräußern. So hat er an den Kaufmann Fritz Weiß in Berlin sein im Geschäftslokal befindliches Klavier verkauft und ihm das gesamte Geschäft zum Kauf angeboten. Er hat dabei angegeben, daß er im Januar auswandern wolle, weil er seine Schulden, darunter auch meine Wechselforderung, nicht bezahlen wolle. Dem Restaurateur Karl Mann aus Berlin hat er gestern ebenfalls sein Geschäft zum Kauf angeboten und dabei auch angegeben, daß er im Januar auswandern und seine Schulden nicht bezahlen wolle.

Zur Glaubhaftmachung überreiche ich

1. den Wechsel,
2. eine eidesstattliche Versicherung des Kaufmanns Fritz Weiß,
3. eine eidesstattliche Versicherung des Restaurateurs Karl Mann,

mit dem Antrage

wegen meiner Forderung von 300 RM. und eines Kostenpauschquantums von 50 RM. den dinglichen Arrest in das Vermögen des Schuldners anzuordnen.

An
das Amtsgericht
Berlin-Lichtenberg.

Franz Müller.

Das vorstehende Gesuch ist zu richten an das Amtsgericht, in dessen Bezirk der Schuldner seinen Wohnsitz hat oder, da es sich im vorliegenden Falle um einen Anspruch aus einem Wechsel handelt, auch an das Amtsgericht des Zahlungsorts. Wäre der Anspruch im vorliegenden Falle höher als 500 RM., so wäre das vorstehende Gesuch an das Landgericht zu richten, in dessen Bezirk der Schuldner seinen Wohnsitz hat, oder der Zahlungsort des Wechsels liegt.

Will man aber auch bei höheren Ansprüchen, die zur Zuständigkeit der Landgerichte gehören, das Gesuch vor das Amtsgericht bringen, so muß der Antrag wie folgt lauten:

„mit dem Antrage

wegen meiner Forderung von 6000 RM. und eines Pauschquantums von 500 RM. den dinglichen Arrest in das im Bezirke des Amtsgerichts befindliche Vermögen anzuordnen."

Eidesstattliche Versicherung.

Ich versichere an Eidesstatt, daß mir der Restaurateur Georg Schwarz in Berlin-Lichtenberg, Wagnerstraße 10, am 2. Dezember 19.... das in seinem Restaurationslokal benutzte Klavier verkauft hat. Herr Schwarz hat mir gelegentlich dieses Kaufes sein gesamtes Geschäft zum Kauf angeboten, weil er, wie er sagte, im Januar nach Amerika auswandern wolle. Seine Gläubiger, insbesondere der Kaufmann Franz Müller, so äußerte er, sollen von ihm nichts erhalten. Mir ist bekannt, daß von vorstehender eidesstattlicher Versicherung bei Gericht Gebrauch gemacht werden soll.

Berlin, den .... Fritz Weiß.

Eidesstattliche Versicherung.

Ich versichere an Eidesstatt, daß mir der Restaurateur Georg Schwarz, Berlin-Lichtenberg, Wagnerstr. 10, seine Restauration am 14. Dezember 19.... zum Kauf angeboten hat. Er begründete den Verkauf seiner Restauration damit, daß er im Januar 19.... nach Amerika auswandern will, um seinen Gläubigern zu entgehen.

Mir ist bekannt, daß von vorstehender eidesstattlicher Versicherung bei Gericht Gebrauch gemacht werden soll.

Berlin, den .... Karl Mann.

Wird der Arrest erlassen, so erhält der Antragsteller den Arrestbefehl zugestellt. Er hat das weitere — siehe nachstehend — zu veranlassen.

Der Arrestbefehl ist sofort vollstreckbar — siehe Abschnitt Zwangsvollstreckung —. Die Vollziehung des Arrestes ist **vor** der Zustellung des Arrestbefehls an den Schuldner zulässig. Die Vollziehung ist jedoch ohne Wirkung, wenn die **Zustellung** nicht binnen **einer** Woche **nach** Vollziehung nachgeholt wird. § 929 Abs. 3 ZPO.

Das Gericht kann die Anordnung des Arrestes von einer Sicherheitsleistung abhängig machen. Das Gericht ordnet die Sicherheitsleistung durch Beschluß an. Ist die Sicherheitsleistung angeordnet worden, so stellt der Antragsteller folgenden Antrag:

Muster 128.

§ 921 ZPO.

Berlin, den ....

An das Amtsgericht in Berlin-Lichtenberg.

Die durch Beschluß des Amtsgerichts von Berlin-Lichtenberg vom 16. Dezember 19.... mir aufgegebene Sicherheitsleistung von 350 RM. habe ich bei der Hinterlegungsstelle des Amtsgerichts Berlin-Mitte hinterlegt. Ich überreiche die Hinterlegungsquittung und beantrage nunmehr, den Arrest, wie von mir unter dem 15. Dezember beantragt, zu erlassen.

Franz Müller.

Ist der Arrest durch Beschluß angeordnet, so kann der Schuldner Widerspruch erheben; ist der Arrest durch Urteil angeordnet, so ist dagegen die Berufung zulässig. Durch den Widerspruch bzw. durch die Einlegung der Berufung wird die Vollziehung des Arrestes nicht gehemmt.

Muster 129.

§ 924 ZPO.

Berlin-Lichtenberg, den ....

Widerspruch
des Restaurateurs Georg Schwarz, Berlin-Lichtenberg, Wagnerstr. 10, gegen den Arrestbeschluß des Amtsgerichts Berlin-Lichtenberg vom 18. Dezember 1924.

Gegen den Arrestbeschluß des Amtsgerichts Berlin-Lichtenberg vom 18. Dezember 19.... erhebe ich Widerspruch.

Der angegebene Arrestgrund trifft nicht zu. Es ist richtig, daß ich mein Klavier verkauft habe, und daß ich die behaupteten Äußerungen getan habe. Das Klavier war alt, ich wollte es durch ein neues ersetzen, was auch inzwischen geschehen ist. Zum Beweise dafür überreiche ich quittierte Rechnung über das von mir beschaffte Klavier. Schon daraus geht hervor, daß meine Äußerungen, ich wollte auswandern, nicht ernst zu nehmen sind. Ich habe diese Äußerungen nur getan, um zu renommieren.

Georg Schwarz.

An
das Amtsgericht
Berlin-Lichtenberg.

Das Gericht beraumt auf diesen Widerspruch einen Termin an, in welchem alsdann über die Aufhebung oder das Bestehenbleiben des Arrestes entschieden wird.

Ist ein Prozeß über den Anspruch des Arrestes nicht anhängig, so kann der Schuldner bei dem Gericht, welches den Arrest erlassen hat, beantragen, daß der Partei, welche den Arrest beantragt hat, eine Frist bestimmt wird, innerhalb der sie die Klage zu erheben hat.

Muster 130.

§ 926 ZPO.

Berlin-Lichtenberg, den ....

In der Arrestsache
des Kaufmanns Fritz Müller, Berlin, Langestraße 10, Antragstellers,
gegen
den Restaurateur Georg Schwarz, Berlin-Lichtenberg, Wagnerstr. 10, Antragsgegners.

beantrage ich

dem Kaufmann Franz Müller aufzugeben, binnen

An einer Frist von 2 Wochen die Hauptklage gegen mich
das Amtsgericht zu erheben.
Berlin-Lichtenberg. Georg Schwarz.

Auf diesen Antrag wird ein entsprechender Beschluß erlassen, der beiden Parteien von Amts wegen zugestellt wird.

Erhebt der Gläubiger innerhalb der im Beschluß bestimmten Frist, die, wenn nichts anderes bestimmt ist, mit der Zustellung des Beschlusses zu laufen beginnt, nicht die Hauptklage — das ist die Klage wegen des Anspruchs, der dem Arrest zugrunde liegt — so kann der Antragsgegner die Aufhebung des Arrestes nach Ablauf der Frist beantragen.

Muster 131.

§ 926 ZPO.

Berlin-Lichtenberg, den ....

Antrag
des Restaurateurs Georg Schwarz,
Berlin-Lichtenberg, Wagnerstr. 10,
auf Aufhebung des Arrestes.

In der Arrestsache Müller gegen Schwarz, 6. G 200. 36, hat der Gläubiger die Hauptklage nicht erhoben. Ich beantrage die Aufhebung des Arrestes.

An
das Amtsgericht
Berlin-Lichtenberg.

Georg Schwarz.

Auf diesen Antrag wird ein Termin anberaumt, in welchem durch Urteil über den Arrest entschieden wird.

In dem Arrestbefehl wird ein Geldbetrag bestimmt, durch dessen Hinterlegung die Vollziehung des Arrestes gehemmt und der Schuldner zu dem Antrage auf Aufhebung des vollzogenen Arrestes berechtigt wird. In diesem Falle können nicht Wertpapiere hinterlegt werden, sondern nur der bestimmte Geldbetrag.

Muster 132.

§§ 923, 775 Ziff. 3 ZPO.

Berlin-Lichtenberg, den ....

In der Arrestsache
des Kaufmanns Franz Müller,
Berlin, Langestr. 10, Antragstellers,
gegen
den Restaurateur Georg Schwarz,
Berlin-Lichtenberg, Wagnerstr. 10,
Antragsgegner,

hat der Gerichtsvollzieher N. N. auf Grund des Arrestbeschlusses vom 18. Dezember 19.... die im anliegenden Pfändungsprotokoll aufgeführten Gegenstände bei mir gepfändet. Ich habe heute den im Arrestbeschluß be-

An das Amtsgericht Berlin-Lichtenberg.

nannten Betrag von 350 RM. bei der Hinterlegungsstelle des hiesigen Amtsgerichts hinterlegt und beantrage die Aufhebung der Pfändung.

Die Hinterlegungsquittung überreiche ich anliegend.

Georg Schwarz.

Auf diesen Antrag ergeht ein Beschluß, der die Pfändung aufhebt. Er wird beiden Parteien zugestellt. Der Arrestbeschluß als solcher wird nicht aufgehoben. Will der Schuldner seine hinterlegte Sicherheit wiederhaben, so muß er entweder abwarten, bis in der Hauptsache — also über den Anspruch der dem Arrest zugrunde lag — entschieden ist, oder er muß so vorgehen, wie unter Muster 130 und 131 beschrieben.

Die Vollziehung des Arrestes in das bewegliche Vermögen des Schuldners wird durch Pfändung erwirkt. Hierbei ist zu verfahren, wie unter Abschnitt „Zwangsvollstreckung" ausgeführt.

Soll eine Forderung des Schuldners, die dieser an einen Dritten hat, gepfändet werden, so ist der Antrag auf Pfändung nicht an das Vollstreckungsgericht, sondern an das Gericht zu richten, welches den Arrest erlassen hat. Eine Überweisung der gepfändeten Forderung an den Gläubiger zur Einziehung oder an Zahlungsstatt, findet auf Grund des Arrestes nicht statt. Gepfändetes Geld wird hinterlegt.

Eine Aushändigung der auf Grund des Arrestes gepfändeten Sachen oder Forderungen des Schuldners findet nicht statt, weil der Arrest ja nur zur Sicherung der Zwangsvollstreckung dient. Der Gläubiger muß also neben dem Arrest seinen Anspruch im Prozeßwege geltend machen und alsdann auf Grund des in diesem Verfahren erwirkten vollstreckbaren Schuldtitels, wie unter Abschnitt „Zwangsvollstreckung" beschrieben, vorgehen.

Muster 133.

§§ 918, 933 ZPO.

Berlin-Lichtenberg, den ....

Antrag
des Kaufmanns Franz Müller, Berlin, Langestr. 10, Antragstellers,
gegen
den Kaufmann Georg Schwarz, Berlin-Lichtenberg, Wagnerstr. 10, Antragsgegner,
auf Anordnung des persönlichen Sicherheitsarrestes.

Der Kaufmann Georg Schwarz schuldet mir ein Darlehen von 300 RM., welches am 2. Januar 19.... zurückzuzahlen ist. Der Schuldner ist flüchtig geworden und hat seine bewegliche Habe in einem Versteck untergebracht. Er will seine Gläubiger nicht befriedigen und nach Rußland auswandern. Zur Glaubhaftmachung meiner Angaben überreiche ich

1. den Schuldschein, aus welchem sich ergibt, daß das Darlehn am 2. Januar 19.... zurückzuzahlen ist,
2. einen von dem Schuldner an mich gerichteten Brief, welcher meine vorstehenden Angaben bestätigt.

Ich beantrage

wegen der Forderung von 300 RM. sowie wegen eines Kostenpauschquantums von 100 RM. den persönlichen Sicherheitsarrest gegen den Antragsgegner anzuordnen.

An
das Amtsgericht
Berlin-Lichtenberg.

Franz Müller.

Hierauf wird ein Arrestbefehl und ein Haftbefehl erlassen und dem Gläubiger übersandt. In den Haftbefehl wird ein Geldbetrag aufgenommen, durch dessen Hinterlegung der Schuldner berechtigt ist, den Antrag auf Aufhebung der Haft zu stellen. Der Gläubiger verfährt mit dem Haftbefehl wie unter Abschnitt „Zwangsvollstreckung" unter Haft angegeben.

Einstweilige Verfügungen.

§§ 935 ff. ZPO.

Einstweilige Verfügungen dienen:

a) zur Sicherung eines Anspruchs auf eine Individualleistung, also von Ansprüchen auf Herausgabe oder Leistung bestimmter Sachen, bei denen zu besorgen ist, daß durch eine Veränderung des bestehenden Zustandes die Verwirklichung des Rechtes einer Partei vereitelt oder wesentlich erschwert wird oder

b) zur Regelung eines einstweiligen Zustandes in bezug auf ein streitiges Rechtsverhältnis, wenn dadurch wesentliche Nachteile abgewendet werden können oder auch aus anderen Gründen.

Zuständig

für den Erlaß einer einstweiligen Verfügung ist das Gericht, das für die Hauptsache zuständig ist. In dringenden Fällen ist auch das Gericht zuständig, in dessen Bezirk sich der Streitgegenstand befindet. In diesen Fällen wird jedoch dem Antragsteller eine Frist gesetzt, innerhalb welcher er den Antragsgegner vor das für die Hauptsache zuständige Gericht über die Rechtmäßigkeit der einstweiligen Verfügung zu laden hat.

Das Gesuch

um Erlaß einer einstweiligen Verfügung muß enthalten, die Bezeichnung der Parteien, das Verlangen nach Erlaß einer einstweiligen Verfügung, die Bezeichnung des Anspruchs bzw. das Rechtsverhältnis auf Grund dessen die einstweilige Verfügung beantragt wird. Der Grund des Antrages auf Erlaß einer einstweiligen Verfügung sowie die Gefahr bei den Anträgen auf Grund des unter a) Gesagten und die Notwendigkeit bei den Anträgen des unter b) Gesagten, müssen begründet und glaubhaft gemacht werden.

Zu den Anträgen auf Erlaß einer einstweiligen Verfügung zum Zwecke der Eintragung einer Vormerkung in das Grundbuch zur Sicherung des Anspruchs auf Einräumung oder Aufhebung eines Rechts an einem

Grundstücke, zur Eintragung eines Widerspruchs in das Grundbuch gegen die Richtigkeit desselben, zur Eintragung einer Vormerkung in das Grundbuch zur Sicherung des Anspruchs auf Löschung einer Hypothek, auf Gewährung der Entbindungskosten, sowie der Kosten des Unterhalts der unehelichen Mutter für die ersten 6 Wochen und der Unterhaltskosten für das Kind für die ersten 3 Monate, zur Regelung der Unterhaltspflicht während der Dauer des Ehescheidungsprozesses, braucht die Gefährdung des Anspruchs nicht glaubhaft gemacht werden.

Muster 134.

Berlin-Schöneberg, den ....

Antrag
des Kaufmann Franz Müller,
Berlin-Schöneberg, Feurigstraße 10,
Antragstellers,
gegen
den Kunsthändler Georg Schwarz,
Berlin, Langestr. 10, Antragsgegner,
auf Erlaß einer einstweiligen Verfügung.

Ich kaufte von dem Kunsthändler Georg Schwarz ein Bild, eine „Fjordlandschaft" darstellend, für 500 RM. Das Bild ist sehr wertvoll und es ist deshalb zu befürchten, daß Schwarz das Bild anderweitig weggibt, wodurch mein Anspruch auf Übergabe des Bildes vereitelt wird.

Ich versichere die Richtigkeit vorstehender Angaben an Eidesstatt und überreiche ferner noch zur Glaubhaftmachung das Berliner Tageblatt vom 14. Dezember 19...., in welchem Schwarz das Bild zum Verkauf anpreist und zwar zu einem höheren Preise, und beantrage

im Wege der einstweiligen Verfügung anzuordnen, dem Schwarz das Bild wegzunehmen und es der Kunsthandlung Lepke zur Aufbewahrung zu übergeben.

An
das Amtsgericht
Berlin-Mitte.

Franz Müller.

Kosten: ½ der Gebührentabelle A.

Zuständig ist **nur** dasjenige Gericht, welches für die Erhebung der Klage in der Hauptsache — hier also für die Herausgabe des Bildes —, zuständig sein würde. In der Regel also das Amts- bzw. Landgericht, in dessen Bezirk der Antragsgegner seinen Wohnsitz hat. Ist die Klage wegen der Hauptsache bereits erhoben, so ist dieses Gericht zuständig.

Die einstweilige Verfügung hat der Antragsteller durch einen Gerichtsvollzieher dem Antragsgegner zustellen zu lassen und den Gerichtsvollzieher im Falle nach Muster 134 zu beauftragen, das Bild bei Schwarz wegzunehmen und bei Lepke unterzustellen.

Muster 135.

Berlin, den ....

Antrag
des Kaufmanns Franz Müller,
Berlin, Langestr. 10, Antragstellers,
gegen
den Schlächtermeister Georg Schwarz,
Berlin-Lichtenberg, Wagnerstr. 10,
Antragsgegner,
auf Erlaß einer einstweiligen Verfügung. Wert 500 RM.

Der Schlächtermeister Georg Schwarz hat mir das ihm gehörige, im Grundbuch von Biesdorf, Band 1 Blatt 10 verzeichnete Grundstück, wie aus dem hiermit überreichten notariellen Kaufvertrage ersichtlich ist, für den Preis von 500 RM. verkauft und sich verpflichtet, mir das Grundstück am 2. Januar 19.... aufzulassen. Schwarz will das Grundstück nicht an mich auflassen.

Ich beantrage
durch einstweilige Verfügung eine Vormerkung zur Erhaltung des Rechts auf Auflassung für mich einzutragen.

An
das Amtsgericht
Berlin-Lichtenberg.

Franz Müller.

Kosten: ½ der Gebührentabelle A.

Im vorliegenden Falle kann auch das Gericht selbst das Grundbuchamt um Vornahme der Eintragung ersuchen. Hierdurch gelangt die Vormerkung schneller zur Eintragung. Es empfiehlt sich, wenn man nicht aus besonderen Gründen die Eintragung der Vormerkung selbst veranlassen will, dem vorstehenden Muster am Schlusse hinter „eintragen" die Worte hinzuzufügen: „und das Grundbuchamt um Eintragung der Vormerkung zu ersuchen". § 941 ZPO.

Muster 136.

Berlin-Lichtenberg, den ....

Antrag
des Kaufmanns Franz Müller,
Berlin-Lichtenberg, Wagnerstr. 10,
Antragstellers,
gegen
den Kaufmann Georg Schwarz,
Berlin-Lichtenberg, Wagnerstr. 10,
Antragsgegner,
auf Erlaß einer einstweiligen Verfügung.

Ich habe von dem Antragsgegner im Hause, Wagnerstr. 10, ein Zimmer mit Küchenbenutzung für den Mietpreis von $^1/_3$ der gesetzlichen Wohnungsmiete abgemietet. Der Mietvertrag ist mündlich geschlossen.

Ich bewohne diese Räume mit meiner Frau und meinem 6 Monate alten Kinde. Gestern abend erklärte mir der Vermieter, daß er mir und meiner Frau das Betreten der Küche von heute ab verbiete. Ich soll mir eine andere Kochgelegenheit beschaffen.

Dies ist mir infolge meines geringen Einkommens nicht möglich. Ich würde mit meiner Familie, da keine Gelegenheit vorhanden ist, warme Mahlzeiten zu beschaffen, in eine schwierige Lebenslage geraten.

Zur Glaubhaftmachung versichere ich die Richtigkeit der vorstehenden Angaben an Eidesstatt und beantrage

im Wege der einstweiligen Verfügung anzuordnen,

der Antragsgegner ist gehalten, bei Vermeidung einer fiskalischen Strafe von 20 RM. für jeden Fall der Zuwiderhandlung, dem Antragsteller die Mitbenutzung der von ihm gemieteten Küche fernerhin ohne jede Beschränkung zu gestatten und die Kosten des Verfahrens zu tragen.

Den Wert des Streitgegenstandes gebe ich auf 20—60 RM. an.

Franz Müller.

An
das Amtsgericht
Berlin-Lichtenberg.

Kosten: ½ der Gebührentabelle A.

Die einstweilige Verfügung läßt der Antragsteller dem Antragsgegner durch einen Gerichtsvollzieher zustellen. Kommt Antragsgegner der Verfügung nicht nach, so ist zu verfahren, wie unter Abschnitt „Zwangsvollstreckung" angegeben. Muster 174 ist zu benutzen.

Muster 137.

Berlin-Lichtenberg, den ....

Antrag
der Kontoristin Anna Müller, Berlin-Lichtenberg, N. N.-Straße, Antragstellers,
gegen
den Kaufmann Georg Schwarz, Berlin, N. N.-Str., Antragsgegners,
auf Erlaß einer einstweiligen Verfügung.

Ich bin durch den Kaufmann Georg Schwarz geschwängert worden und befinde mich im 8. Monat der Schwangerschaft.

Zur Glaubhaftmachung vorstehender Angaben überreiche ich:

1. ein Zeugnis der Bezirkshebeamme N. N., aus welchem ersichtlich ist, daß die Geburt Ende Januar zu erwarten ist,
2. zwei Briefe des Schwarz, aus welchen hervorgeht, daß er mit mir geschlechtlich verkehrt hat.

Ich versichere an Eidesstatt, daß der Antragsgegner der Erzeuger des zu erwartenden Kindes ist und beantrage

im Wege der einstweiligen Verfügung anzuordnen, daß der Antragsgegner gehalten ist, die Kosten der

Entbindung mit	50 RM.,
die Kosten für meinen Unterhalt für die ersten 6 Wochen nach der Entbindung mit	120 RM.,
und den Unterhaltsbetrag für das Kind für die ersten 3 Monate mit	99 RM.,
zusammen:	269 RM.,

alsbald nach der Geburt des Kindes an mich auszuzahlen und zu diesem Zwecke 269 RM. binnen 2 Wochen zu hinterlegen.

An
das Amtsgericht
Berlin-Mitte,
Neue Friedrichstr. 12/15.

Anna Müller.

Kosten: ½ der Gebührentabelle A.

Ist Anna Müller noch minderjährig, so muß ihr gesetzlicher Vertreter vorstehenden Antrag stellen.

Die einstweilige Verfügung läßt Anna Müller dem Schwarz durch einen Gerichtsvollzieher zustellen. Kommt Schwarz den getroffenen Anordnungen nicht nach, so ist aus der einstweiligen Verfügung die Zwangsvollstreckung zu betreiben — siehe Abschnitt „Zwangsvollstreckung“.

Aufgebotsverfahren.

§§ 946 ff. ZPO.

Allgemeines.

Das gerichtliche Aufgebotsverfahren bezweckt, durch öffentliche Aufforderung unbestimmte Gegner oder unbekannte Beteiligte zur Anmeldung ihrer Rechte zu zwingen mit der Wirkung, daß die Unterlassung der Anmeldung einen Rechtsnachteil zur Folge hat. Das Aufgebotsverfahren findet nur auf Antrag statt. Der Antrag ist formlos zu stellen.

Die öffentliche Bekanntmachung erfolgt durch Anheftung des Aufgebots an die Gerichtstafel, durch einmalige Einrückung in den Deutschen Reichsanzeiger und evtl. auch Einrückung in andere Blätter. In dem Aufgebot wird ein Termin bestimmt, bis zu welchem spätestens die Ansprüche und Rechte angemeldet sein müssen. Das Ausschlußurteil wird in öffentlicher Sitzung **auf Antrag** erlassen. Der Antrag auf Erlassung des Ausschlußurteils kann schriftlich vor dem Termin gestellt oder zu Protokoll der Geschäftsstelle erklärt werden. Erscheint der Antragsteller in dem Aufgebotstermin nicht, und hat er auch vor dem Termin den Antrag auf Erlaß des Ausschlußurteils nicht gestellt, so kann er binnen einer Frist von sechs Monaten, die vom Tage des Aufgebotstermins ab zu laufen beginnt, einen neuen Termin beantragen. Geschieht dies nicht in dieser Frist, so muß ein neues Aufgebotsverfahren beantragt werden.

Erfolgt bis zum Erlaß des Ausschlußurteils eine Anmeldung, durch welche das von dem Antragsteller behauptete Recht bestritten wird, so wird entweder das Aufgebotsverfahren bis zur endgültigen Entscheidung über das angemeldete Recht — wenn keine Einigung zwischen den Parteien zu erzielen ist, so ist die Entscheidung durch eine Klage herbeizuführen — ausgesetzt, oder in dem Ausschlußurteile wird das angemeldete Recht vorbehalten. — Der Anmeldende kann alsdann auch nach Erlaß des Ausschlußurteils seine Rechte im Prozeßwege geltend machen. —

Gegen das Ausschlußurteil gibt es kein Rechtsmittel. Es kann nur unter den folgenden Voraussetzungen mittels einer bei dem Landgericht (Anwaltszwang) gegen den Antragsteller zu erhebenden Klage angefochten werden:

1. wenn ein Fall nicht vorlag, in welchem das Gesetz das Aufgebotsverfahren zuläßt;
2. wenn die öffentliche Bekanntmachung des Aufgebots oder eine in dem Gesetze vorgeschriebene Art der Bekanntmachung unterblieben ist;
3. wenn die vorgeschriebene Aufgebotsfrist nicht gewahrt ist;
4. wenn der erkennende Richter von der Ausübung des Richteramts kraft Gesetzes ausgeschlossen war;
5. wenn ein Anspruch oder ein Recht ungeachtet der erfolgten Anmeldung nicht dem Gesetze gemäß in dem Urteil berücksichtigt ist;

6. wenn die Voraussetzungen vorliegen, unter welchen die Restitutionsklage wegen einer strafbaren Handlung stattfindet.

Zuständig für die Erhebung der Klage ist **nur** das Landgericht, in dessen Bezirk das Amtsgericht, welches das Ausschlußurteil erlassen hat, seinen Sitz hat. Da die Klage durch einen Rechtsanwalt zu erheben ist, wird ein Muster für diese Klage nicht aufgeführt.

Für einzelne Arten des Aufgebots sind besondere Bestimmungen getroffen, die nachstehend angegeben werden.

Aufgebot zum Zwecke der Todeserklärung.

§§ 960—976 ZPO., §§ 1733 ff. BGB.

Zuständig ist das Amtsgericht, in dessen Bezirk der Verschollene seinen letzten inländischen Wohnsitz hatte.

Antragsberechtigt ist der gesetzliche Vertreter des Verschollenen (Vater, Vormund, Pfleger). Jedoch bedarf der gesetzliche Vertreter der Genehmigung des Vormundschaftsgerichts zur Stellung des Aufgebotsantrages. Antragsberechtigt ist ferner jeder, der an der Todeserklärung ein rechtliches Interesse hat.

Der Antragsteller muß die zur Begründung des Antrages erforderlichen Tatsachen vor der Einleitung des Verfahrens, also bei Stellung des Antrages glaubhaft machen.

Meldet sich auf das Aufgebot hin der Verschollene, so ist das Verfahren erledigt. Wird aber von einem Antragsteller die Identität der sich meldenden Person bestritten, so wird das Verfahren ausgesetzt und den Beteiligten die Austragung im gewöhnlichen Prozeßwege überlassen.

Das Ausschlußurteil erklärt den Verschollenen für tot und gibt den Zeitpunkt des Todes an.

Ist die Todeserklärung zu unrecht erfolgt, oder ist der Zeitpunkt des Todes unrichtig festgestellt, so kann jeder, der an der Aufhebung des Urteils oder an der Berichtigung des Zeitpunktes des Todes ein Interesse hat, die Anfechtungsklage erheben. Zuständig ist das Landgericht. Anwaltszwang.

Aufgebot zur Ausschließung des Grundeigentümers.

§§ 977—981 ZPO., § 927 BGB.

Zuständig ist das Amtsgericht, in dessen Bezirk das Grundstück belegen ist.

Antragsberechtigt ist derjenige, welcher das Grundstück seit 30 Jahren in Eigenbesitz hat und

a) entweder ein Eigentümer im Grundbuche nicht eingetragen ist,
b) der eingetragene Eigentümer tot oder verschollen ist und seit 30 Jahren eine Eintragung in das Grundbuch, die die Zustimmung des Eigentümers erfordert, nicht erfolgt ist.

Im Falle des Verschollenseins ist eine Todeserklärung nicht erforderlich.

Aufgebot zur Ausschließung von Hypothekengläubigern.

§§ 982—987 ZPO.

Zuständig ist das Amtsgericht, in dessen Bezirk das belastete Grundstück belegen ist.

Zur Ausschließung eines Hypotheken-Grundschuld- oder Rentenschuldgläubigers ist antragsberechtigt der Eigentümer des Grundstücks und unter gewissen Voraussetzungen auch ein im Range gleichstehender oder im Range nachstehender Gläubiger (siehe §§ 1170 und 1171 Bürgerlichen Gesetzbuches).

Der Antragsteller hat vor Einleitung des Verfahrens glaubhaft zu machen, daß der Gläubiger unbekannt ist.

Aufgebot zum Zwecke der Ausschließung von Nachlaßgläubigern.

§§ 989—1000 ZPO., §§ 1970 f., 1973 BGB.

Zuständig ist das Amtsgericht, in dessen Bezirk der Verstorbene seinen letzten Wohnsitz hatte.

Antragsberechtigt ist jeder Erbe, sofern er nicht für die Nachlaßverbindlichkeiten unbeschränkt haftet. Der Nachlaßpfleger sowie ein Testamentsvollstrecker sind gleichfalls antragsberechtigt, sofern ihnen die Verwaltung des Nachlasses zusteht.

Der Erbe und der Testamentsvollstrecker können den Antrag erst nach Annahme der Erbschaft stellen.

Dem Antrag ist ein Verzeichnis der bekannten Nachlaßgläubiger unter Angabe ihrer Wohnung beizufügen. Meldet ein Nachlaßgläubiger seine Forderung auf Grund des Angebots an, so hat dies unter Angabe des Gegenstandes und des Grundes der Forderung zu geschehen. Urkundliche Beweisstücke sind in Urschrift oder Abschrift der Anmeldung beizufügen — siehe Muster 138 —.

Hat der Erbe die Erbschaft verkauft, so kann sowohl der Erbe als auch der Käufer den Antrag auf Aufgebot stellen.

Im übrigen siehe Abschnitt Aufgebot der Nachlaßgläubiger.

Muster 138.

Berlin-Lichtenberg, den ....

An das Amtsgericht Berlin-Lichtenberg.

Auf Grund des Aufgebots vom 1. Dezember 19...., Aktenzeichen: 2. F. 100 von 19.... melde ich folgende Forderung an:

Der Verstorbene N. N. schuldet mir ein Darlehn von 1000 RM. nebst 5 Prozent Zinsen, welches er am 15. März 19.... von mir erhalten hat. Eine Abschrift des Schuldscheins füge ich bei.

Franz Müller.

Abschrift.

Ich bekenne, von dem Kaufmann Franz Müller aus Berlin-Lichtenberg heute 1000 RM., i. W. eintausend Reichsmark, Darlehn erhalten zu haben. Das Darlehn ist mit 5 Prozent zu verzinsen.

Berlin-Lichtenberg, den 15. März 19....

gez.: N. N.

Aufgebot zur Kraftloserklärung von Urkunden.

§§ 1003—1023 ZPO.

Antragsberechtigt sind:

a) bei Papieren, welche auf den Inhaber lauten oder welche durch Indossament übertragen werden können und mit einem Blankoindossamente versehen sind, der bisherige Inhaber des abhanden gekommenen oder vernichteten Papiers;

b) bei anderen Urkunden derjenige, welcher das Recht aus der Urkunde geltend machen kann.

Zuständig ist das Amtsgericht, welches in der Urkunde als Erfüllungsort bezeichnet ist oder, wenn die Urkunde eine solche Bezeichnung nicht enthält, dasjenige Amtsgericht, in dessen Bezirk der Aussteller seinen Wohnsitz hat.

Ist die Urkunde über ein im Grundbuch eingetragenes Recht ausgestellt, so ist das Gericht der belegenen Sache zuständig.

Zur Begründung des Antrages hat der Antragsteller

1. entweder eine Abschrift der Urkunde beizubringen, oder den wesentlichen Inhalt der Urkunde und alles anzugeben, was zur vollständigen Erkennbarkeit derselben erforderlich ist;
2. den Verlust der Urkunde sowie diejenigen Tatsachen glaubhaft zu machen, von welchen seine Berechtigung abhängt, das Aufgebotsverfahren zu beantragen;
3. sich zur Versicherung der Wahrheit seiner Angaben an Eidesstatt zu erbieten.

Muster 139.

Berlin-Lichtenberg, den ....

Antrag
des Kaufmanns Franz Müller, Berlin-Lichtenberg, Wagnerstr. 10, auf Erlassung des Aufgebots zum Zwecke der Kraftloserklärung einer Urkunde.

Auf dem in Berlin-Lichtenberg belegenen, dem Kaufmann Georg Schwarz zu Berlin gehörenden, im Grundbuch von Berlin-Lichtenberg, Band 1 Blatt 100, eingetragenen Grundstück sind in Abt. III unter Nr. 4 3000 RM. Restkaufgeld für mich eingetragen. Über diese Hypothek ist ein Hypothekenbrief gebildet und mir ausgehändigt worden. Ich beziehe mich hierfür auf die Grundakten des vorbezeichneten Grundstücks.

Ich versichere an Eidesstatt, daß der Hypothekenbrief verloren gegangen und troß allen Nachforschungen nicht aufzufinden ist und beantrage:

den in Verlust gegangenen Hypothekenbrief aufzubieten und das Ausschlußurteil zu erlassen.

Im Kosteninteresse bin ich mit Sammelaufgebot einverstanden.

An das Amtsgericht Berlin-Lichtenberg.

Ich bitte um Übersendung der Ausfertigung des Ausschlußurteils.

Franz Müller.

Das vorstehende Muster ist unter Beachtung des für die einzelnen Arten des Aufgebots Gesagten für jeden Antrag auf Aufgebot zu verwenden.

Kosten: $1/2$ der Gebührentabelle A und Insertionskosten.

Die Insertionskosten verringern sich, wenn das Aufgebot durch Sammelaufgebot erfolgt. Ist Eile geboten, so läßt man den auf das Sammelaufgebot bezüglichen Satz im obigen Muster fort. Es wird dann seitens des Gerichts nicht gewartet, bis mehrere Aufgebote zusammen sind, sondern das Aufgebot wird sofort erlassen.

Zwangsvollstreckung.

§§ 704 ff. ZPO.

Allgemeines.

Was ist zur Vornahme einer Zwangsvollstreckung erforderlich?

Die Vornahme einer Zwangsvollstreckung setzt das Vorhandensein eines vollstreckbaren Schuldtitels gegen den Schuldner voraus.

Vollstreckbare Schuldtitel sind unter anderen:

1. Urteile, die rechtskräftig oder für vorläufig vollstreckbar erklärt worden sind;
2. Vergleiche, welche vor einem Gericht geschlossen sind oder von den Vorstehern besonderer Gütestellen für vorläufig vollstreckbar erklärt worden sind;
3. Kostenfestsetzungsbeschlüsse;
4. Vollstreckungsbefehle;
5. Entscheidungen, gegen welche das Rechtsmittel der Beschwerde stattfindet;
6. Urkunden, welche von einem deutschen Gericht oder von einem deutschen Notar, innerhalb der Grenzen seiner Amtsbefugnisse in der vorgeschriebenen Form aufgenommen sind, und in welchen der Schuldner sich der sofortigen Zwangsvollstreckung unterworfen hat;
7. Auszüge aus der Konkurstabelle;
8. Zwangsvergleiche, welche im Konkursverfahren rechtskräftig abgeschlossen sind;
9. Bestätigte Erbauseinandersetzungen;
10. Schiedssprüche und schiedsrichterliche Vergleiche, welche für vollstreckbar erklärt sind, sofern die Entscheidung über die Vollstreckbarkeit rechtskräftig oder für vorläufig vollstreckbar erklärt ist;
11. Arrestbefehle und einstweilige Verfügungen;
12. Räumungsbefehle nach dem MSchG.

Hat der Gläubiger einen der vorstehend aufgeführten Schuldtitel erwirkt, so beantragt er die Erteilung einer vollstreckbaren Ausfertigung desselben. § 724 ZPO.

Der Antrag auf Erteilung einer solchen Ausfertigung ist zu richten bei den Schuldtiteln zu 1, 2, 5, 7, 8 und 9 an den Urkundsbeamten desjenigen Gerichts, welches das Urteil oder die Entscheidung gefällt hat oder die Urkunde aufbewahrt, bei den Schuldtiteln zu 6 an das Gericht oder den Notar, welcher die Urkunde aufbewahrt. Bei dem Schuldtitel zu 3, 4 und 11 bedarf es keiner vollstreckbaren Ausfertigung.

Muster 140.

An das Amtsgericht in ....

In Sachen Müller gegen Schultze, 4. C 100. .... beantrage ich die Erteilung einer einfachen und einer vollstreckbaren Ausfertigung des am 10. Oktober 19.... ergangenen Urteils.

Franz Müller.

Wann kann die Zwangsvollstreckung beginnen?

§§ 750—752 ZPO.

Die Zwangsvollstreckung aus den Schuldtiteln, mit Ausnahme von Arresten, darf erst beginnen, wenn dem Schuldner eine Ausfertigung des Schuldtitels zugestellt ist oder gleichzeitig zugestellt wird. Die Zwangsvollstreckung aus Kostenfestsetzungsbeschlüssen darf erst nach Ablauf einer Woche nach der Zustellung des Beschlusses beginnen.

Ist die vorläufige Vollstreckbarkeit eines Urteils davon abhängig gemacht, daß der Kläger vor der Vollstreckung Sicherheit leistet, so darf die Zwangsvollstreckung erst beginnen, wenn die Sicherheitsleistung erfolgt ist. Das Gericht setzt in dem Urteil die Art und die Höhe der Sicherheitsleistung fest. Soweit aus dem Urteile nichts anderes ersichtlich ist, ist die Sicherheit zu leisten durch Hinterlegung von Geld oder Wertpapieren, die auf den Inhaber lauten, einen Kurswert haben und einer Gattung angehören, in der Mündelgeld angelegt werden darf. Mit Wertpapieren kann Sicherheit nur in Höhe von drei Vierteln des Kurswertes geleistet werden. Die Hinterlegung der Sicherheit kann bei der Hinterlegungsstelle eines jeden Amtsgerichts erfolgen. Die Hinterlegung geschieht am einfachsten dadurch, daß man sich zur Hinterlegungsstelle des zunächst gelegenen Amtsgericht begibt, dort den Antrag auf Hinterlegung stellt — man erhält hierzu vorgedruckte Formulare — und alsdann den Betrag in die Gerichtskasse einzahlt oder dort die Wertpapiere abliefert.

Auf Antrag des Schuldners hat das Gericht dem Schuldner nachzulassen, durch Sicherheitsleistung oder durch Hinterlegung des Streitgegenstandes, die Zwangsvollstreckung abzuwenden. Die Aufnahme dieser Anordnung erfolgt im Urteil. Erbietet sich aber in diesem Falle der Gläubiger, Sicherheit zu leisten, so kommt eine Abwendung der Zwangsvollstreckung durch den Schuldner nicht in Frage. Ist dem Schuldner nachgelassen, die Zwangsvollstreckung durch Sicherheitsleistung oder Hinterlegung des Streitgegenstandes abzuwenden, so kann der Gläubiger gleichwohl die Zwangsvollstreckung betreiben. Es ist Sache des Schuldners, durch Vorlegung einer öffentlichen Urkunde — die er nach der Hinterlegung von der Hinterlegungsstelle erhält — die tatsächliche Durchführung der Zwangsvollstreckung zu hemmen. Diese Urkunde ist dem vollstreckenden Gerichtsvollzieher vorzulegen, welcher darauf von der Vollstreckung Abstand nimmt, oder bereits gepfändete Sachen freigibt. Ist die Pfändung durch einen vom Vollstreckungsgericht erlassenen Pfändungsbeschluß erfolgt, so ist zur Aufhebung der Pfändung folgender Antrag an das Vollstreckungsgericht zu richten:

Muster 141.

Berlin-Lichtenberg, den ....

In der

Zwangsvollstreckungssache

des Kaufmanns Fritz Müller, Berlin,
Gläubigers,

gegen

den Kaufmann Georg Schwarz,
Berlin-Lichtenberg, Wagnerstr. Nr. ...
Schuldners,

hat der Gläubiger in den Akten 2. M 500. 36 einen Pfändungs- und Überweisungsbeschluß gegen mich auf Grund des vorläufig vollstreckbaren Urteils des Amtsgerichts Berlin-Lichtenberg vom 15. Oktober 19...., in welchem mir nachgelassen wurde, die Zwangsvollstreckung durch Hinterlegung von 250 RM. abzuwenden, erwirkt.

Ich überreiche anliegende Urkunde, aus welcher sich ergibt, daß ich die Sicherheit zu den Akten HL 50. 30 hinterlegt habe.

Ich beantrage daher, die Zwangsvollstreckung aufzuheben.

An
das Amtsgericht
Berlin-Lichtenberg.

Georg Schwarz.

Die Zwangsvollstreckung kann erfolgen

A. wegen einer Geldforderung — sie findet statt:
   1. in das bewegliche Vermögen des Schuldners,
   2. in das unbewegliche Vermögen des Schuldners,

B. zur Erwirkung von Handlungen und Unterlassungen und zur Erwirkung der Herausgabe von Sachen.

Soll die Zwangsvollstreckung wegen einer **Geldforderung** in das **bewegliche Vermögen** des Schuldners in **körperliche Sachen** vorgenommen werden, so erteilt der Gläubiger dem für den Bezirk, in welchem die Zwangsvollstreckung vorgenommen werden soll, zuständigen Gerichtsvollzieher mündlich oder schriftlich unter Überreichung der vollstreckbaren Ausfertigung des Schuldtitels den Auftrag zur Vornahme der Zwangsvollstreckung. Welcher Gerichtsvollzieher für den Bezirk zuständig ist, erfährt der Gläubiger auf dem zuständigen Amtsgericht. Ist dem Gläubiger der zuständige Gerichtsvollzieher nicht bekannt, so kann er schriftlich folgenden Antrag an die Gerichtsvollzieherverteilungsstelle des für den Wohnsitz des Schuldners zuständigen Amtsgerichts richten.

Muster 142.

§ 754 ZPO.

An die Gerichtsvollzieherverteilungsstelle des Amtsgerichts in Breslau.

In der Anlage überreiche ich die vollstreckbare Ausfertigung des Urteils des Amtsgerichts Breslau vom 15. Oktober 19.... mit dem Antrage, wegen der im Urteile angegebenen Beträge, abzüglich der vom Schuldner bereits gezahlten 40 RM., den zuständigen Gerichtsvollzieher mit der Zwangsvollstreckung zu beauftragen.

Charlottenburg, den ....

Franz Müller.

Diese Stelle leitet den Auftrag an den zuständigen Gerichtsvollzieher weiter.

Die Pfändung körperlicher Sachen erfolgt dadurch, daß der Gerichtsvollzieher die Sachen in Besitz nimmt. Dies geschieht, indem der Gerichtsvollzieher die Sachen mitnimmt oder sie im Gewahrsam des Schuldners beläßt und die Besitzergreifung durch Anlegung von Siegeln oder auf andere Weise kenntlich macht. Die Pfändung kann erfolgen

a) beim Schuldner;

b) beim Gläubiger, wenn dieser Sachen des Schuldners im Besitz hat. Z. B.: A hat B ein Darlehn gegeben und dafür von B eine Uhr zum Pfand erhalten. A hat B auf Zurückzahlung des Darlehns verklagt und einen vollstreckbaren Schuldtitel erwirkt. A beauftragt einen Gerichtsvollzieher bei B zu pfänden und zwar die in seinem — des A — Besitze befindliche Uhr;

c) bei einem Dritten, wenn dieser zur Herausgabe der Sachen bereit ist. Widerspricht der Dritte der Pfändung, so darf der Gerichtsvollzieher nicht pfänden. Der Gläubiger muß dann vorgehen, wie unter Muster Nr. 162 angegeben.

Nimmt der Gerichtsvollzieher trotz Widerspruchs des Dritten die Pfändung vor, so kann der **Dritte — nicht** aber der **Schuldner** Erinnerung beim Vollstreckungsgericht einlegen.

Muster 143.

Charlottenburg, den ....

Erinnerung

des Spediteurs N. N. gegen die Art und Weise der vom Gerichtsvollzieher N. N. vorgenommenen Zwangsvollstreckung. In Sachen des Kaufmanns Franz Müller, Berlin, Langestr. 10, Gläubigers,

gegen

den Kaufmann Georg Schwarz, Charlottenburg, Kurzestraße, Schuldners,

hat der Gerichtsvollzieher N. N. am 6. Dezember 19.... die aus anliegend überreichtem Pfändungsprotokoll ersichtlichen Sachen, die dem Schuldner gehören, bei mir gepfändet und zwar trotz meines Widerspruchs.

An das Amtsgericht Berlin-Charlottenburg.

Da die bei mir vorgenommene Zwangsvollstreckung gemäß § 809 Zivilprozeßordnung unzulässig ist, beantrage ich die Aufhebung derselben.

N. N.

Die Pfändung darf nicht weiter ausgedehnt werden, als sie zur Befriedigung des Gläubigers und zur Deckung der Kosten der Zwangsvollstreckung erforderlich ist.

Offenbarungseid und Haft.

§§ 807, 899—915 ZPO.

Hat die Pfändung zu einer vollständigen Befriedigung des Gläubigers nicht geführt, oder macht dieser glaubhaft, daß er durch Pfändung seine Befriedigung nicht vollständig erlangen kann, so ist der Schuldner auf Antrag des Gläubigers verpflichtet, ein Verzeichnis seines Vermögens vorzulegen, in betreff seiner Forderungen den Grund und die Beweismittel zu bezeichnen, sowie

den Offenbarungseid dahin zu leisten, daß er nach bestem Wissen und Gewissen sein Vermögen so vollständig angegeben habe, als er dazu imstande sei.

Für die Abnahme des Offenbarungseids ist dasjenige Amtsgericht zuständig, in dessen Bezirk der Schuldner seinen Wohnsitz hat.

Muster 144.

Stettin, den ....

Antrag
des Holzhändlers Franz Müller aus Stettin, Gläubigers,
gegen
den Kaufmann Georg Krause in Berlin, Langestr. 10, Schuldners,
auf Leistung des Offenbarungseides.

Nach dem Urteile des Amtsgerichts zu Berlin-Mitte vom 25. September 19...., 35. C 950. 34, das hiermit in vollstreckbarer Ausfertigung nebst Zustellungsurkunde vom 30. Oktober 19.... überreicht wird, steht dem Gläubiger gegen den Schuldner eine Forderung von 300 RM. nebst 5 Prozent Zinsen seit dem 1. April 19.... zu.

Die Pfändung hat zu einer Befriedigung nicht geführt. Dies ergibt sich aus der hiermit gleichfalls überreichten Benachrichtigung des Gerichtsvollziehers N. N.

Der Schuldner ist daher verpflichtet, ein vollständiges Verzeichnis seines Vermögens vorzulegen und den Offenbarungseid zu leisten.

An das Amtsgericht Berlin-Mitte.

Ich beantrage

dem Schuldner den Offenbarungseid abzunehmen und zu diesem Zwecke Termin anzuberaumen.

Falls der Schuldner im Termin nicht erscheint, bitte ich die Haft anzuordnen.

Franz Müller.

Kosten: $^{5}/_{10}$ der Gebührentabelle A.

Erscheint der Schuldner in dem zur Abnahme der Eidesleistung bestimmten Termine nicht, oder weigert er sich, den Eid zu leisten, so ergeht gegen ihn auf Antrag des Gläubigers — siehe Schlußsatz von Muster 144 —, Haftbefehl.

Der Gläubiger erhält eine Ausfertigung des Haftbefehls und kann nun einen Gerichtsvollzieher mit der Verhaftung des Schuldners beauftragen. Der Schuldner kann auch nach Erlaß des Haftbefehls bzw. seiner Verhaftung jederzeit den Offenbarungseid leisten. Nach Leistung des Eides wird er aus der Haft entlassen. Die Haft darf die Dauer von 6 Monaten nicht übersteigen. Nach Ablauf der 6 Monate wird der Schuldner von Amtswegen aus der Haft entlassen. Der Gläubiger hat einen Haftkostenvorschuß in Höhe der durch die Haft entstehenden Kosten, einschließlich der Verpflegungskosten, von Monat zu Monat im Voraus zu zahlen. Geschieht es nicht, so wird der Schuldner in dem Gefängnis nicht aufgenommen bzw. entlassen, wenn der Vorschuß nicht spätestens bis Mittag des letzten Tages erneuert wird.

Erscheint der Schuldner in dem zur Eidesleistung bestimmten Termine, so hat er ein vollständiges Verzeichnis seines Vermögens vorzulegen. Das Vermögensverzeichnis muß namentlich enthalten:

1. sämtliche ihm gehörigen Gegenstände, auch diejenigen, welche nicht gepfändet werden können,
2. sämtliche ausstehenden Forderungen, unter Bezeichnung des Grundes und der Beweismittel. Die Forderungen sind auch dann anzugeben, wenn der Schuldner sie für uneinbringlich hält.

Die Vollstreckungsschutzverordnung vom 26. Mai 1933, i. d. Fass. vom 24. Oktober 1934, RGBl. I 1070, hat in ihrem § 19d die Verpflichtung des Schuldners zur Leistung des Offenbarungseides gemäß § 807 ZPO. — Fall wie Muster 144 anführt — Beschränkungen unterworfen.

Der Schuldner kann nämlich die Leistung des Offenbarungseides dadurch abwenden, daß er in dem Termin zur Leistung des Offenbarungseides die Versicherung abgibt, daß er nach bestem Wissen sein Vermögen so vollständig angegeben habe, als er dazu imstande sei.

Der Schuldner erreicht durch die Abgabe dieser Versicherung, daß **seine Eintragung in das Schuldnerverzeichnis unterbleibt.**

Das Gericht kann jedoch auf Antrag des Gläubigers die Eidesleistung anordnen, wenn dies zur Herbeiführung einer wahrheitsgemäßen Angabe des Vermögens notwendig erscheint. Gegen diese Anordnung gibt es keine Rechtsmittel.

Der Schuldner verliert das Recht, den Eid abzuwenden, wenn er im Termin der Eidesleistung widerspricht, den Widerspruch aber dann zurücknimmt, oder er im Termin zur Eidesleistung nicht erscheint und Haftbefehl gegen ihn ergeht.

Ein Schuldner, der den Offenbarungseid geleistet hat, ist zur nochmaligen Leistung des Eides auch einem anderen Gläubiger gegenüber nur verpflichtet, wenn glaubhaft gemacht wird, daß er später Vermögen erworben hat. Sind 5 Jahre seit Leistung des Eides verstrichen, so hat der Schuldner auf Antrag des Gläubigers erneut den Offenbarungseid zu leisten.

Schuldner-Verzeichnis.

§ 915 ZPO.

Jedes Amtsgericht führt ein Verzeichnis derjenigen Personen, welche vor ihm den vorstehend beschriebenen Offenbarungseid geleistet haben oder gegen welche wegen Verweigerung des Eides die Haft angeordnet ist,

Die Einsicht ist jedem zu gestatten, auch hat der Gerichtsschreiber auf Antrag über das Bestehen oder Nichtbestehen einer Eintragung Auskunft zu geben.

Unpfändbare Sachen.

Welche Sachen sind unpfändbar?

Folgende Sachen sind nach § 811 der Zivilprozeßordnung der Pfändung nicht unterworfen:

1. die dem persönlichen Gebrauch oder dem Haushalt dienenden Sachen, insbesondere Kleidungsstücke, Wäsche, Betten, Haus- und Küchengerät, soweit der Schuldner ihrer zu einer angemessenen, bescheidenen Lebens- und Haushaltsführung bedarf;
2. die für den Schuldner, seine Familie und sein Gesinde auf vier Wochen erforderlichen Nahrungs-, Feuerungs- und Beleuchtungsmittel, oder, soweit solche Vorräte auf 2 Wochen nicht vorhanden und ihre Beschaffung für diesen Zeitraum auf anderem Wege nicht gesichert ist, der für die Beschaffung erforderliche Geldbetrag;
3. eine Milchkuh oder nach der Wahl des Schuldners statt einer solchen 2 Ziegen oder 2 Schafe nebst den zum Unterhalt und zur Streu für dieselben auf 4 Wochen erforderlichen Futter- und Streuvorräten oder, soweit solche Vorräte auf 2 Wochen nicht vorhanden, den zur Beschaffung erforderlichen Geldbetrag, wenn die bezeichneten Tiere für die Ernährung des Schuldners, seiner Familie und seines Gesindes unentbehrlich sind;
4. bei Personen, welche Landwirtschaft betreiben, das zum Wirtschaftsbetrieb erforderliche Gerät und Vieh nebst dem nötigen Dünger sowie die landwirtschaftlichen Erzeugnisse, soweit sie zur Fortführung der Wirtschaft bis zu der Zeit erforderlich sind, zu welcher gleiche oder ähnliche Erzeugnisse voraussichtlich gewonnen werden;
5. bei Personen, die aus ihrer körperlichen oder geistigen Arbeit oder sonstigen persönlichen Leistungen ihren Erwerb ziehen, die zur Fortsetzung dieser Erwerbstätigkeit erforderlichen Gegenstände;
6. bei den Witwen und minderjährigen Erben der unter Nr. 5 bezeichneten Personen, wenn sie die Erwerbstätigkeit für ihre Rechnung

durch einen Stellvertreter fortführen, die zur Fortführung dieser Erwerbstätigkeit erforderlichen Gegenstände;

7. Uniformen und sonstige Dienstkleidungsstücke sowie Dienstausrüstungsgegenstände, soweit sie zum Gebrauch des Schuldners bestimmt sind, sowie bei Beamten, Geistlichen, Rechtsanwälten, Notaren, Ärzten und Hebeammen, die zur Ausübung des Berufes erforderlichen Gegenstände einschließlich angemessener Kleidung;
8. bei Personen, die wiederkehrende Einkünfte der in den §§ 850—850b, 850f—850h ZPO. bezeichneten Art beziehen, ein Geldbetrag, der dem der Pfändung nicht unterworfenen Teil der Einkünfte für die Zeit von der Pfändung bis zu dem nächsten Zahlungstermin entspricht;
9. die zum Betriebe einer Apotheke unentbehrlichen Geräte, Gefäße und Waren;
10. die Bücher, welche zum Gebrauche des Schuldners und seiner Familie in der Kirche oder Schule oder einer sonstigen Unterrichtsanstalt oder bei der häuslichen Andacht bestimmt sind;
11. die in Gebrauch genommenen Haushaltungs- und Geschäftsbücher, die Familienpapiere sowie die Trauringe, Orden und Ehrenzeichen;
12. künstliche Gliedmaßen, Brillen und andere wegen körperlicher Gebrechen notwendige Hilfsmittel, soweit diese Gegenstände zum Gebrauche des Schuldners in seiner Familie bestimmt sind;
13. die zur unmittelbaren Verwendung für die Bestattung bestimmten Gegenstände.

Was hat der Schuldner zu tun, wenn bei ihm unpfändbare Sachen gepfändet sind?

Sind vorstehend aufgeführte Sachen dennoch gepfändet, so kann der Schuldner die Erinnerung gegen die Zwangsvollstreckung beim Vollstreckungsgericht, das ist das Amtsgericht, in dessen Bezirk die Zwangsvollstreckung vorgenommen ist, erheben.

Muster 145.

§ 766 ZPO.

Berlin-Lichtenberg, den ....

Erinnerung
des Tischlermeisters Franz Müller,
Berlin-Lichtenberg, Wagnerstr. 10,
gegen die Pfändung des Gerichtsvollziehers N. N.

In der Zwangsvollstreckungssache des Leimfabrikanten Otto Schwarz aus Berlin, gegen mich, hat der Gerichtsvollzieher N. N. am 5. Dezember 19.... bei mir folgende Gegenstände, nämlich:

eine Kreissäge,
einen Dickenhobel

gepfändet.

Dies mache ich glaubhaft durch das anliegende Pfändungsprotokoll. Die Pfändung dieser Gegenstände erscheint gemäß § 811 Zivilprozeßordnung Ziff. 5 unzulässig.

Zur Glaubhaftmachung versichere ich an Eidesstatt, daß ich seit 6 Jahren eine Möbeltischlerei ohne Gesellen betreibe. Dieser Betrieb stellt meine Erwerbstätigkeit dar. Zur Durchführung dieser meiner Erwerbstätigkeit benötige ich und habe mir deshalb angeschafft eine Kreissäge und einen Dicktenhobel. Ohne diese Betriebsgegenstände, die ich in Erhaltung meiner Erwerbstätigkeit persönlich bediene, wäre es mir nicht möglich, meine Erwerbstätigkeit als Möbeltischler fortzusetzen.

Ich beantrage, die Zwangsvollstreckung in die bezeichneten Gegenstände als unzulässig aufzuheben.

An
das Amtsgericht
Berlin-Lichtenberg.

Franz Müller.

Würde im vorliegenden Beispiel der Tischlermeister Müller Gesellen beschäftigen, welche die Maschinen bedienen, so wären die Maschinen pfändbar, da sie dann von dem Schuldner nicht zur persönlichen Fortsetzung der Erwerbstätigkeit gebraucht werden.

Die durch den Gerichtsvollzieher gepfändeten Sachen werden versteigert. Die Versteigerung darf frühestens nach Ablauf einer Woche seit dem Tage einer Pfändung geschehen. Sie erfolgt in der Gemeinde, in welcher die Pfändung geschehen ist, sofern nicht der Gläubiger und der Schuldner über einen anderen Ort sich einigen.

Besondere Verwertung gepfändeter Sachen.

Auf Antrag des Gläubigers oder des Schuldners kann das Vollstreckungsgericht, das ist das Amtsgericht, in dessen Bezirk die Versteigerung stattfinden soll, gemäß § 825 ZPO. anordnen, daß die Verwertung der gepfändeten Sachen in anderer Weise oder am andern Orte als das Gesetz es bestimmt, stattzufinden habe oder daß die Versteigerung durch eine andere Person als den Gerichtsvollzieher vorzunehmen sei.

Muster 146.

Berlin-Lichtenberg, den ....

Antrag
des Kaufmanns Franz Müller, hier,
Wagnerstraße 10,
auf anderweitige Verwertung gepfändeter Gegenstände.

Der Gerichtsvollzieher N. N. hat die im anliegenden Pfändungsprotokoll aufgeführten Gegenstände bei mir gepfändet und Termin zur Versteigerung auf den 18. Dezember 19.... anberaumt.

Bei der jetzt herrschenden Geldknappheit laufe ich Gefahr, daß die Pfandstücke verschleudert werden und sowohl der Gläubiger als auch ich großen Schaden erleiden.

Ich beantrage daher gemäß § 825 ZPO., daß die gepfändeten Gegenstände dem Kaufmann Hans Schwarz in Berlin zum Taxwerte zuzüglich 10 vom Hundert Aufschlag übereignet werden.

Ich bitte um sofortige Aufhebung des am 18. Dezember 19.... anberaumten Versteigerungstermins.

Franz Müller.

An
das Amtsgericht
Berlin-Lichtenberg.

Kosten: 1/4 der Gebührentabelle A.

Zwangsvollstreckung an Sonn- und Feiertagen und zur Nachtzeit.

§ 761 ZPO.

Eine Vollstreckungshandlung darf **nur** an Werktagen vorgenommen werden. Ist dem Schuldner in dieser Zeit nicht beizukommen, so kann die Zwangsvollstreckung auch zur Nachtzeit, das ist die Zeit von 9 Uhr bis 4 Uhr morgens in den Monaten April bis September und von 9 Uhr abends bis 6 Uhr morgens in den Monaten Oktober bis März oder an Sonntagen und den allgemeinen Feiertagen vorgenommen werden, wenn hierzu die Erlaubnis **des Amtsrichters** eingeholt wird, in **dessen Bezirke** die Handlung vorgenommen werden soll.

Die Verfügung, durch welche die Erlaubnis erteilt wird, ist dem Schuldner bei der Zwangsvollstreckung vorzulegen.

Muster 147.

Berlin, den ....

Antrag
des Kaufmanns Franz Müller, Berlin, Roßstraße 1, Gläubigers,
auf Vornahme der Zwangsvollstreckung zur Nachtzeit, beziehungsweise an Sonn- und Feiertagen bei dem Unternehmer Ernst Schwarz, Berlin, Langestraße 1, Schuldners.

Auf Grund der anliegend überreichten vollstreckbaren Ausfertigung des Urteils des Amtsgerichts Berlin-Mitte steht mir gegen den Schuldner ein Anspruch auf Zahlung einer Geldsumme von 200 RM. zu. Die bei dem Schuldner vorgenommene Zwangsvollstreckung ist fruchtlos ausgefallen, wie aus der anliegend überreichten Bescheinigung des Gerichtsvollziehers N. N.

ersichtlich ist. Der Schuldner ist der Pächter eines Ausschanks im Vergnügungs-Etablissement „Roter Adler" in Berlin-Weißensee, Falkensteinstraße. Er soll dort namentlich an Sonn- und Feiertagen größere Einnahmen haben. Da diese Einnahmen sich besonders erst in den späten Abendstunden einstellen, beantrage ich gemäß § 761 Zivilprozeßordnung einen Beschluß dahin zu erlassen,

An
das Amtsgericht
Berlin-Weißensee.

daß die Zwangsvollstreckung zur Nachtzeit und an Sonn- und Feiertagen vorgenommen werden darf.

Franz Müller.

Widerspruch. Intervention.

§ 771 ZPO.

Behauptet ein Dritter, daß ihm an dem Gegenstande der Zwangsvollstreckung ein die Veräußerung hinderndes Recht zusteht, so ist dieser Widerspruch gegen die Zwangsvollstreckung im Wege der Klage bei dem Gerichte geltend zu machen, in dessen Bezirke die Zwangsvollstreckung erfolgt ist. Mit der Klage ist gleichzeitig der Antrag auf Einstellung bzw. Aufhebung der Zwangsvollstreckung zu stellen. Siehe Muster 109.

Ein die Veräußerung hinderndes Recht eines Dritten liegt z. B. vor, wenn bei dem Schuldner Sachen gepfändet werden, die nicht Eigentum desselben, sondern eines Dritten sind. Ein häufig vorkommender Fall ist folgender:

A hat von B einen Geldbetrag erhalten und dafür seine Wohnungseinrichtung an B verkauft mit der Maßgabe, daß A, wenn er dem B den Geldbetrag zurückgibt, die Wohnungseinrichtung zurückerwirbt. B hat nach Abschluß des Kaufes und Übergabe der Sachen an ihn, dem A die Wohnungseinrichtung leihweise oder gegen Zahlung eines Mietszinses überlassen. Wird nun diese Wohnungseinrichtung bei A gepfändet, so hat B ein die Veräußerung hinderndes Recht, das ihn zur Erhebung der vorstehend beschriebenen Klage legitimiert. Der pfändende Gerichtsvollzieher hat sich durch das Vorzeigen des Kauf- und Leihvertrages von der Pfändung der Sachen **nicht** abhalten zu lassen.

Erfährt nun der Dritte von der Pfändung von Sachen, an denen ihm ein die Veräußerung hinderndes Recht zusteht, so wird in den meisten Fällen wegen der bevorstehenden Versteigerung keine Zeit sein, die Klage auf Freigabe zu erheben und dabei die Aufhebung der Zwangsvollstreckung zu beantragen. Daher hat das Gesetz für diese **dringlichen** Fälle angeordnet, daß das Vollstreckungsgericht, das ist das Amtsgericht, in dessen Bezirk die Zwangsvollstreckung vorgenommen ist, auf Antrag die vorläufige Einstellung der Zwangsvollstreckung anordnen kann. Die Dringlichkeit des Falles muß **glaubhaft** gemacht werden, was in der Regel durch Vorlegung des Pfändungsprotokolls, auf welchem der Tag der Versteigerung vermerkt ist, erfolgen kann.

Muster 148.

Berlin-Lichtenberg, den ....

Antrag
des Tischlermeisters Franz Müller,
Berlin, ...-Straße,
auf Einstellung der Zwangsvollstreckung
in Sachen
der Firma Gebr. Kohn, Magdeburg,
Gläubigerin,
gegen
den Reisenden Ernst Schwarz,
Berlin-Lichtenberg, ...straße,
Schuldners.

In der vorstehend bezeichneten Zwangsvollstrekkungssache hat der Gerichtsvollzieher N. N. in Berlin-Lichtenberg bei dem Schuldner am 1. Dezember 19....

eine Waschtoilette mit Marmorplatte,
einen Ankleideschrank und
zwei Nachttische mit Marmorplatte

gepfändet. Dies mache ich glaubhaft durch das anliegende Pfändungsprotokoll.

Diese Gegenstände gehören nicht dem Schuldner, sondern sind mein Eigentum. Zur Glaubhaftmachung meiner Angaben berufe ich mich auf den Inhalt der anliegend überreichten eidesstattlichen Versicherung und auf den gleichfalls überreichten Kaufvertrag, den ich zurück erbitte.

Ich beantrage

anzuordnen, daß die Zwangsvollstreckung in die bezeichneten Gegenstände einstweilen eingestellt wird.

Da nach dem überreichten Pfändungsprotokolle Versteigerungstermin bereits übermorgen ansteht, ist ein Fall der Dringlichkeit gegeben.

Franz Müller.

An
das Amtsgericht
Berlin-Lichtenberg.

Eidesstattliche Versicherung.

Ich versichere an Eidesstatt, daß die von dem Gerichtsvollzieher N. N. am 1. Dezember 19.... beim Schuldner Schwarz gepfändeten Gegenstände mein Eigentum sind. Der Schuldner hat sie durch Vertrag vom 10. Juli 19... von mir gekauft. Ich habe mir aber bis zur vollständigen Bezahlung das Eigentum an den Sachen vorbehalten. Die Möbelstücke sind noch nicht bezahlt.

Franz Müller.

Zwangsvollstreckungen in Forderungen und andere Vermögensrechte des Schuldners.

§§ 828—864 ZPO.

Soll die Zwangsvollstreckung wegen einer Geldforderung in Forderungen oder andere Vermögensrechte des Schuldners erfolgen, so ist folgendes zu beachten:

Die Zwangsvollstreckung in Forderungen und andere Vermögensrechte des Schuldners erfolgt nicht, wie bei der Pfändung körperlicher Sachen, durch einen Gerichtsvollzieher, sondern durch das Vollstreckungsgericht. Dieses erläßt auf Antrag des Gläubigers entsprechende Pfändungsbeschlüsse, welche alsdann durch den Gläubiger dem Gerichtsvollzieher zur weiteren Veranlassung zu übergeben sind.

Vollstreckungsgericht ist in diesen Fällen das Amtsgericht, in dessen Bezirk der Schuldner seinen Wohnsitz hat. Soll auf Grund eines Arrestes eine Forderung usw. des Schuldners gepfändet werden, so ist das Vollstreckungsgericht dasjenige, welches den Arrest erlassen hat.

Durch die Pfändung allein wird der Drittschuldner, das ist die Person, bei welcher die Geldforderung des Schuldners gepfändet ist, nicht verpflichtet, an den Gläubiger zu zahlen, auch wird der Gläubiger nicht zur Geltendmachung der Forderung legitimiert. Um dies zu erreichen, bedarf es noch einer weiteren Anordnung des Vollstreckungsgerichts, nämlich die der Überweisung der Forderung an den Gläubiger.

Auf Grund eines Arrestes findet eine Überweisung der gepfändeten Forderung an den Gläubiger erst dann statt, nachdem er im Hauptprozeß ein obsiegendes Urteil erstritten hat und die Überweisung beantragt.

Dem Gläubiger kann die gepfändete Forderung nach seiner Wahl entweder zur **Einziehung** oder an **Zahlungsstatt** überwiesen werden. Der Unterschied zwischen beiden Arten der Überweisung ist folgender:

Bei der Überweisung einer Forderung zur Einziehung wird der Schuldner erst dann von seinen Verpflichtungen befreit, wenn der Gläubiger die gepfändete Forderung vom Drittschuldner tatsächlich erhält; bei der Überweisung der Forderung an Zahlungsstatt wird der Schuldner von **seinen** Verpflichtungen dem Gläubiger gegenüber sofort frei und zwar ohne Rücksicht darauf, ob der Drittschuldner den Gläubiger befriedigt oder nicht. Die Überweisung zur Einziehung ist daher risikoloser für den Gläubiger.

Der Antrag auf Überweisung der Forderung kann sowohl gleichzeitig mit dem Pfändungsantrag als auch später nach vollzogener Pfändung gestellt werden. Wird der Antrag auf Überweisung nach Erlaß des Pfändungsbeschlusses gestellt, so ist er an das Amtsgericht zu richten, in dessen Bezirk die Pfändung vorgenommen ist.

Die Überweisung einer Forderung an Zahlungsstatt erfolgt zum Nennwert.

Unpfändbarkeit von Forderungen:

Welche Forderungen sind unpfändbar?

Durch Gesetz vom 24. Oktober 1934, RGBl. I S. 1070, sind nachstehende Paragraphen der ZPO. wie folgt neu gefaßt bzw. eingefügt worden:

§ 850.

(1) Die Dienstbezüge der Beamten, der Geistlichen, sowie der Ärzte und Lehrer an öffentlichen Anstalten und die Bezüge dieser Personen nach ihrer Versetzung in den dauernden oder einstweiligen Ruhestand oder ihrem sonstigen Ausscheiden aus dem Dienst sind bis zum Betrage von monatlich 150 RM. und soweit sie diesen Betrag übersteigen, zu zwei Dritteilen des Mehrbetrages der Pfändung nicht unterworfen. Das gleiche gilt von den Dienstbezügen der Wehrmachtsangehörigen und den Versorgungsbezügen der aus der Wehrmacht ausgeschiedenen, soweit nicht in den Versorgungsgesetzen ein anderes bestimmt ist. Beträge, die auf Grund steuerrechtlicher oder sonstiger gesetzlicher Vorschriften zugunsten des Schuldners unmittelbar an eine dritte Stelle abzuführen sind, dürfen bei Ermittlung des pfändbaren Betrages nicht in Abzug gebracht werden.

(2) Die Zulagen und Beihilfen, die den im Abs. 1 bezeichneten Personen mit Rücksicht auf das Vorhandensein unterhaltsberechtigter Angehöriger gewährt werden, sind weder der Pfändung unterworfen, noch bei der Ermittlung der pfändbaren Beträge zu berücksichtigen. Das gleiche gilt für die Einkünfte, die zur Bestreitung eines Dienstaufwandes bestimmt sind.

(3) Wegen der Unterhaltsansprüche, die Verwandten, Ehegatten, früheren Ehegatten oder unehelichen Kindern kraft Gesetz zustehen, sind die im Abs. 1 und im Abs. 2 Satz 1 genannten Bezüge ohne die dort bezeichneten Beschränkungen pfändbar. Dem Schuldner ist jedoch von den Bezügen so viel zu belassen, als er für seinen notwendigen Unterhalt und zur Erfüllung seiner laufenden gesetzlichen Verpflichtungen gegenüber den dem Gläubiger vorgehenden Unterhaltsberechtigten oder zur gleichmäßigen Befriedigung der dem Gläubiger gleichstehenden Unterhaltsberechtigten bedarf. Die Reihenfolge bestimmt sich nach § 1609 des Bürgerlichen Gesetzbuchs; die Ansprüche der unehelichen Kinder stehen denen der Verwandten, Ehegatten und früheren Ehegatten nach. Der dem Schuldner nach Satz 2 verbleibende Teil seiner Bezüge darf den Betrag nicht übersteigen, der ihm nach den Absätzen 1 und 2 zu verbleiben hätte. Für die Pfändung wegen Rückstände, die länger als ein Jahr vor dem Antrag auf Erlaß des Pfändungsbeschlusses fällig geworden sind, gelten die Vorschriften dieses Absatzes nur insoweit, als nach Lage der Verhältnisse anzunehmen ist, daß sich der Schuldner seiner Zahlungspflicht absichtlich entzogen hat; im übrigen ist die Pfändung wegen derartiger Rückstände nur in den in den Absätzen 1 und 2 bezeichneten Grenzen zulässig.

(4) Ändern sich die Verhältnisse, die nach den Absätzen 1—3 den unpfändbaren Teil des Bezuges bestimmen, so ist auf Antrag des Schuldners oder des Gläubigers der Pfändungsbeschluß entsprechend zu ändern. Den Antrag kann auch ein Dritter stellen, dem gegenüber der Schuldner kraft Gesetzes unterhaltspflichtig ist. Der Drittschuldner kann nach Maßgabe der bisherigen Pfändung mit befreiender Wirkung leisten, solange ihm der Änderungsbeschluß nicht zugestellt ist.

§ 850a.

(1) Für die Pfändung der Bezüge von Hinterbliebenen der im § 850 Abs. 1 genannten Personen, der Bezüge aus Witwen- und Waisenkassen, der Erziehungsgelder. Studienstipendien und ähnlicher Bezüge gelten die Vorschriften des § 850 entsprechend.

(2) Die Sterbe- oder Gnadenbezüge sind in voller Höhe unpfändbar.

§ 850b.

(1) Arbeits- und Dienstlohn sowie sonstige wiederkehrend zahlbare Vergütungen für geleistete Arbeiten sind, wenn die zu vergütenden Leistungen die Erwerbstätigkeit des Schuldners vollständig oder zu einem wesentlichen Teil in Anspruch nehmen,

bei Auszahlung für Monate oder Bruchteile von Monaten bis zum Betrage von 150 RM. monatlich,

bei Auszahlung für Wochen bis zum Betrage von 35 RM. wöchentlich,
bei Auszahlung für Tage bis zum Betrage von 5.80 RM. täglich,
und soweit sie diese Beträge übersteigen, bis zu einem Drittel des Mehrbetrages der Pfändung nicht unterworfen. Die Vorschrift des § 850 Abs. 1 Satz 3 gilt dabei entsprechend.

(2) Hat der Schuldner seinem Ehegatten, einem früheren Ehegatten, einem Verwandten oder einem unehelichen Kinde Unterhalt zu gewähren, so erhöht sich der unpfändbare Teil des Mehrbetrages für jede Person, der Unterhalt gewährt wird, um ein Sechstel, höchstens jedoch auf zwei Drittel des Mehrbetrages.

(3) Übersteigt die Vergütung die Summe von 500 RM. für den Monat, von 115 RM. für die Woche, von 19 RM. für den Tag, so findet auf den Mehrbetrag die Vorschrift des Abs. 2 keine Anwendung.

(4) Für die Pfändung wegen gesetzlicher Unterhaltsansprüche gilt § 850 Abs. 3 entsprechend.

(5) Ändern sich die Verhältnisse, die nach den Absätzen 1—4 den unpfändbaren Teil der Vergütung bestimmen, so gilt § 850 Abs. 4 entsprechend.

§ 850c.

(1) Hat sich der Empfänger der vom Schuldner geleisteten Arbeiten oder Dienste verpflichtet, Leistungen an einem Dritten zu bewirken, die nach Lage der Umstände ganz oder teilweise eine Vergütung für die Leistung des Schuldners darstellen, so kann der Anspruch des Drittberechtigten insoweit auf Grund des Schuldtitels gegen den Schuldner gepfändet werden, wie wenn der Anspruch dem Schuldner zustände. Die Pfändung des Vergütungsanspruchs des Schuldners umfaßt ohne weiteres den Anspruch des Drittberechtigten.

(2) Der Pfändungsbeschluß ist dem Drittberechtigten ebenso wie dem Schuldner zuzustellen.

§ 850d.

Leistet der Schuldner einem Dritten in einem ständigen Verhältnis Arbeiten oder Dienste, die nach Art und Umfang üblicherweise vergütet werden, unentgeltlich oder gegen eine unverhältnismäßig geringe Vergütung, so gilt im Verhältnis des Gläubigers zu dem Empfänger der Arbeits- oder Dienstleistungen eine angemessene Vergütung als geschuldet. Bei der Prüfung, ob diese Voraussetzungen vorliegen, sowie bei der Bemessung der Vergütung ist auf alle Umstände des Einzelfalles, insbesondere die Art der Arbeits- oder Dienstleistung, die verwandtschaftlichen oder sonstigen Beziehungen zwischen dem Dienstberechtigten und dem Dienstverpflichteten und die wirtschaftliche Leistungsfähigkeit des Dienstberechtigten, Rücksicht zu nehmen.

§ 850e.

(1) Ist in anderen als den im § 850b bezeichneten Fällen ein Anspruch auf Vergütung für persönlich geleistete Arbeiten oder Dienste gepfändet, so hat das Gericht dem Schuldner auf Antrag so viel zu belassen, als er während eines angemessenen Zeitraums für seinen notwendigen Unterhalt und den seines Ehegatten, seiner unterhaltsberechtigten Verwandten oder eines unehelichen Kindes bedarf. Bei der Entscheidung sind die wirtschaftlichen Verhältnisse des Schuldners, insbesondere seine sonstigen Verdienstmöglichkeiten, frei zu würdigen. Dem Schuldner ist nicht mehr zu belassen, als ihm nach freier Schätzung des Gerichts verbleiben würde, wenn sein Einkommen aus laufendem Arbeits- oder Dienstlohn bestände. Der Antrag des Schuldners ist insoweit abzulehnen, als überwiegende Belange des Gläubigers entgegenstehen.

(2) Die Vorschriften des § 33 des Gesetzes über die Heimarbeit vom 23. März 1934 (RGBl. I S. 214) bleiben unberührt.

§ 850f.

(1) Die Pfändung

1. des Ruhegehalts von Personen, die in einem bürgerlich-rechtlichen Dienst- oder Arbeitsverhältnis beschäftigt gewesen sind, und der Bezüge von Hinterbliebenen dieser Personen;
2. der Bezüge, die ein Handlungsgehilfe auf Grund der Vorschriften der §§ 74—75a des Handelsgesetzbuchs (RGBl. 1914 S. 209) für die Zeit nach der Beendigung des Dienstverhältnisses als Entschädigung beanspruchen kann;

unterliegt denselben Beschränkungen wie die Pfändung des Arbeits- und Dienstlohns (§ 850 b).

(2) Die Sterbe- oder Gnadenbezüge der in Nr. 1 genannten Hinterbliebenen sind in voller Höhe unpfändbar.

§ 850 g.

Der Pfändung sind nicht unterworfen

1. die nach § 843 des Bürgerlichen Gesetzbuchs wegen einer Verletzung des Körpers oder der Gesundheit zu entrichtenden Geldrenten;
2. die auf gesetzlicher Vorschrift beruhenden Unterhaltsforderungen und die nach § 844 des Bürgerlichen Gesetzbuchs wegen der Entziehung einer solchen Forderung zu entrichtende Geldrente;
3. die fortlaufende Einkünfte, die ein Schuldner aus Stiftungen oder sonst auf Grund der Fürsorge und Freigebigkeit eines Dritten oder auf Grund eines Altenteils- oder Auszugsvertrages bezieht, soweit der Schuldner der Einkünfte für seinen notwendigen Unterhalt und den seines Ehegatten und seiner unterhaltsberechtigten Verwandten bedarf;
4. die aus Kranken-, Hilfs- und Sterbekassen zu beziehenden Hebungen, soweit nicht eine andere gesetzliche Regelung getroffen ist;
5. das Diensteinkommen der Angehörigen mobiler Verbände.

§ 850 h.

Die Vorschriften der Versicherungs-, Versorgungs- und sonstigen Gesetze über die Pfändung von Ansprüchen bestimmter Art bleiben unberührt.

Die Pfändung von Mietpachtzinsen unterliegt z. Zt. gemäß § 19 ZwVV. ebenfalls Beschränkungen.

Soll eine Geldforderung des Schuldners gepfändet werden, so ist wie folgt zu verfahren:

Der Gläubiger läßt zunächst den Schuldtitel durch einen Gerichtsvollzieher zustellen. Ist dies geschehen, so stellt er folgenden Antrag an das Vollstreckungsgericht:

Muster 149.

Düsseldorf, den ....

Antrag
des Kolonialwarenhändlers Franz
Müller, Düsseldorf, Domstraße,
Gläubigers,
gegen
den Postschaffner Richard Storm,
Charlottenburg, Langestraße 10,
Schuldners,
auf Pfändung und Überweisung.

In der Anlage überreiche ich die zugestellte vollstreckbare Ausfertigung des Urteils des Amtsgerichts Charlottenburg vom 15. Oktober 19.... — 25. C 97. 36 — und beantrage

wegen meiner Forderung von 150 RM. nebst 4 Prozent Zinsen seit 1. Juli 19.... sowie wegen der für diesen Antrag entstehenden Gerichts- und Zustellungskosten den dem Schuldner gegen den Reichspostfiskus, vertreten durch die Oberpostdirektion Berlin, zustehenden Anspruch auf Zah-

An
das Amtsgericht
Charlottenburg.

lung von Gehalt und etwaiger sonstiger Bezüge, soweit diese Ansprüche bereits fällig sind oder in Zukunft fällig werden, in der gesetzlich zugelassenen Höhe zu pfänden und mir zur Einziehung zu überweisen.

Franz Müller.

Kosten: ¼ der Gebührentabelle A.

(Falls die Zustellung nach § 840 Zivilprozeßordnung gewünscht wird, siehe das unter „Erklärungspflicht des Drittschuldners" Gesagte).

Auf Grund des vorstehenden Antrages erläßt das Vollstreckungsgericht einen Pfändungs- und Überweisungsbeschluß. In diesem wird die Forderung des Schuldners — Sturm — an die Reichspost auf Gehalt usw. in der beantragten Höhe gepfändet. Dem Schuldner — Sturm — wird verboten, sich jeder Verfügung über die Forderung, soweit gepfändet, insbesondere deren Einziehung zu enthalten. Dem Drittschuldner — Reichspost — wird verboten, soweit gepfändet, dem Schuldner zu zahlen. Dem Gläubiger — Müller — wird die gepfändete Forderung zur Einziehung überwiesen.

Der Gläubiger — Müller — erhält den Pfändungsbeschluß durch das Vollstreckungsgericht übersandt und übergibt ihn einem Gerichtsvollzieher zur Zustellung an den Drittschuldner — Reichspost — und an den Schuldner — Sturm —.

Die Pfändung wird wirksam, wenn der Beschluß dem Drittschuldner — Reichspost — ordnungsgemäß zugestellt ist. Ein Mangel in der Zustellung, z. B. der Beschluß, wird dem Drittschuldner durch gewöhnlichen Brief durch die Post übersandt, macht die Pfändung und Überweisung unwirksam. Der Drittschuldner hat alsdann, wie bisher an den Schuldner weiter zu leisten, wie wenn der Beschluß gar nicht erlassen ist.

Nach ordnungsmäßiger Zustellung an den Drittschuldner kann der Gläubiger von diesem die zur Zahlung bereits fälligen Beträge einziehen.

Erklärungspflicht des Drittschuldners.

Der Drittschuldner ist nach § 840 Zivilprozeßordnung verpflichtet, auf **Verlangen** des Gläubigers binnen 2 Wochen nach Zustellung des Pfändungsbeschlusses an gerechnet dem Gläubiger zu erklären:

1. ob und inwieweit er die Forderung als begründet anerkenne und Zahlung zu leisten bereit sei,
2. ob und welche Ansprüche andere Personen an die Forderung stellen,
3. ob und wegen welcher Ansprüche die Forderung bereits für andere Gläubiger gepfändet sei.

Die Aufforderung zur Abgabe dieser Erklärung muß in die Zustellungsurkunde aufgenommen werden, andernfalls ist sie ohne Wirkung.

Der Drittschuldner kann die von ihm geforderte Erklärung sogleich bei der Zustellung dem Gerichtsvollzieher gegenüber abgeben. Geschieht dies nicht, so kann der Drittschuldner die Erklärung binnen 2 Wochen nach Zustellung entweder dem Gerichtsvollzieher oder dem Gläubiger gegenüber abgeben. Erkennt der Drittschuldner die Forderung nach Ziff. 1

an, so liegt ein Schuldanerkenntnis gegen den Schuldner vor. Bestreitet der Drittschuldner die Forderung, oder behauptet er Ansprüche anderer Personen im Sinne der obigen Nr. 2 und 3, so hat der Gläubiger zu ermessen, welche weiteren Maßnahmen zur Verwertung der Forderung er treffen will.

Erklärt sich der Drittschuldner auf die Aufforderung hin, innerhalb der bestimmten Frist nicht, so kann er zur Abgabe der Erklärung nicht gezwungen werden, auch nicht durch Klage auf Abgabe der Erklärung. Er haftet aber dem Gläubiger für den diesem aus der Weigerung entstehenden Schaden, z. B. für die Kosten eines dadurch unnütz geführten Prozesses.

Wünscht der Gläubiger die Abgabe der vorstehend geschilderten Erklärung, so ist dem Muster 149 folgendes hinzuzufügen:

Die Zustellung an den Drittschuldner wird gemäß § 840 Zivilprozeßordnung beantragt.

(Es empfiehlt sich, diesen Satz durch Unterstreichen mittels Farbstift besonders kenntlich zu machen).

Muster 150.

Berlin, den ....

Antrag
der minderjährigen Luise Schmidt, vertreten durch ihren Pfleger, Schneidermeister Josef Zander, Berlin, Langestr. 10, Gläubigerin,
gegen
ihren Vater, den Tischler Hermann Schmidt, Berlin-Weißensee, Falkensteinstraße 5, Schuldners,
auf Pfändung und Überweisung.

Zustellung nach § 840 ZPO.

Auf Grund der anliegend überreichten vollstreckbaren Ausfertigung des vor dem Amtsgericht Berlin-Weißensee am 11. Oktober 19.... geschlossenen Vergleichs, welcher dem Schuldner am 28. Oktober 19.... zugestellt ist, steht der Gläubigerin gegen den Schuldner ein Anspruch auf Zahlung von 50 RM. rückständiger Unterhaltsrente für die Zeit vom 10. Oktober bis 10. November 19.... zu.

Der Schuldner hat gegen den Tischlermeister Georg Schramm in Berlin, Meyerheimstr. 5, einen Anspruch auf Lohn und Nebenbezüge.

Ich beantrage

die Forderung des Schuldners auf Zahlung von Lohn oder Nebenbezügen an den Tischlermeister Georg Schramm in Berlin, Meyerheimstr. 5, auf Höhe der vorstehend angeführten Beträge zu pfänden und der Gläubigerin zu meinen Händen zur Einziehung zu überweisen.

Die Zustellung bitte ich mit der Aufforderung nach § 840 ZPO. durch die Vermittlung des Herrn Urkundsbeamten zu bewirken.

An
das Amtsgericht
Berlin-Weißensee.

Meine Bestallung zum Pfleger füge ich mit der Bitte um Rückgabe bei.

Josef Zander.

Kosten: $\frac{1}{4}$ der Gebührentabelle A.

Den auf Grund des vorstehenden Antrags erlassenen Pfändungs- und Überweisungsbeschluß leitet der Urkundsbeamte der Geschäftsstelle des Amtsgerichts an den zuständigen Gerichtsvollzieher zur Zustellung weiter.

Pfändung einer Geldforderung für mehrere Gläubiger.

§ 853 ZPO.

Ist eine Geldforderung für mehrere Gläubiger gepfändet, so ist der Drittschuldner **berechtigt** und auf Verlangen eines Gläubigers **verpflichtet,** unter Anzeige der Sachlage und unter Aushändigung der ihm zugestellten Beschlüsse an das Amtsgericht, dessen Beschluß ihm zuerst zugestellt ist, den Schuldbetrag zu hinterlegen.

Voraussetzung für die Hinterlegung ist, daß **dieselbe** Forderung für mehrere Gläubiger gepfändet ist. Hat nur **ein** Gläubiger gepfändet, so darf der Drittschuldner **nicht** hinterlegen. Auch wenn der Gläubiger die Forderung nicht einzieht, es sei denn, daß der Gläubiger die Hinterlegung verlangt.

Für das unter den obigen Voraussetzungen beschriebene Verlangen eines Gläubigers an den Drittschuldner ist eine besondere Form nicht vorgeschrieben. Es empfiehlt sich aber, das Verlangen durch einen Gerichtsvollzieher zustellen zu lassen.

Hat also der Gläubiger auf Grund der von ihm nach § 840 ZPO. verlangten Erklärung vom Drittschuldner erfahren, daß die Forderung bereits von einem anderen Gläubiger gepfändet worden ist, so kann er folgendes Verlangen an den Drittschuldner stellen:

Muster 151.

An Herrn N. N.

Auf Grund Ihrer Erklärung vom ...., daß die von mir auf Grund des Pfändungs- und Überweisungsbeschlusses vom .... bei Ihnen gepfändete Forderung des Schuldners bereits von einem anderen Gläubiger gepfändet ist, verlange ich die Hinterlegung der gepfändeten Forderung.

N. N.

Dieses Schreiben übergibt der Gläubiger einem Gerichtsvollzieher zur Zustellung an den Drittschuldner.

Der Drittschuldner begibt sich zum Amtsgericht und hinterlegt dort bei der Hinterlegungsstelle den Schuldbetrag. Er macht alsdann sofort folgende Anzeige an das Amtsgericht, dessen Beschluß ihm zuerst zugestellt worden ist.

Muster 152.

An das Amtsgericht Charlottenburg.

Am 1. Dezember 1936 ist auf Grund eines Pfändungs- und Überweisungsbeschlusses des Amtsgerichts in Charlottenburg — 2. M 450. 36 — von dem Gläubiger N.N. die dem Schuldner Y. gegen mich zustehende Forderung auf Zahlung einer Summe von 200 RM. gepfändet worden. Am gleichen Tage wurde dieselbe Forderung des Schuldners an mich von dem Gläubiger XY. auf Grund eines vom Amtsgericht Berlin-Weißensee erlassenen Pfändungs- und Überweisungsbeschlusses gepfändet.

Der Gläubiger XY. hat mit Schreiben vom .... die Hinterlegung der Schuldsumme gefordert. Ich habe heute bei der Hinterlegungsstelle des Amtsgerichts in Charlottenburg den Schuldbetrag in Höhe von 200 RM. hinterlegt.

Die Hinterlegungsquittung, sowie die mir zugestellten Pfändungs- und Überweisungsbeschlüsse überreiche ich anliegend.

N. N.

Durch die Hinterlegung wird der Drittschuldner von der Leistung befreit aber **nur,** wenn er die Anzeige — Muster 152 — erstattet.

Hinterlegt der Drittschuldner nicht, so kann jeder Gläubiger auf Zahlung bzw. Hinterlegung klagen.

Verteilungsverfahren.

§§ 872 ff. ZPO.

Ist hinterlegt worden, so findet alsdann ein Verteilungsverfahren statt, in welchem die Gläubiger durch das Gericht aufgefordert werden, binnen 2 Wochen eine Berechnung ihrer Forderung an Kosten, Zinsen, Kapital und sonstigen Nebenforderungen einzureichen.

Muster 153.

An das Amtsgericht Charlottenburg.

Zum Aktenzeichen 5. J. 100. 36.

Auf Grund der Aufforderung vom .... reiche ich nachstehende Berechnung meiner Forderung ein.

1. Kosten für die Erwirkung des Zahlungsbefehls ....
   Kosten für die Zwangsvollstreckung,
2. Zinsen 6 Prozent von 200 RM. laut Schuldtitel
   (Betrag wird vom Gericht ausgerechnet),
3. Hauptforderung 200 RM.

N. N.

Nach Ablauf der zweiwöchigen Frist fertigt das Gericht einen Teilungsplan an. Zur Erklärung über den Teilungsplan wird ein Termin bestimmt. Drei Tage vor dem Termin liegt der Teilungsplan auf der Geschäftsstelle zur Einsicht für die Beteiligten aus. Erfolgt im Termin kein Widerspruch gegen den Plan, so wird er ausgeführt. Kommt ein Gläubiger bis zur Anfertigung des Teilungsplanes der an ihn gerichteten Aufforderung, eine Berechnung seiner Forderung einzureichen, nicht nach, so wird seine Forderung nach der Anzeige und deren Unterlage berechnet. Wird im Termin Widerspruch erhoben, so hat sich jeder beteiligte Gläubiger sofort zu erklären. Wird der Widerspruch von den Beteiligten als begründet anerkannt, oder kommt anderweit eine Einigung zustande, so ist der Plan demgemäß zu berichtigen. Wenn ein Widerspruch sich nicht erledigt, so erfolgt die Ausführung des Planes insoweit, als der Plan durch den Widerspruch nicht getroffen wird.

Gegen einen Gläubiger, welcher in dem Termin weder erschienen ist, noch vor dem Termin bei dem Gerichte Widerspruch erhoben hat, wird angenommen, daß er mit den Ausführungen des Planes einverstanden sei. Der widersprechende Gläubiger muß ohne vorherige Aufforderung binnen einer Frist von einem Monat, welche mit dem Terminstage beginnt, dem Gerichte nachweisen, daß er gegen die beteiligten Gläubiger Klage erhoben habe. Nach fruchtlosem Ablauf dieser Frist wird die Ausführung des Planes ohne Rücksicht auf den Widerspruch angeordnet. Die Klage ist bei dem Amtsgericht zu erheben, welches die Verteilung vorzunehmen hat und, wenn der Streitgegenstand zur Zuständigkeit der Amtsgerichte nicht gehört, bei dem Landgericht zu erheben, in dessen Bezirk das Verteilungsgericht seinen Sitz hat.

Muster 154.

Berlin, den ....

Antrag
des Gastwirts Franz Müller, Berlin,
Langestraße 10, Gläubigers,
gegen
den Kohlenhändler Otto Krause aus Berlin-Lichtenberg, Wagnerstr. 10,
Schuldners,
auf Pfändung und Überweisung.

Auf Grund des hiermit überreichten Zahlungs- und Vollstreckungsbefehls des Amtsgerichts Berlin-Lichtenberg vom 15. Oktober 19.... steht mir gegen den Schuldner Otto Krause eine Forderung auf Zahlung von 100 RM. nebst 4 Prozent Zinsen seit dem 18. Oktober 19.... sowie .... RM. Kosten für den Zahlungsbefehl zu.

Dem Schuldner steht gegen den Hauswirt Ernst Kunze in Charlottenburg, Langestraße 10, für im Dezember 19.... gelieferte Kohlen eine Forderung in Höhe von 200 RM. zu.

Ich beantrage

wegen der vorstehend aufgeführten Beträge, sowie wegen der Kosten für diesen Antrag, die

An das Amtsgericht Berlin-Lichtenberg.

vorbezeichnete Forderung des Schuldners Krause gegen den Hausbesitzer Ernst Kunze zu pfänden und mir zur Einziehung zu überweisen.

Franz Müller.

Auch bei diesem Antrag kann die Zustellung nach § 840 Zivilprozeßordnung beantragt werden.

Über Zustellung und Wirkung des auf vorstehenden Antrag ergehenden Beschlusses siehe das zu Muster 149 Gesagte.

Durch die Überweisung der Forderung zur Einziehung erwirbt der Gläubiger das Recht, die Forderung im eigenen Namen gegen den Drittschuldner geltend zu machen. Leistet der Drittschuldner, Ernst Kunze, nicht, so kann der Gläubiger Klage vor dem zuständigen Gericht erheben.

Muster 155.

Berlin, den ....

Antrag
des Kaufmanns Franz Müller, Berlin, Langestr. 10, Gläubigers,
gegen
den Kaufmann Otto Krause, Berlin-Lichtenberg, Wagnerstraße 10, Schuldners,
auf Pfändung und Überweisung.

Auf Grund der hiermit überreichten vollstreckbaren zugestellten Ausfertigung des vollstreckbaren Urteils des Amtsgerichts Berlin-Lichtenberg vom .... beantrage ich

wegen der Urteilssumme von 200 RM. nebst 4 Prozent Zinsen seit dem 1. April 19.... sowie wegen der für diesen Antrag entstehenden Kosten, die dem Schuldner gegen den Kaufmann Ernst Kunze, Berlin-Schöneberg, Feurigstr. 10, zustehende Forderung auf Rückzahlung eines im Jahre 19.... gewährten Darlehns von 300 RM. zu pfänden und mir zur Einziehung zu überweisen.

Franz Müller.

Über das weitere Verfahren gilt das zu Muster 149 Gesagte.

Der Schuldner ist verpflichtet, über das Bestehen der Forderung Auskunft zu geben. Er ist auch zur Herausgabe der über die gepfändete Forderung vorhandenen Urkunden verpflichtet. Verweigert der Schuldner die Auskunft, so muß der Gläubiger auf Erteilung der Auskunft klagen.

Gibt der Schuldner vorhandene Urkunden — wie z. B. im vorliegenden Muster die Schuldurkunde, falls eine solche vorhanden ist — nicht gutwillig heraus, so erteilt der Gläubiger dem Gerichtsvollzieher den Auftrag zur Wegnahme der Urkunde. Er muß hierzu dem Gerichtsvollzieher den Schuldtitel und den Pfändungsbeschluß übergeben.

Pfändung einer Hypothekenforderung.

§§ 830, 897, 883, 837, 884 ZPO., 1154 BGB.

Man unterscheidet zwischen **Brief**hypotheken und **Buch**hypotheken.

In der Regel wird für jede in das Grundbuch eingetragene Forderung ein Hypothekenbrief gebildet. Solche Hypotheken werden Briefhypotheken genannt. Vereinbaren jedoch die Beteiligten, daß über eine im Grundbuch einzutragende Forderung ein Hypothekenbrief nicht gebildet werden soll, so wird die Ausschließung der Erteilung des Briefes in das Grundbuch eingetragen (Buchhypothek).

Beide Arten von Hypothekenforderungen können gepfändet werden.

Soll eine **Briefhypothek** gepfändet werden, so ist wie folgt zu verfahren:

Muster 156.

Antrag
des Getreidehändlers Otto Lehmann,
Berlin, Langestr. 10, Gläubigers,
gegen
den Viehhändler Franz Müller,
Potsdam, Luisenstr. 100, Schuldners
auf Pfändung und Überweisung
einer Hypothek.

Auf Grund der hiermit überreichten vollstreckbaren zugestellten Ausfertigung des Urteils des Landgerichts Potsdam vom 25. September 19.... — 10. O. 71. 36 — schuldet mir der Antragsgegner Müller den Betrag von 2000 RM. nebst 5 Prozent Zinsen seit dem 1. April 19....

Dem Schuldner Müller steht gegen den Landwirt Otto Schwarz in Eiche eine im Grundbuche von Eiche, Band 1 Blatt Nr. 4 in Abteilung III Nr. 2, eingetragene Restkaufgeldforderung von 6000 RM. zu.

Wegen des oben genannten Betrages von 2000 RM. nebst 5 Prozent Zinsen seit dem 26. Juni 19.... sowie wegen der durch diesen Antrag entstehenden Kosten beantrage ich

die vorgenannte Hypothekenforderung des Schuldners Müller von 6000 RM. zu pfänden und mir zur Einziehung zu überweisen.

Gleichzeitig beantrage ich, mich zu ermächtigen, den über die gepfändete Hypothekenforderung gebildeten Hypothekenbrief durch einen von mir zu beauftragenden Gerichtsvollzieher wegnehmen zu lassen, zur Aushändigung an mich.

An
das Amtsgericht
Potsdam.

Otto Lehmann.

Auf Grund dieses Antrages wird vom Amtsgericht Potsdam ein Pfändungs- und Überweisungsbeschluß erlassen, worin dem Drittschuldner — Otto Schwarz — verboten wird, an den Schuldner — Müller — in

Höhe der gepfändeten Forderung zu zahlen, dem Schuldner — Müller — verboten wird, sich jeder Verfügung über die Forderung zu enthalten. Die Forderung wird dem Gläubiger — Lehmann — zur Einziehung überwiesen. Er wird ermächtigt, den Hypothekenbrief durch einen Gerichtsvollzieher dem Schuldner Müller wegnehmen zu lassen.

Der Gläubiger übergibt dem Gerichtsvollzieher den Beschluß zur Zustellung und Wegnahme des Hypothekenbriefes.

Die Pfändung gilt als bewirkt, wenn der Hypothekenbrief dem Schuldner Müller durch den Gerichtsvollzieher weggenommen ist.

Wird der Pfändungsbeschluß vor der Wegnahme des Briefes dem Drittschuldner Otto Schwarz zugestellt, so gilt **diesem** gegenüber die Pfändung mit der Zustellung als bewirkt.

Findet der Gerichtsvollzieher den Hypothekenbrief bei dem Schuldner nicht vor, so ist dieser auf Antrag des Gläubigers verpflichtet, den Offenbarungseid dahin zu leisten,

> daß er den Hypothekenbrief nicht besitze, auch nicht wisse, wo sich dieser befindet.

Als Antrag hierfür ist Muster 144 zu benutzen, und das zu diesem Muster bezüglich der Haft Gesagte zu beachten.

Leistet der Schuldner den Eid, so kann der Schuldner das Aufgebot des Briefes beantragen. Näheres hierüber siehe das unter Aufgebot Gesagte.

Es ist nicht erforderlich, die Pfändung einer Briefhypothek in das Grundbuch eintragen zu lassen. Wünscht der Gläubiger dennoch die Eintragung, so ist Muster 158 zu benutzen und außerdem der Hypothekenbrief dem Antrage beizufügen.

Ist eine Briefhypothek gepfändet, so kann das Vollstreckungsgericht auf Antrag anordnen, daß an Stelle der Überweisung eine andere Art der Verwertung stattfindet, z. B. öffentliche Versteigerung des Briefes.

Bei öffentlicher Versteigerung des Briefes geht die Hypothek mit Zuschlag und Besitzerlangung des Hypothekenbriefes auf den Ersteigerer über.

Soll eine Buchhypothek gepfändet werden, so ist folgender Antrag zu stellen:

Muster 157.

Berlin, den ....

Antrag
des Getreidehändlers Otto Lehmann,
Berlin, Langestr. 10, Gläubigers,
gegen
den Viehhändler Franz Müller in
Potsdam, Luisenstr.100, Schuldners,
auf Pfändung und Überweisung
einer Buchhypothek.

Auf Grund der hiermit überreichten vollstreckbaren zugestellten Ausfertigung des Urteils des Landgerichts Potsdam vom 25. September 19.... — 25. O. 10. 36 — schuldet mir der Antragsgegner Müller den Betrag von 2000 RM. nebst 5 Prozent Zinsen seit dem 1. April 19....

Dem Schuldner Müller steht gegen den Landwirt Otto Schwarz in Eiche eine im Grundbuche von Eiche, Band 1 Blatt Nr. 3 in Abteilung III Nr. 3 eingetragene Forderung von 4000 RM. zu.

Wegen des oben genannten Betrages von 2000 RM. nebst 5 Prozent Zinsen seit dem 26. Juni 19...., sowie wegen der für diesen Antrag entstehenden Kosten beantrage ich

die vorgenannte Hypothekenforderung des Schuldners Müller von 4000 RM. zu pfänden und mir zur Einziehung zu überweisen.

An
das Amtsgericht
Potsdam.

Otto Lehmann.

Die Ausfertigung des auf diesen Antrag hin vom Gericht erlassenen Pfändungs- und Überweisungsbeschlusses übergibt der Gläubiger dem Gerichtsvollzieher zur Zustellung an den Schuldner und an den Drittschuldner. Nach Zustellung des Beschlusses richtet er folgenden Antrag an das Amtsgericht, in dessen Grundbuch die Hypothek eingetragen ist:

Muster 158.

Berlin, den ....

Antrag
des Getreidehändlers Otto Lehmann, Berlin, Langestr. 10, Gläubigers, auf Eintragung einer Pfändung und Überweisung in das Grundbuch von Eiche, Bd. 1 Bl. 4 Ab. III Nr. 3.

Auf Grund des hiermit überreichten Pfändungs- und Überweisungsbeschlusses des Amtsgerichts Potsdam vom 1. Dezember 19.... — 2. M 900. 36 —, welcher dem Drittschuldner, wie aus der dem Beschluß angehefteten Zustellungsurkunde ersichtlich ist, am 10. Dezember 19.... zugestellt worden ist, beantrage ich

die Pfändung und Überweisung der im Grundbuche von Eiche, Band 1 Blatt 8 Abteilung III Nr. 3 eingetragenen Hypothek von 4000 RM. in der aus dem Pfändungsbeschluß ersichtlichen Höhe für mich einzutragen.

An
das Amtsgericht
Potsdam.

Otto Lehmann.

Zur Eintragung ist erforderlich, daß der Beschluß dem Drittschuldner — Grundstückseigentümer Otto Schwarz — zugestellt ist und daß der Schuldner im Grundbuche als Hypothekengläubiger eingetragen ist. Die Zustellung des Pfändungsbeschlusses an den Schuldner braucht zur Eintragung in das Grundbuch nicht nachgewiesen werden.

Mit der Eintragung der Pfändung in das Grundbuch ist die Pfändung wirksam.

Ist wie im vorstehenden Muster angegeben, der Antrag auf Pfändung und Überweisung zur Einziehung der Hypothekenforderung gestellt und daraufhin die Pfändung in das Grundbuch eingetragen worden, so berechtigt dies den Gläubiger Otto Lehmann, die Hypothekenforderung an Stelle des Schuldners und ohne dessen Mitwirkung, ja selbst gegen dessen Widerspruch vom Grundstückseigentümer einzuziehen. In anderer Weise, wie etwa durch Abtretung darf der pfändende Gläubiger **nicht** über die Forderung verfügen. Er darf auch nicht die Löschung der Hypothek bewilligen. Die Hypothek kann auch **nicht** auf den Namen des Gläubigers umgeschrieben werden.

Die Zwangsvollstreckung in eine Reallast, eine Grundschuld oder eine Rentenschuld findet ebenso wie vorstehend beschrieben statt.

Pfändung von Wechseln usw.

§§ 831, 808, 821, 822, 835 ff., 844, 846 ZPO.

Hat der Gerichtsvollzieher für den Gläubiger Wechsel oder andere Papiere, die durch Indossament übertragen werden können, gepfändet, so erhält der Gläubiger durch das Pfändungsprotokoll hiervon Nachricht.

Der Gerichtsvollzieher soll solche Urkunden nur im Notfalle, d. h. wenn nichts anderes Pfändbares beim Schuldner vorgefunden wird, pfänden, es sei denn, daß der Gläubiger dem Gerichtsvollzieher andere Anweisungen gibt oder dem Gerichtsvollzieher die Verpflichtung aus diesen Urkunden als sichere Forderung bekannt ist.

Der Gläubiger muß sich **unverzüglich** darüber schlüssig werden, ob er das Papier freigibt oder ob er es verwerten will, da er dem Schuldner für etwaigen Schaden haftet, der durch nicht ordnungsgemäße Verwertung des Papiers entsteht. Will der Gläubiger das gepfändete Papier für sich verwerten, so hat er sich die Verwertung der Forderung durch das Vollstreckungsgericht, das ist das Amtsgericht, in dessen Bezirk der Schuldner seinen Wohnsitz hat, überweisen zu lassen. Der Drittschuldner ist durch bloße Pfändung, das ist in diesem Falle Wegnahme des Papiers durch den Gerichtsvollzieher, nicht verpflichtet, an den Gläubiger zu zahlen.

Der Gläubiger kann sich die gepfändete Forderung nach seiner Wahl entweder zur Einziehung oder an Zahlungsstatt zum Nennwerte überweisen lassen.

Muster 159.

Berlin, den ....

Antrag
des Kaufmanns Franz Müller,
Berlin, Langestr. 10, Gläubigers,
gegen
den Kaufmann Georg Schwarz in
Berlin-Lichtenberg, Wagnerstr. 10,
Schuldners,
auf Überweisung.

Auf Grund des anliegend überreichten Schuldtitels hat der Gerichtsvollzieher N. N. den im anliegenden

Pfändungsprotokoll näher bezeichneten Wechsel gepfändet.

Ich beantrage

mir die im vorbezeichneten Pfändungsprotokoll bezeichnete Wechselforderung wegen der aus dem überreichten vollstreckbaren Schuldtitel ersichtlichen Urteilssumme von 200 RM. nebst 4 Prozent Zinsen seit dem 1. Juli 19.... sowie der aus dem Pfändungsprotokoll ersichtlichen Kosten der Zwangsvollstreckung mit 6.25 RM. und der Kosten für diesen Antrag zur Einziehung (oder an Zahlungsstatt zum Nennwert) zu überweisen.

An
das Amtsgericht
Berlin-Lichtenberg.

Franz Müller.

Kosten: 1/4 der Gebührentabelle A.

Hierauf ergeht ein Überweisungsbeschluß, der Gläubiger hat den Beschluß durch einen Gerichtsvollzieher zustellen zu lassen und die Rechte aus dem gepfändeten Papier wahrzunehmen, z. B. Auftrag zur Einziehung des Wechsels zu geben, die Forderung vor dem zuständigen Gericht einzuklagen.

Kosten: 1/4 der Gebührentabelle A.

Verzicht des Gläubigers auf das Pfandrecht aus einem Pfändungs- und Überweisungsbeschluß.

§ 843 ZPO.

Der Gläubiger kann auf die durch die Pfändung und Überweisung zur Einziehung erworbenen Rechte verzichten, ohne seinen Anspruch aus dem Schuldtitel zu verlieren. Der Verzicht muß durch eine dem Schuldner zuzustellende Erklärung erfolgen. Die Erklärung ist auch dem Drittschuldner zuzustellen. Ist jedoch die Forderung an Zahlungsstatt überwiesen worden, so kann nicht verzichtet werden.

Der Gläubiger richtet folgendes Schreiben an den Schuldner und ein ebensolches an den Drittschuldner:

Muster 160.

Berlin, den ....

Herrn ....

Ich verzichte auf meine Rechte aus dem am .... erlassenen Pfändungs- und Überweisungsbeschluß des Amtsgerichts in M..............

Franz Müller.

Diese Erklärung übergibt der Gläubiger einem Gerichtsvollzieher zur Zustellung an den Schuldner und an den Drittschuldner. Ist die Erklärung dem Schuldner zugestellt, so hat der Pfändungs- und Überweisungsbeschluß seine Wirkung verloren.

Der Gläubiger kann aber erneut die Zwangsvollstreckung in andere Gegenstände ausführen. Beantragt er erneut den Erlaß eines Pfändungs- und Überweisungsbeschlusses wegen der gleichen Forderung, so setzt er dem Antrag folgendes hinzu:

Auf die Rechte aus dem Pfändungs- und Überweisungsbeschluß vom .... habe ich verzichtet. Die zugestellte Verzichterklärung füge ich bei.

Ankündigung einer bevorstehenden Pfändung an den Drittschuldner.

§ 845 ZPO.

Erfährt der Gläubiger von einer ausstehenden Forderung oder einem Vermögensrecht des Schuldners, so kann er sich ein Pfandrecht an diesen Sachen sogleich verschaffen, wenn er den Drittschuldner und den Schuldner von der bevorstehenden Pfändung in Kenntnis setzt. Diese Ankündigung der Pfändung ist für den Gläubiger insofern von Wert, als die Erlangung des Pfändungsbeschlusses und seine Zustellung sich verzögern und hierdurch der Gläubiger gefährdet werden kann.

Die Pfändungsankündigung setzt aber das Vorhandensein eines vollstreckbaren Schuldtitels voraus. Daß der Gläubiger bereits im Besitz der vollstreckbaren Ausfertigung desselben ist, ist nicht erforderlich.

Will der Gläubiger eine Pfändungsankündigung vornehmen, so verfährt er wie folgt:

Er fertigt folgendes Schreiben an:

Muster 161.

Berlin, den ....

An die Firma Sauer & Co., Berlin.

Gegen den bei Ihnen beschäftigten Tischler Georg Schwarz steht mir auf Grund des vollstreckbaren Urteils des Amtsgerichts Berlin-Mitte vom 18. Dezember 19.... ein Anspruch auf Zahlung von 50 RM. zu. Der Tischler hat gegen Sie einen Anspruch auf Lohn oder sonstige Bezüge.

Sie werden hierdurch benachrichtigt, daß die Pfändung des Anspruchs des Tischlers Georg Schwarz gegen Sie auf Zahlung von Lohn und sonstige Bezüge bevorsteht und daher gemäß § 845 Zivilprozeßordnung aufgefordert, an den Schuldner Georg Schwarz nicht zu zahlen.

Gleichzeitig wird der Schuldner aufgefordert, sich jeder Verfügung über die Forderung, insbesondere der Einziehung derselben zu enthalten.

Diese Benachrichtigung hat die Wirkung eines Arrestes.

Franz Müller.

Das Schreiben übergibt der Gläubiger dem Gerichtsvollzieher zur Zustellung an den Drittschuldner und den Schuldner.

Die Zustellung der Benachrichtigung an den Drittschuldner hat die Wirkung eines Arrestes. Sie verschafft dem Gläubiger ein einstweiliges Pfandrecht, welches erlischt, wenn nicht innerhalb einer Frist von drei Wochen die Pfändung nachgeholt wird. Die Frist beginnt mit dem Tage der Zustellung, ist also von dem auf die Zustellung folgenden Tage ab zu berechnen.

Verfügt der Schuldner nach der Pfändungsankündigung über die Forderung, so ist dies dem Gläubiger gegenüber unwirksam. Der Dritte, der mit dem Schuldner ein Rechtsgeschäft über die Forderung abgeschlossen hat, ist durch seine Unkenntnis von der Vorpfändung **nicht** geschützt. Sein guter Glaube nützt ihm nichts.

Der Drittschuldner darf an den Schuldner bis zum Ablaufe der vorstehend angeführten Frist nicht leisten. Er ist zur Hinterlegung berechtigt. Hat also der Gläubiger eine Pfändungsankündigung erlassen, so muß er, wenn er die Rechte darauf nicht verlieren will, mit **größter Beschleunigung** den Erlaß eines Pfändungs- und Überweisungsbeschlusses betreiben.

Dem Antrage auf Erlaß eines solchen fügt er folgendes hinzu: Ich bitte um Beschleunigung, da die Pfändungsankündigung am .... zugestellt ist.

Die Kosten der Vorpfändung müssen vom Schuldner erstattet werden. Der Erstattungsantrag ist daher in dem Antrage auf Erlaß des Pfändungs- und Überweisungsbeschlusses mit aufzunehmen.

Pfändung und Überweisung eines Anspruchs auf Herausgabe oder Leistung körperlicher Sachen.

§§ 846 ff. ZPO.

Bei Ansprüchen, welche die Herausgabe oder Leistung körperlicher Sachen zum Gegenstande haben, findet eine Überweisung an **Zahlungsstatt** nicht statt. Z. B. A läßt eine Forderung des B, die dieser auf Herausgabe eines Pferdes an C hat, pfänden, so kann dem A dieser Anspruch nicht an Zahlungsstatt überwiesen werden.

Hat der Gläubiger durch das im Offenbarungseid beschworene Vermögensverzeichnis des Schuldners oder auf andere Art Kenntnis davon erhalten, daß dem Schuldner ein Anspruch auf Herausgabe von Mobilien gegen einen Dritten zusteht, so geht er wie folgt vor:

Er richtet folgenden Antrag an das Vollstreckungsgericht, das ist das Amtsgericht, in dem der Schuldner seinen Wohnsitz hat.

a) Bei Pfändung von Ansprüchen, welche die Herausgabe von beweglichen körperlichen Sachen zum Gegenstande haben.

Muster 162.

Berlin, den ....

Antrag
des Kaufmanns Franz Müller in Berlin, Langestr. 10, Gläubigers,
gegen
den Kaufmann Georg Schwarz in Berlin-Lichtenberg, Wagnerstr. 10, Schuldners,
auf Pfändung.

Auf Grund der hiermit überreichten vollstreckbaren Ausfertigung des vor dem Amtsgericht Berlin-Lichtenberg abgeschlossenen Vergleichs, welcher dem Schuldner am 1. Dezember 19.... zugestellt ist, steht dem Gläubiger gegen den Schuldner ein Anspruch auf Zahlung von 500 RM. nebst 5 Prozent Zinsen seit dem 1. Juli 19.... zu.

Dem Schuldner steht gegen die Firma Sauer & Co., hier, Langestr. 1, ein Anspruch auf Herausgabe der vom Schuldner dort eingelagerten drei Faß Weißwein zu.

Ich beantrage

wegen der vorbezeichneten Forderung von 500 RM. nebst 5 Prozent Zinsen seit dem 1. Juli 19....., sowie wegen der Kosten für diesen Antrag den Anspruch des Schuldners gegen die Firma Sauer & Co. auf Herausgabe von drei Faß Weißwein zu pfänden und dem Drittschuldner aufzugeben, die drei Faß Weißwein an den von mir zu beauftragenden Gerichtsvollzieher herauszugeben.

An
das Amtsgericht
Berlin-Lichtenberg.

Franz Müller.

Der auf vorstehenden Antrag zu erlassende Pfändungsbeschluß spricht die Pfändung des Anspruchs auf Herausgabe der drei Faß Weißwein aus. Die Firma Sauer & Co. darf die gepfändeten drei Faß Weißwein nicht an den Schuldner herausgeben. Tut sie dies dennoch, so haftet sie dem Gläubiger gegenüber für den entstehenden Schaden. Weigert sich die Firma, die drei Faß Weißwein an den von dem Gläubiger beauftragten Gerichtsvollzieher herauszugeben, so muß der Gläubiger auf Herausgabe klagen, zuvor sich aber den Anspruch auf Herausgabe zur Einziehung überweisen lassen. Siehe Muster 163.

Erfolgt die Herausgabe, so erfolgt die Versteigerung nach denselben Grundsätzen, als wenn die drei Faß Weißwein beim Schuldner Schwarz gepfändet wären.

Der Schuldner Schwarz darf nach der Zustellung des Pfändungsbeschlusses an ihn nicht mehr über den Anspruch auf Herausgabe der gepfändeten drei Faß Weißwein verfügen.

Muster 163.

Berlin, den ....

Antrag
des Kaufmanns Franz Müller,
Berlin, Langestraße 10,
auf Überweisung des Anspruchs,
auf Herausgabe von gepfändeten
drei Faß Weißwein.

Auf Grund des anliegend überreichten Schuldtitels und des Pfändungsbeschlusses hat der Gerichtsvollziеher N. N. bei der Firma Sauer & Co., hier, drei Faß Weißwein gepfändet. Die Firma weigert sich, die drei Faß Weißwein an den von mir beauftragten Gerichtsvollzieher N. N. herauszugeben. Ich will die Klage gegen die Firma Sauer & Co. erheben und beantrage

An
das Amtsgericht
....

mir den durch Beschluß gepfändeten Anspruch zur Einziehung zu überweisen.

Franz Müller.

Ist auf vorstehenden Antrag der Überweisungsbeschluß erlassen, so läßt der Gläubiger diesen durch einen Gerichtsvollzieher dem Drittschuldner und dem Schuldner zustellen und erhebt alsdann die Klage.

Hat nun auf Grund der Klage der Gläubiger ein Urteil erlangt, wonach der Drittschuldner verurteilt ist, die drei Faß Weißwein an den Gläubiger herauszugeben, so läßt der Gläubiger auf Grund dieses Urteils die drei Faß Weißwein dem Drittschuldner durch einen Gerichtsvollzieher wegnehmen.

Ist der Anspruch des Schuldners auf Herausgabe der drei Faß Weißwein bereits von mehreren Gläubigern beim Drittschuldner gepfändet, so ist der Drittschuldner berechtigt und auf Verlangen eines Gläubigers, dem der Anspruch zur Einziehung überwiesen ist, verpflichtet, die drei Faß Weißwein unter Anzeige der Sachlage und Aushändigung der ihm zugestellten Beschlüsse dem Gerichtsvollzieher herauszugeben, der nach dem ihm zuerst zugestellten Beschlusse zur Empfangnahme berechtigt ist.

b) Bei Pfändung eines Pflichtteilsanspruchs.

§ 852 ZPO., § 780 BGB.

Hat der Gläubiger erfahren, daß dem Schuldner ein Anspruch auf Leistung des Pflichtteils — siehe Pflichtteil, Abschnitt Erbrecht — zusteht, so hat er zunächst zu erkunden, ob der Pflichtteilsanspruch bereits durch Vertrag anerkannt oder rechtshängig geworden ist, d. h. der Pflichtteilsberechtigte muß bereits die Klage gegen den Erben auf Zahlung des Pflichtteils erhoben haben oder aber es muß ein zwischen dem Pflichtteilsberechtigten und dem Erben geschlossener Vertrag bestehen, in welchem der Erbe den Pflichtteilsanspruch anerkannt hat. Als vertragsmäßige Anerkennung genügt auch das schriftliche vom Erben dem Pflichtteilsberechtigten gegebene Schuldanerkenntnis. **Nur** wenn eine dieser Voraussetzungen vorliegt, kann der Anspruch auf den Pflichtteil gepfändet und zur Einziehung an Zahlungsstatt überwiesen werden.

Der Antrag auf Pfändung ist an das Amtsgericht zu richten, in dessen Bezirk der Schuldner seinen Wohnsitz hat.

Muster 164.

Berlin-Lichtenberg, den ....

Antrag
des Kaufmanns Franz Müller,
Berlin, Langestr. 10, Gläubigers,
gegen
den Kaufmann Georg Schwarz,
Berlin-Lichtenberg, Wagnerstr. 10,
Schuldners,
auf Pfändung und Überweisung.

In der Anlage überreiche ich den Zahlungs- und Vollstreckungsbefehl des Amtsgerichts in Berlin-Lichtenberg vom 15. Oktober/30. Oktober 19.... und beantrage wegen meiner Forderung von 200 RM. nebst 4 Prozent Zinsen seit dem 1. Juni 19...., sowie .... RM. Kosten für das Mahnverfahren und wegen der für diesen Antrag entstehenden Kosten den dem Schuldner als Pflichtteilsberechtigten gegen die Frau Anna Schwarz, geborene Franke, in Landsberg a. W., Bahnhofstraße 10 wohnhaft, als Erbin des verstorbenen Postmeisters Otto Schwarz, zuletzt Landsberg a. W. wohnhaft, zustehenden Pflichtteilsanspruch zu pfänden und mir zur Einziehung zu überweisen.

An
das Amtsgericht
Berlin-Lichtenberg.

Franz Müller.

Zwangsvollstreckung in andere Vermögensrechte.

§§ 857—863 ZPO.

Hierunter ist die Zwangsvollstreckung in alle Rechte des beweglichen Vermögens zu verstehen, die nach Ausscheidung der körperlichen Sachen, der Geldforderung sowie der Ansprüche auf Herausgabe oder Leistung körperlicher Sachen übrig bleiben.

Solche Rechte sind z. B.

Anteilsrechte an einer Gemeinschaft nach Bruchteilen
(das ist z. B. das Eigentum an einer Sache, welches mehreren gemeinschaftlich zusteht. Hier kann jeder Teilhaber über seinen Anteil verfügen. Dieses Recht kann gepfändet werden. Hat der Gläubiger die Pfändung eines solchen Anteilsrechts erwirkt, so kann er daraufhin, ohne Rücksicht auf die Vereinbarung, die Aufhebung der Gemeinschaft verlangen, sofern der Schuldtitel **nicht nur vorläufig** vollstreckbar ist).

Anteilsrechte an Gesellschaften, Urheberrechte an Mustern, Modellen und Gebrauchsmustern, Patentrechte, Verlagsrechte, Rechte auf Benutzung oder Nutzung fremder Sachen (nicht pfändbar ist das Pacht- oder Mietsrecht), Schiffsparte — das sind Anteile an ein Schiff —.

Für die Pfändung vorstehend aufgeführter Rechte gilt folgendes:

Der Antrag auf Erlaß des Pfändungsbeschlusses ist zu richten an das Vollstreckungsgericht, das ist das Amtsgericht, in dessen Bezirk der Schuldner seinen Wohnsitz hat. Ist der Beschluß erlassen, so hat der Gläubiger seine Zustellung an den Schuldner und den Drittschuldner durch einen Gerichtsvollzieher zu veranlassen. Die Pfändung gilt als bewirkt, wenn der Beschluß dem Drittschuldner und, wenn ein solcher nicht vorhanden ist, dem Schuldner zugestellt ist.

Soll ein Schiffspart gepfändet werden, so ist folgender Antrag, welchem ein Auszug[1]) aus dem Schiffsregister beizufügen ist, an das Vollstreckungsgericht, das ist das Amtsgericht, in dessen Bezirke sich der Heimatshafen oder der Heimatsort des Schiffes befindet, zu richten. § 858 ZPO.

Muster 165.

Berlin, den ....

Antrag
des Kaufmanns Franz Müller,
Berlin, Langestr. 10, Gläubigers,
gegen
den Schiffseigner Georg Schwarz
aus Breslau, Oderstr., Schuldners,
auf Pfändung einer Schiffspart.

Auf Grund der anliegend überreichten vollstreckbaren zugestellten Ausfertigung des Urteils des Amtsgerichts Breslau vom 1. November 19.... beantrage ich wegen der Urteilssumme von 300 RM. nebst 5 Prozent Zinsen seit dem 1. Juli 19.... und der durch diesen Antrag entstehenden Kosten die Veräußerung des Anteils des Schuldners an dem im Binnenschiffsregister des Amtsgerichts Breslau unter Nr. 95 eingetragenen Schiff „Luise" anzuordnen.

Einen Auszug aus dem Schiffsregister überreiche ich anliegend.

An
das Amtsgericht
Breslau.

Franz Müller.

Die Pfändung der Schiffspart erfolgt durch Zustellung des auf vorstehenden Antrag ergangenen Beschlusses an den Schuldner. Der Pfändungsbeschluß soll auch dem Korrespondentreeder zugestellt werden; sie wird **auch** mit dieser Zustellung wirksam. Die Zustellung hat der Gläubiger durch einen Gerichtsvollzieher zu veranlassen. Das Vollstreckungsgericht gibt der Registerbehörde von dem Erlaß des Pfändungsbeschlusses sogleich Mitteilung.

Der Gläubiger erlangt seine Befriedigung durch Veräußerung der Part. Jedoch ist hierzu außer dem Pfändungsantrag ein Antrag auf Veräußerung zu stellen.

---

[1]) Der Auszug muß alle die Part betreffenden Eintragungen enthalten und darf nicht älter als eine Woche sein.

Eine Überweisung des Anspruchs zur Einziehung oder an Zahlungsstatt gibt es bei Schiffsparten nicht.

Soll ein **Anteil** des Schuldners **an einer Gesellschaft** gepfändet werden, so ist folgendes zu beachten: § 859 ZPO.

A. Handelt es sich um eine Gesellschaft, deren Aufbau nur durch die §§ 705 ff. des Bürgerlichen Gesetzbuchs geregelt ist, z. B. gesellschaftliche Vereinigungen von Handwerkern oder sonstigen kleinen Gewerbetreibenden, die eine offene Handelsgesellschaft oder Kommanditgesellschaft nicht gründen können, so ist die Pfändung durch Zustellung des Beschlusses an den geschäftsführenden Gesellschafter bewirkt.

Der pfändende Gläubiger erlangt durch die Pfändung und Überweisung das Recht auf Zahlung des etwa auf den Schuldner entfallenden Gewinnanteils und, wenn der dem Pfändungsbeschluß zugrunde liegende Schuldtitel nicht nur für vorläufig vollstreckbar erklärt worden ist, das Recht, ohne Einhaltung der Kündigungsfrist den Gesellschaftsvertrag zu kündigen. Nach der Kündigung hat die Auseinandersetzung in Ansehung des Gesellschaftsvermögens zu erfolgen, wobei alles, was der Schuldner auf Grund der Auseinandersetzung zu erhalten hat, in das Pfandrecht des Gläubigers fällt. Der Gläubiger erlangt aber **nicht** das Recht, an Stelle seines Schuldners die Rechte als Gesellschafter auszuüben.

B. Handelt es sich um eine offene Handelsgesellschaft oder eine Kommanditgesellschaft, so wird die Pfändung durch Zustellung des Beschlusses an die Gesellschaft wirksam. Die Kündigung des Gesellschaftsvertrages kann der Gläubiger hier nur nach § 135 des Handelsgesetzbuchs vornehmen. Er darf also den Gesellschaftsvertrag erst kündigen, wenn innerhalb der letzten 6 Monate eine Zwangsvollstreckung in das bewegliche Vermögen des Schuldners ohne Erfolg versucht worden ist, und zwar muß die Kündigung 6 Monate vor Ablauf des Geschäftsjahres für diesen Zeitpunkt erfolgen.

Bei einer Kommanditgesellschaft auf Aktien steht dem Gläubiger ein Kündigungsrecht nicht zu.

Muster 166.

Berlin, den ....

Antrag
der Firma Max Schulze & Sohn, alleiniger Inhaber Max Schulz, Berlin, Langestr. 10, Gläubigerin,
gegen
den Mitinhaber der Firma Ernst Löwe & Co. in Berlin, Kaufmann Franz Müller, Berlin-Lichtenberg, Wagnerstraße 10, Schuldners,
auf Pfändung und Überweisung.

Ausweislich der hiermit überreichten vollstreckbaren Ausfertigung des rechtskräftigen Urteils des Landgerichts I Berlin — 17. O. 25. 36 — hat die Gläubigerin gegen den Schuldner einen Anspruch auf Zahlung von 1500 RM.

Der Schuldner ist Mitinhaber der Firma Ernst Löwe & Co. in Berlin und hat gegen die Firma einen Anspruch auf Herausgabe desjenigen, was dem Gesellschafter bei der Auseinandersetzung zukommt (§ 135 Handelsgesetzbuch).

Ich beantrage

diesen Anspruch des Schuldners zur Deckung meiner Forderung von 1500 RM. zuzüglich der für diesen Antrag entstehenden Kosten, zu pfänden und mir zur Einziehung zu überweisen.

An
das Amtsgericht
Berlin-Lichtenberg.

Max Schulz.

Pfändung des Anteils eines Miterben.

§ 859 ZPO., § 2033 BGB.

Soll der Anteil eines Miterben an dem Nachlaß gepfändet werden, so ist zu beachten, daß die Pfändung erst mit dem Eintritt des Erbfalles — Tod des Erblassers — und alsdann nur solange beantragt werden kann, als die Auseinandersetzung zwischen den Erben nicht erfolgt ist.

Die Pfändung wird wirksam durch die Zustellung des Beschlusses an die Miterben. Durch die Pfändung erwirbt der Gläubiger das Recht zur Stellung des Antrags auf gerichtliche Auseinandersetzung. Hierzu ist Muster Nr. 86 zu verwenden.

Muster 167.

Berlin, den ....

Antrag
des Kaufmanns Franz Müller, Berlin, Langestr. 10, Gläubigers,
gegen
den Kaufmann Georg Schwarz, Berlin-Lichtenberg, Wagnerstr. 10, Schuldners,
wegen Pfändung und Überweisung.

Der Schuldner verschuldet mir auf Grund des hiermit überreichten rechtskräftigen Zahlungs- und Vollstreckungsbefehls des Amtsgerichts in Berlin-Lichtenberg vom 13. Juli/26. Juli 19.... den Betrag von 300 RM.

Der Schuldner gehört zu den Miterben des am 15. April 19.... verstorbenen Privatiers Max Schwarz, welcher zuletzt in Berlin-Lichtenberg, Wagnerstraße 10 wohnte.

Der vorgenannte Max Schwarz ist beerbt worden

1. von seiner Ehefrau Anna, geborenen Schulze, in Berlin-Lichtenberg, Wagnerstr. 10 zu $^1/_4$,
2. von Frau Emma Krause, geborenen Schwarz, Berlin-Karlshorst, Langestr. 10, zu $^3/_8$,

3. von dem Kaufmann Georg Schwarz, dem Schuldner, zu $^3/_8$,

seines Nachlasses. Eine Auseinandersetzung der Miterben ist bisher nicht erfolgt. Ich beantrage

wegen meiner vorgenannten Forderung von 300 RM., sowie wegen .... RM. Kosten des Mahnverfahrens und der Kosten für diesen Antrag, den Anteil des Schuldners Georg Schwarz an dem Nachlaß des vorgenannten Privatiers Max Schwarz zu pfänden und mir zur Einziehung zu überweisen.

An
das Amtsgericht
Berlin-Lichtenberg.

Franz Müller.

Zwangsvollstreckung in das unbewegliche Vermögen.

§§ 864, 866, 870 ZPO., 15 ff., 146 ff. ZVG.

Soll wegen einer Geldforderung die Zwangsvollstreckung in das unbewegliche Vermögen — das sind Grundstücke und in das Schiffsregister eingetragene Schiffe —, des Schuldners erfolgen, so gilt folgendes:

Die Zwangsvollstreckung in ein Grundstück kann erfolgen

a) durch Eintragung einer Sicherungshypothek für die Forderung des Gläubigers, § 867 ZPO., § 1184 BGB.

b) durch Zwangsverwaltung,

c) durch Zwangsversteigerung.

Vollstreckungsgericht ist das Amtsgericht, in dessen Bezirk das Grundstück belegen oder in dessen Schiffsregister das Schiff eingetragen ist.

Durch die Eintragung einer Sicherungshypothek erhält der Gläubiger kein Geld, sondern nur eine Sicherheit für seinen Anspruch, insofern, als bei einer etwaigen Versteigerung des Grundstücks die im Grundbuche als Sicherungshypothek eingetragene Forderung dem Gläubiger ein Recht auf Befriedigung vor den **nach ihm** im Grundbuche eingetragenen Gläubiger gewährt. Die Eintragung einer Sicherungshypothek auf Grund eines vollstreckbaren Schuldtitels darf nur dann beantragt werden, wenn der im Schuldtitel angegebene Betrag 300 RM. oder mehr beträgt.

Die Eintragung einer Sicherungshypothek erfolgt auf Antrag des Gläubigers. Der Antrag ist bei dem Amtsgericht zu stellen, in dessen Bezirk das Grundbuch über das Grundstück des Schuldners geführt wird, welches mit der Sicherungshypothek belastet werden soll.

Muster 168.

Berlin, den ....

Antrag
des Kaufmanns Franz Müller,
Berlin, Langestraße 10,
auf Eintragung einer Sicherungshypothek auf das im Grundbuche von Berlin-Lichtenberg, Band .... Blatt .... verzeichnete Grundstück.

Auf Grund des hiermit überreichten Zahlungs- und

Vollstreckungsbefehls des Amtsgerichts Berlin-Lichtenberg vom 1. und 15. November 19.... beantrage ich wegen der im obigen Schuldtitel angegebenen Beträge von 600 RM. nebst 5 Prozent Zinsen seit dem 1. Oktober 19...., sowie wegen 9 RM. Kosten für das Mahnverfahren auf dem Grundstück des Schuldners Georg Schwarz, eingetragen im Grundbuche von Berlin-Lichtenberg, Band .... Blatt ...., eine Sicherungshypothek für mich einzutragen.

An
das Amtsgericht
Berlin-Lichtenberg.

Franz Müller.

Zwangsversteigerung eines Grundstücks.

§ 16 ZVG.

Der Antrag auf Zwangsversteigerung eines Grundstücks soll enthalten:

1. die Bezeichnung des Grundstücks nach dem Grundbuche,
2. Namen und Anschrift des Eigentümers des Grundstücks,
3. die Angabe des Anspruchs, weswegen die Versteigerung betrieben werden soll,
4. die Bezeichnung des vollstreckbaren Titels, aus welchem die Zwangsversteigerung vorgenommen werden soll.

Dem Antrage sind beizufügen:

a) der mit der Zustellungsurkunde versehene vollstreckbare Schuldtitel,
b) ein Auszug aus der Grundsteuermutterrolle und ein Auszug aus der Gebäudesteuerrolle[1]).

Muster 169.

Berlin, den ....

Antrag
des Kaufmanns Franz Müller, Berlin, Langestr. 10, Gläubigers,
gegen
den Kaufmann Georg Schwarz, Berlin-Lichtenberg, Wagnerstr. 10, Schuldners,
auf Anordnung der Zwangsversteigerung des in Berlin-Lichtenbg. belegenen, im Grundbuche von Berlin-Lichtenberg, Bd. ..... Bl. ...., verzeichneten Hausgrundstücks.

Nach der vorläufig vollstreckbaren mit Zustellungsurkunde versehenen Ausfertigung des Urteils des Landgerichts Berlin vom 1. Oktober 19.... hat der Schuldner

[1]) Diese Auszüge sind beim Katasteramt zu erfordern.

Georg Schwarz 600 RM. nebst 5 Prozent Zinsen seit dem 1. Oktober 19.... an mich zu zahlen.

Indem ich den vorbezeichneten Vollstreckungstitel, sowie die neuesten Auszüge aus der Grundsteuermutterrolle und der Gebäudesteuermutterrolle überreiche, beantrage ich

wegen der vorstehend angegebenen Forderung von 600 RM. nebst 5 Prozent Zinsen seit dem 1. Oktober 19.... sowie wegen 3.35 RM. Kosten für die Steuerauszüge die Zwangsversteigerung des zu Berlin-Lichtenberg belegenen, im Grundbuche von Berlin-Lichtenberg, Band .... Blatt ...., verzeichneten Grundstücks anzuordnen.

Dafür, daß der Schuldner als Eigentümer des Grundstücks eingetragen ist, berufe ich mich auf das beim Amtsgericht Berlin-Lichtenberg befindliche Grundbuch.

An
das Amtsgericht
Berlin-Lichtenberg.

Franz Müller.

Kosten: $^{10}/_{10}$ der Gebührentabelle B.

Soll die Zwangsverwaltung eines Grundstücks beantragt werden, so ist vorstehendes Muster Nr. 169 zu benutzen. Die Worte Zwangsversteigerung sind überall in Zwangsverwaltung umzuändern.

Der Beifügung der Katasterauszüge bedarf es in diesem Falle nicht.

Zwangsvollstreckung zur Erwirkung der Herausgabe von bestimmten Sachen und zur Erwirkung von Handlungen oder Unterlassungen.

§§ 883 ff. ZPO.

Hat der Gläubiger einen vollstreckbaren Schuldtitel erwirkt, nach welchem der Schuldner verurteilt ist,

zur Herausgabe einer bestimmten Sache oder einer bestimmten Menge vertretbarer Sachen — z. B. der Schuldner ist verurteilt, dem Gläubiger das Ruderboot „Lux" herauszugeben oder der Schuldner ist verurteilt, an den Gläubiger 20 Ztr. Kohlen herauszugeben — so erteilt er dem Gerichtsvollzieher den Auftrag zur Zwangsvollstreckung. Der Gerichtsvollzieher nimmt dem Schuldner die Sache weg und übergibt sie dem Gläubiger.

Wird die herauszugebende Sache nicht vorgefunden, so ist der Schuldner auf Antrag des Gläubigers verpflichtet, den Offenbarungseid dahin zu leisten

daß er die Sache nicht besitze, auch nicht wisse, wo die Sache sich befinde.

Der Antrag ist an das Amtsgericht, in dessen Bezirk der Schuldner seinen Wohnsitz hat, zu richten.

Muster 170.

§ 883 Abs. 2 ZPO.

Antrag
des Kaufmanns Franz Müller,
Berlin, Langestr. 10, Klägers,
gegen
den Bootsbauer Georg Schwarz,
Berlin-Lichtenberg, Wagnerstr. 10,
Beklagten,
auf Leistung des Offenbarungseides.

Berlin, den ....

Der Beklagte ist durch vollstreckbares Urteil des Amtsgerichts Berlin-Lichtenberg vom 15. November 19.... verurteilt worden, daß von mir von dem Beklagten gekaufte Ruderboot Lux herauszugeben. Bei der Zwangsvollstreckung ist das Ruderboot Lux bei dem Beklagten nicht vorgefunden worden.

Ich beantrage

den Beklagten zur Leistung des Offenbarungseides gemäß § 883 Zivilprozeßordnung vorzuladen.

Die vollstreckbare Ausfertigung des Schuldtitels sowie das Pfändungsprotokoll überreiche ich.

Franz Müller.

An
das Amtsgericht
Berlin-Lichtenberg.

Kosten: $^1/_2$ der Gebührentabelle A.

Leistet der Beklagte den Eid, so hat der Kläger den Anspruch auf Leistung des Interesses, der im Wege der Klage beim Prozeßgericht geltend gemacht werden muß.

§ 885 ZPO.

Ist der Beklagte verurteilt worden

zur Herausgabe eines Grundstücks oder eines Teiles desselben, oder zur Herausgabe eines bewohnten Schiffes oder zur Räumung einer Wohnung oder anderer Räume,

so erteilt der Gläubiger auf Grund des vollstreckbaren Schuldtitels dem Gerichtsvollzieher den Auftrag zur Zwangsvollstreckung. Der Gerichtsvollzieher setzt den Schuldner aus dem Besitz und weist den Gläubiger in den Besitz ein.

Der Zwang zur Räumung ist gegen alle Personen gerichtet, die sich ohne eigenes Recht in den Räumen aufhalten. Gegen Drittberechtigte einschließlich Untermieter richtet sich der Zwang nicht. Der Schuldner wird von der bevorstehenden Räumung rechtzeitig durch den Gerichtsvollzieher in Kenntnis gesetzt.

Bewegliche Sachen, welche nicht Gegenstand der Zwangsvollstreckung sind — z. B. Beklagter ist verurteilt, seine Wohnung zu räumen; die Einrichtung der Wohnung ist nicht Gegenstand der Zwangsvollstreckung —, werden von dem Gerichtsvollzieher weggeschafft und dem Schuldner, oder wenn dieser abwesend ist, einem Bevollmächtigten desselben oder einer zur Familie des Schuldners gehörenden oder in der Familie dienenden erwachsenen Person übergeben oder zur Verfügung gestellt.

Ist weder der Schuldner, noch eine der bezeichneten Personen anwesend, so läßt der Gerichtsvollzieher die Sachen auf Kosten des Schuldners in das Pfandlokal schaffen oder anderweit in Verwahrung bringen. Verweigert der Schuldner die Abforderung, so kann das Vollstreckungsgericht den Verkauf der Sachen und die Hinterlegung anordnen.

Ist der Beklagte §§ 887, 888a, 510b ZPO.

zur Vornahme einer Handlung verurteilt worden, die auch ein Dritter vornehmen kann — z. B. der Beklagte ist verurteilt worden, die Wohnstube des Klägers tapezieren zu lassen —,

so ist die Zwangsvollstreckung aus diesem Urteile wie folgt zu betreiben:

Der Kläger veranlaßt die Zustellung des Schuldtitels. Leistet der Beklagte alsdann dem Urteil keine Folge, so stellt der Kläger folgenden Antrag an das Prozeßgericht 1. Instanz, das ist dasjenige Gericht, bei welchem der Prozeß geführt worden ist.

Muster 171.

Berlin-Lichtenberg, den ....

In der Prozeßsache
des Kaufmanns Franz Müller,
hier, Wagnerstraße 10, Klägers,
gegen
den Tischlermeister und Hausbesitzer
Georg Schwarz, hier, Wagnerstr. 10,
Beklagten,

ist der Beklagte, wie aus anliegend überreichter vollstreckbaren Ausfertigung des Amtsgerichts Berlin-Lichtenberg vom 18. November 19.... ersichtlich ist, verurteilt worden, meine Wohnstube tapezieren zu lassen. Das Urteil ist dem Beklagten am 25. November 19.... zugestellt worden. Der Beklagte hat meine Wohnstube nicht tapezieren lassen. Ich beantrage

mich zur Vornahme dieser Handlung auf Kosten des Schuldners zu ermächtigen und ihn zur Vorauszahlung von 40 RM. zu verurteilen.

Ich überreiche einen Kostenanschlag des Malermeisters Fritz Braun, woraus sich der verlangte Kostenbetrag rechtfertigt.

An
das Amtsgericht
Berlin-Lichtenberg.

Franz Müller.

Kosten: $^{5}/_{10}$ der Gebührentabelle A.

Dem Schuldner wird die Abschrift des Antrages des Klägers zugestellt, zur Erklärung einer bestimmten Frist. Nach Ablauf der Frist wird die Entscheidung gefällt, die beiden Parteien zugestellt wird. Gegen den Beschluß ist sofortige Beschwerde zulässig, die binnen 2 Wochen nach Zustellung des Beschlusses beim Gericht 1. oder 2. Instanz eingegangen sein muß. Der Kläger kann aus diesem Beschluß nun wie aus einem Urteil wegen des Vorschusses pfänden lassen und das Tapezieren der Wohnung durch einen Dritten vornehmen lassen.

Ist der Beklagte verurteilt worden

§§ 888, 888a ZPO.

zur Vornahme einer Handlung, die kein Dritter für ihn vornehmen kann — z. B. der Beklagte ist verurteilt worden, als Vorerbe dem Kläger als Nacherben Auskunft über den Bestand der Erbschaft zu geben —,

so ist die Zwangsvollstreckung aus diesem Urteile wie folgt zu betreiben: Der Kläger läßt dem Beklagten das Urteil durch einen Gerichtsvollzieher zustellen. Weigert sich der Beklagte, alsdann noch Auskunft zu geben, so stellt der Kläger bei dem Prozeßgericht erster Instanz, das ist dasjenige Gericht, bei welchem die Klage anhängig gemacht ist, folgenden Antrag:

Muster 172.

In der Prozeßsache — Berlin, den ....

des Bildhauers Franz Müller, Berlin, Langestr. 10, Klägers,

gegen

die Witwe Klara Müller, geborene Schulze, in Berlin-Lichtenberg, Wagnerstraße 10, Beklagte,

ist die Beklagte, wie die hiermit überreichte vollstreckbare am 1. Dezember 19.... zugestellte Ausfertigung des Urteils des Amtsgerichts Berlin-Lichtenberg vom 15. November 19.... ergibt, verurteilt worden, dem Kläger Auskunft über den Bestand der im Urteil bezeichneten Erbschaft zu geben. Sie weigert sich beharrlich, dies zu tun.

Ich beantrage

gegen die Beklagte eine Geldstrafe von 300 RM. festzusetzen, um die Erteilung der Auskunft zu erzwingen.

Franz Müller.

An das Amtsgericht Berlin-Lichtenberg.

Kosten: $^5/_{10}$ der Gebührentabelle A.

Der Beklagten wird eine Abschrift des Antrages unter Bestimmung einer Frist zur Erklärung zugestellt. Nach Ablauf der Frist wird die Entscheidung gefällt und den Parteien zugestellt. Sie ist mit dem Rechtsmittel der sofortigen Beschwerde anfechtbar, die binnen 2 Wochen nach Zustellung des Beschlusses beim Gericht erster oder zweiter Instanz zu erheben ist. Das Prozeßgericht kann zur Erzwingung der Vornahme der Handlung Geldstrafen in beliebiger Höhe und auch Haft auf längstens 6 Monate Dauer festsetzen. Die Vollstreckung der festgesetzten Strafe geschieht nicht von Amtswegen, sondern auf Antrag des Klägers.

Muster 173.

Berlin, den ....

An das Amtsgericht Berlin-Lichtenberg.

Unter Bezugnahme auf den am .... ergangenen Beschluß überreiche ich vollstreckbare Ausfertigung des am .... ergangenen Urteils und beantrage

1. die erkannte Geldstrafe einzuziehen,
2. gegen die Beklagte die Haft anzuordnen,

weil die Beklagte dem Urteile bisher nicht nachgekommen ist.

Franz Müller.

Das Gericht zieht alsdann die Geldstrafe ein und stellt der Beklagten den Antrag des Klägers auf Anordnung der Haft unter Stellung einer Frist zur Äußerung zu. Nach Ablauf der Frist wird über die Anordnung der Haft entschieden. Wird die Haft angeordnet, so erhält der Kläger den Haftbefehl. Auf Grund des Haftbefehls kann der Kläger einen Gerichtsvollzieher mit der Verhaftung der Beklagten beauftragen.

Über die Kosten der Haft siehe das unter Haft Gesagte.

§ 890 ZPO.

Der Beklagte ist verurteilt worden

eine Handlung zu unterlassen oder die Vornahme einer Handlung zu dulden — z. B. das Weiden seiner Kuh auf dem dem Kläger gehörenden Grundstück zu unterlassen oder dem Kläger die Benutzung des auf seinem Grundstück befindlichen Brunnens zu gestatten —,

so ist die Zwangsvollstreckung wie folgt zu betreiben:

Der Kläger läßt dem Beklagten eine Ausfertigung des Urteils durch den Gerichtsvollzieher zustellen. Kommt der Beklagte alsdann dem Urteile nicht nach, so stellt der Kläger folgenden Antrag an das Prozeßgericht erster Instanz:

Muster 174.

Berlin-Biesdorf, den ....

In der Prozeßsache
des Gärtners Franz Müller, Biesdorf,
Langestraße 10, Klägers,
gegen
den Landwirt Georg Krause, Biesdorf,
Feldstraße 5, Beklagten,

ist der Beklagte durch vollstreckbares Urteil des Amtsgerichts Berlin-Lichtenberg vom 15. August 19...., welches dem Beklagten am 25. August zugestellt ist, verurteilt worden, das Weiden seiner Kuh auf meinem Grundstück, Biesdorf, Feldstraße 10, zu unterlassen.

Gestern ließ der Beklagte seine Kuh wieder auf dem Grundstück, Biesdorf, Feldstr. 10, weiden.

Ich beantrage

dem Beklagten eine Geldstrafe von 20 RM. für jeden Übertretungsfall anzudrohen.

Franz Müller.

An
das Amtsgericht
Berlin-Lichtenberg.

Kosten: 5/10 der Gebührentabelle A.

Hierauf erläßt das Gericht einen entsprechenden Beschluß, der beiden Parteien zugestellt wird. Handelt der Beklagte nunmehr dem Urteile zuwider, so stellt der Kläger folgenden Antrag:

Muster 175.

Berlin-Biesdorf, den ....

An das Amtsgericht Berlin-Lichtenberg.

Unter Bezugnahme auf den am .... erlassenen Beschluß überreiche ich die vollstreckbare Ausfertigung des am 15. August 19.... ergangenen Urteils und beantrage Festsetzung der Strafe.

Der Beklagte hat gestern wieder seine Kuh auf meinem Grundstück, Biesdorf, Feldstraße 10, weiden lassen. Beweismittel: Zeugnis des Landwirts N. N. und Eideszuschiebung.

Franz Müller.

Kosten: $^5/_{10}$ der Gebührentabelle A.

Dem Beklagten wird eine Abschrift des Antrages zugestellt unter Bestimmung einer Frist zur Erklärung darüber. Nach Ablauf der Frist wird die Strafe festgesetzt und von Amtswegen eingezogen. Es bedarf hier also keines besonderen Antrages des Klägers. Bestreitet dagegen der Beklagte das von Kläger Vorgebrachte, so wird mündliche Verhandlung anberaumt.

Der Kläger kann so oft den Antrag, Muster 174, stellen, wie der Beklagte sich dem Urteile widersetzt.

§ 894 ZPO.

Der Beklagte ist verurteilt worden

zur Abgabe einer Willenserklärung —

z. B. a) in die Löschung der im Grundbuche von Spandau, Band 10 Blatt 400 in Abteilung III unter Nr. 4 eingetragenen Hypothek zu willigen —.

Aus diesem Urteile ist das Betreiben der Zwangsvollstreckung nicht erforderlich. Der Kläger läßt das Urteil dem Beklagten durch einen Gerichtsvollzieher zustellen. Nach Ablauf der Rechtsmittelfrist läßt er sich vom Gericht erster Instanz die Rechtskraft bescheinigen. Ist dies geschehen, so kann der Kläger alsdann die Handlung vornehmen, die von der Willenserklärung des Beklagten abhängig war. Die Willenserklärung gilt in dem aus dem Tenor des Urteils ersichtlichen Umfange als abgegeben. Im vorliegenden Falle ist die mit Rechtskraftzeugnis versehene vollstreckbare Ausfertigung des Urteils dem Grundbuchamt vorzulegen, welches darauf die Löschung der Hypothek vornimmt,

oder b), der Beklagte ist verurteilt worden, $^1/_3$ seines monatlichen Einkommens an seine Ehefrau zu zahlen und darin zu willigen, daß der Magistrat Berlin dieses Drittel seines monatlichen Einkommens nicht an ihn, sondern an seine Ehefrau auszuzahlen hat.

Ist das Urteil rechtskräftig, so legt der Kläger die mit Rechtskraftzeugnis versehene vollstreckbare Ausfertigung des Urteils dem Magistrat vor. Der Magistrat kann alsdann ein Drittel des Einkommens des Beklagten an die klägerische Ehefrau zahlen. Die Zahlung gilt als an den

Beklagten erfolgt. Lehnt der Magistrat dies aber ab, **wozu er trotz des Urteils berechtigt ist,** so kann die Klägerin nur im Wege der Erwirkung einer Pfändung und Überweisung der Geldforderung vorgehen.

Vollstreckungsschutz.

Durch Verordnung vom 26. Mai 1933, RGBl. I S. 307, vom 22. März 1934, RGBl. I S. 231 und vom 24. Oktober 1934, RGBl. I S. 1070 unterliegt die Zwangsvollstreckung wegen **Geldforderungen** in Gegenstände des **beweglichen** Vermögens Beschränkungen insoweit, als dem Schuldner vor der Verwertung gepfändeter Sachen Gelegenheit gegeben werden soll, seine Schuld durch freiwillige Leistungen zu tilgen.

Sind also bei einem Schuldner wegen einer Geldforderung bewegliche Sachen gepfändet worden, so muß er, wenn er von den vorstehend angeführten Verordnungen Gebrauch machen will, alsbald nach der Pfändung folgenden Antrag an das Vollstreckungsgericht, das ist das Amtsgericht, in dessen Bezirk die Pfändung erfolgt ist, richten.

Muster 176.

Berlin, den ....

Antrag
des Kaufmanns Otto Schulz, Berlin,
Langestraße ....,
um Gewährung von Vollstrekkungsschutz.

Der Kaufmann Franz Schwarz aus Berlin, Wagnerstr. 10, hat gegen mich auf Grund eines vollstreckbaren Urteils vom 25. Oktober 19.... des Amtsgerichts Berlin, 4. C 200. 36, durch den Gerichtsvollzieher Müller am 29. November 19.... die Zwangsvollstreckung vorgenommen. Hierbei sind die im anliegenden Pfändungsprotokoll[1]) unter lfd. Nr. .... aufgeführten Gegenstände gepfändet worden.

Infolge der schlechten wirtschaftlichen Verhältnisse war es mir nicht möglich, die Verpflichtung aus obigem Schuldtitel zu erfüllen.

Ich bitte deshalb um Gewährung von Vollstrekkungsschutz dahingehend, daß die Schuld zu tilgen ist.
— Hier ist anzuführen, wie der Schuldner gedenkt, die Zahlungen zu leisten. Ferner hat hier der Schuldner seine wirtschaftliche Lage anzugeben, evtl. Belege beizufügen — und dann fortzufahren:

Die Richtigkeit meiner tatsächlichen Angaben versichere ich an Eidesstatt.

Ich bitte, die Zwangsvollstreckung bis zur Entscheidung einzustellen.

Versteigerungstermin ist am ....

Otto Schulz.

An
das Amtsgericht
Berlin.

---

[1]) Abschrift auf Antrag vom Gerichtsvollzieher zu haben.

Wird der vorstehende Antrag nicht **alsbald** nach der Pfändung gestellt, sondern erst kurz vor dem Versteigerungstermin, so kann er ohne sachliche Prüfung zurückgewiesen werden.

Ist die **Zwangsversteigerung** eines **Grundstücks** beantragt, so **braucht** der Schuldner **keinen** Antrag auf Vollstreckungsschutz zu stellen. Das Vollstreckungsgericht hat vielmehr nach § 6 der Verordnung vom 26. Mai 1933, RGBl. I S. 303 von Amtswegen zu prüfen, ob die Voraussetzungen für die Einstellung der Zwangsversteigerung vorliegen. Der Schuldner erhält vom Gericht Fragen über seine wirtschaftlichen Verhältnisse vorgelegt, die er zu beantworten hat. Seine Angaben hat er glaubhaft zu machen.

Den weitesten Vollstreckungsschutz genießt der Erbhof. Nach § 38 REG. kann wegen einer Geldforderung in den Erbhof nicht vollstreckt werden. § 39 REG. und §§ 41 und 37 EHRV. sind zu beachten.

Gebührentabelle A.

Die Gebühren dieser Tabelle werden nach dem Werte des Streitgegenstandes erhoben. Siehe das in Abschnitt „Klagen und Anträge" unter Kosten Gesagte.

Wertstufe bis einschließlich Reichsmark	Gebühren		
	10/10 Reichsmark	1/2 Reichsmark	1/4 Reichsmark
20	1	0.50	0.50
60	2	1.—	0.50
100	3	1.50	0.80
200	6	3.—	1.50
300	9	4.50	2.30
400	12	6.—	3.—
500	15	7.50	3.80
600	18	9.—	4.50
700	21	10.50	5.30
800	24	12.—	6.—
900	27	13.50	6.80
1000	30	15.—	7.50
1100	32	16.—	8.—
1200	34	17.—	8.50
1300	36	18.—	9.—
1400	38	19.—	9.50
1500	40	20.—	10.—
1600	42	21.—	10.50
1700	44	22.—	11.—
1800	46	23.—	11.50
1900	48	24.—	12.—
2000	50	25.—	12.50

Gebührentabelle B.

Die Gerichtsgebühren für Anträge in den Abschnitten Familienangelegenheiten und Erb-, Nachlaß- und Testamentsangelegenheiten werden auf Grund der Reichskostenordnung berechnet. Die Wertstufen und die für die einzelne Wertstufe zu zahlende Gebühr sind in dieser Tabelle angegeben.

Wertstufe bis einschließlich Reichsmark	Gebühren		
	10/10 Reichsmark	1/2 Reichsmark	1/4 Reichsmark
50	2	2.—	2.—
100	3	2.—	2.—
200	4	2.—	2.—
300	5	2.50	2.—
500	6	3.—	2.—
1000	8	4.—	2.—
1500	10	5.—	2.50
2000	12	6.—	3.—
2500	14	7.—	3.50
3000	16	8.—	4.—
3500	18	9.—	4.50
4000	20	10.—	5.—
5000	22	11.—	5.50
6000	24	12.—	6.—
7000	26	13.—	6.50
8000	28	14.—	7.—
9000	30	15.—	7.50
10000	32	16.—	8.—
12000	36	18.—	9.—
14000	40	20.—	10.—
16000	44	22.—	11.—
18000	48	24.—	12.—
20000	52	26.—	13.—
22000	56	28.—	14.—
24000	60	30.—	15.—
26000	64	32.—	16.—
28000	68	34.—	17.—
30000	72	36.—	18.—
35000	80	40.—	20.—
40000	88	44.—	22.—
50000	100	50.—	25.—

Die ferneren Wertstufen steigen um je 10000 RM. und die Gebühren um je 12 RM.

Für die Berechnung der Gebühren ist in der Regel der Wert des Gegenstandes maßgebend, auf welchen sich das Geschäft bezieht. Betrifft das Geschäft ein Recht an einer Sache, so ist der Wert dieses Rechts maßgebend. Das Gesetz enthält zahlreiche Vorschriften darüber, wie der Wert des Gegenstandes oder der Wert des Rechts zu errechnen ist. Sie hier aufzuführen ist zwecklos, da sich ein Laie kaum hindurchfinden wird. Bei den in diesem Buche aufgeführten Mustern ist daher der Wert, nach welchem die Kosten zu berechnen sind, angegeben und, wo es notwendig war, erläutert worden. Betrifft das Geschäft eine nicht vermögensrechtliche Angelegenheit, das sind hauptsächlich diejenigen Geschäfte, die unter dem Abschnitt Familienangelegenheiten angeführt sind, so wird der Wert, nach welchem die Kosten zu berechnen sind, in der Regel auf 3000 RM., ausnahmsweise niedriger, aber nicht unter 200 RM., oder höher, aber nicht über 100000 RM. angenommen. Bei diesen Mustern ist angegeben worden: Kosten in der Regel .... RM., mindestens aber .... RM.

Sachregister.

(Die Zahlen bedeuten die Seiten.)

Z.

Inhaltsangabe.

Kolibri 360 GmbH
Ferdinand-Jühlke-Straße 7
99095 Erfurt, Deutschland
produktsicherheit@kolibri360.de